한 권으로 읽는

일본 문학사

한 권으로 읽는

일본 문학사

민병훈 지음

한국학술정보

책머리에

　문학에 대한 이해는 작품을 읽음으로써 가능해진다. 우리는 옛 작품을 통해서 그 시대의 생활상을 엿보기도 하고, 경우에 따라서는 잃어버린 전통문화를 되찾는 계기를 마련하기도 한다. 또한 문학 작품은 새로운 문화 콘텐츠를 파생시키기도 하고 귀중한 관광 산업의 소재로 활용되기도 한다. 일본 전국 각지에는 문학 관련 명소가 산재해 있는데 이들은 관광 자원으로 재생산되어 지역 경제에 활력소로 작용하는 경우도 있다. 그런데 이와 같은 현상은 대부분 작품에 대한 이해가 동반되었을 때 그 의미가 배가된다고 할 수 있다. 그 때문인지 일본의 몇몇 방송국에서는 문학 기행 관련 프로그램을 편성하고 있으며, 대학이나 각종 기관에서도 일반인을 대상으로 문화 교양 강좌를 개설하여 문학 작품을 읽고 무대를 탐방하는 모임을 만들기도 한다. 다시 말해서 문학은 읽는 데에서 그치는 것이 아니라 일상에서 다양한 형태로 향수되고 있는 것이다.

　문학의 올바른 이해는 작품의 외연적인 설명만으로는 온전할 수 없다. 우리나라의 대학에서도 문학 개론이나 문학의 이해, 문학사 등의 문학을 개괄하는 수업을 개설하고 있지만, 작품을 읽어 보지 않은 수강자에게 문학 개념의 이해는 결코 쉬운 일이 아니다. 물론 개론이나 문학사 같은 수업을 통해서 흥미가 유발되고 각각의 작품에 접근할 수 있는 기회가 생기기도 하지만, 역시 실체가 빠진 설명은 많은 이들에게 뜬구름을 잡는 일처럼 난해한 일일 것이다. 또한 수업을 진행하는 사람에게 있어서도, 마치 복잡한 기계의 생김새를 실물이나 모형도 없이 말로만 전달하는 것처럼 결코 쉬운 일이 아니다. 필자는 일본 유학 시절 한 편의 작품을 읽는 일의 가치와 즐거움에 대해 깊이 깨달은 바 있다. 말 그대로 백 번 듣는 것보다 한 번 보는 것이 낫다는 이치다.

이 책은 예전부터 필자가 느껴 왔던, 작품이 빠진 문학의 문제점을 다소나마 보완하기 위하여, 문학의 배경과 아울러 일본 문학의 주요 작품들을 망라하고 그 일부를 원문 혹은 일본의 현대어 역으로 싣고 한국어 번역을 달아 엮은 것이다. 다만 많은 분량의 본문으로 지면을 할애하는 것은 현실적으로 무리가 있어, 대체로 작품의 도입부를 게재했다. 따라서 인용된 부분만으로는 전반적인 내용 이해에 어려움이 있을 것으로 판단하여 작품의 취급 비중에 따라 작품 설명을 곁들였다. 무엇보다 필자는 헤이안 문학 전공자로 세부 전공 분야가 한정되어 있어, 일본의 상대에서 근현대에 이르는 방대한 문학을 다 섭렵하는 것에는 역량이 크게 미치지 못하여 기존에 출판된 많은 책에서 도움을 얻었다.

이미 많은 일본의 근현대 작품이 속속 한국어로 번역되어 읽히고 있고 베스트셀러가 된 소설도 다수 확인된다. 단적으로 말할 수 있는 종류의 것은 아니지만 국내 작가들과는 또 다른 감성과 전개 방식이

호응을 얻은 결과라고 생각한다. 그런데 최근 들어 선별된 일본의 고전 작품이 번역되어 세상에 나오고 있다. 원어로 문학을 접할 수 없는 독자들이 일본 문학의 근간을 찾는 데 더없이 좋은 자료가 될 것으로 사료된다. 하지만 아무리 뛰어난 번역이라고 해도 단순히 흥미만으로 책을 구입하는 사람은 아마 극소수일 것이다. 역시 고전에 관한 사전 지식이 있는 사람, 교육을 통해 작품에 강한 흥미를 느낀 사람이 독자가 될 가능성이 높다. 그런 의미에서 이 책은 한 권의 작품을 선택하고 읽게 만드는 데 좋은 길잡이 역할을 해 줄 것이라고 생각한다. 또한 일본 문학을 교육하는 데에도 여러모로 편리함을 제공해 줄 것으로 기대한다.

끝으로 이 책이 나오기까지 수고를 아끼지 않고 도와주신 한국학술정보(주)의 이주은 선생님과 김소영 선생님, 정형일 선생님 그리고 출판에 관계한 모든 분께 감사드린다.

민병훈

 ··· Contents

[일러두기]

1. 고전 작품의 인용은 쇼가쿠칸(小学館)의 <일본고전문학전집본>을 중점적으로 사용했으며, 근현대 작품은 치쿠마쇼보(筑摩書房)의 <현대문학대계>를 사용했으나, 타 출판사 발행의 서적으로 보완한 부분이 있다.
2. 대부분의 작품명은 일본에서 읽히는 대로 표기했다.
3. 신분을 표기하는 경우 대체로 일본식 발음을 따랐다.
4. 본문 인용 중, 원문과 함께 일본 현대어 역을 병기한 작품이 있다.
5. 일본어 표기는 대체로 교육과학부의 외래어 표기법에 준하였으나, 경우에 따라 필자의 견해를 반영한 부분이 있다.
   예) 'ざ'는 '자', 'じゃ'는 '쟈', 'ず'는 '즈', 'じゅ'는 '쥬', 'ぞ'는 '조', 'じょ'는 '죠'로 구분하여 표기했다.
6. 저서명은 『 』안에, 잡지나 사전명은 <> 안에 표기했다.

제1장

야마토・나라
시대(상대)의 문학

문자가 없어 입에서 입으로 전해지던 구승 문학의 시대로부터, 야마토, 나라 시대를 지나 794년 간무 덴노(桓武天皇)에 의해 지금의 교토인 헤이안쿄(平安京)로 천도하기까지의 시기에 성립한 문학을 상대(上代) 문학 또는 상고(上古) 문학이라고 한다.

『고지키』의 중권에서 야마토타케루노 미코토(倭建命)가 "야마토는 나라 중 으뜸이다. 겹겹으로 둘린 푸른 울, 산으로 에워싸인 야마토는 아름답다(倭は国のまほろば ただなづく青垣 山隠れる 倭しうるはし)"고 노래한 야마토의 현재 위치는 나라 분지의 남부 지역으로, 야마토 조정이 있던 아스카 지방을 가리킨다. 이후 한국과 중국의 문화를 흡수한 일본의 중심 무대는 "피는 꽃의 향기처럼 지금이 전성기다"라고 『만요슈』에 노래 불린 헤이죠쿄(平城京)로 이동한다. 헤이죠쿄는 당나라의 장안을 모방하여 조영되었다. 도성의 조영은 이상 도시의 실현이었다. 이 도시 안에서 다양한 문화가 더불어 번성한다.

● 문학의 발생

태고로부터 사람들은 자연의 힘을 경외하고, 말에는 영혼이 깃들어 있다고 믿었다. 두려움은 신앙이 되고 그에 따른 의례와 의식에서 문학은 싹을 틔우기 시작했다. 그것은 신을 향한 말(祈り)과 조상의 역사를 이야기하는 말(語り), 제사 등의 장소에서 우러나오는 감동을 노래한 말(歌)이다. 그리고 이윽고 문자를 가지게 되면서 그 이전까지는 가타리베(語部) 등의 입을 통해서 전해지던 구승 문학이 기재 문학으로 발전하여 오늘날에 이어지고 있다.

이렇게 공동체의 제례 의식에서 주언(呪言)이나 주사(呪詞)라고 불리는 신성한 사장(詞章)이 문학의 원형이라고 할 수 있다. 이들은 일상의 언어와는 다른 운율을 띠거나 반복성을 가진 특별한 사장이었다. 공동체가 통합되고 소국가를 거쳐 마침내 통일 국가가 형성되는 과정에서 제사 의식도 통일되어 그 사장도 점차 언어 표현으로 정착되고 세련되어 갔다. 그리고 그곳에서 다양한 신화와 전설, 그리고 가요가 발생했다.

신화와 전설과 가요는 처음에는 오로지 구두에 의한 전승이 주된 것이었다. 그러나 그 후 한자가 전래되어 사람들이 그 사용에 익숙해지자 전승들은 한자 표기를 통해서 기록되어 갔다. 구승에서 기재로의 과정 중에 가요에서 파생된 와카(倭歌, 和歌)는 독자적인 성장을 통해 『만요슈(万葉集)』로 정리되었다.

한편 대륙과 한반도에서 율령 제도를 비롯한 다양한 제도와 문화가 수용되면서 국가의 정체성에 대한 인식도 점차 깊어져 갔다. 8세기 초엽에 연이어 성립한 『고지키(古事記)』와 『니혼쇼키(日本書紀)』, 『후도키(風土記)』는 신화와 전설, 가요 등이 고대 국가에 의해 집대성된 것으로, 이는 국가 정체성의 발로라고 할 수 있다.

* 가타리베(語部): 지방 호족이나 궁정에 시중들면서 그 집단의 조상에 얽힌 신화·전설·가요 등을 대대로 전하고, 제사나 의식을 행할 때 이를 구송(口誦)하는 일을 직업으로 하는 집단이나 그 집단에 속한 개인을 말하며 세습되었다.

1. 구승에서 기재로

　대륙과 한반도로부터 한자가 전래(서기 400년경)되기 전까지 일본의 문학은 문자로 기록되는 일이 없이 단지 구송에 의해 전해져 왔다. 이와 같은 문학을 구승 문학이라고 한다. 구승 문학은 제사 의식과 같은 공동체의 장에서 발생하여 그 안에서 성장했다. 소박하고 본능적인 희로애락의 정서가 표현되어 신화, 전설, 가요, 노리토(祝詞)와 요고토(寿詞)의 형태로 그 일부가 현재에까지 남아 있다.

　한편, 한자가 전래된 이후 문자로 기록된 문학을 기재 문학이라고 한다. 야마토 조정이 지배의 정당성을 주장하기 위해 전승을 정비해 감에 따라 구승 문학도 기록의 대상이 되어 갔다. 그리고 그것은 구승 문학에서 기재 문학으로의 변모임과 동시에 집단의 문학에서 개인의 문학으로의 변모이기도 했다.

　* 노리토(祝詞)와 요고토(寿詞): 노리토는 신에게 드리는 기도 언어이며, 요고토는 덴노의 치세가 오래도록 번영할 수 있도록 축복하는

말이다. 고대인은 말에 영혼이 깃들어 있어서 말이 행복이나 재앙을 부른다고 믿고 있었다. 이를 고토다마 신앙(言靈信仰)이라고 한다.

2. 기키(記紀) 문학

『고지키』와 『니혼쇼키』를 합하여 '기키(記紀)'라고 한다. '기키'는 당시 일본에서 영향력이 가장 컸던 야마토 조정이 그 지배의 근거를, 전승을 통해 확증하려고 한 것이다. 야마토 조정의 권위를 과시하는 것이 그 목적이었기 때문에 의도적으로 꾸민 내용을 포함하지만, '기키'에 기재된 신화와 전설, 가요는 구승 문학의 시대를 살았던 사람들의 생활과 감정, 그리고 사고방식 등을 이해하는 데 귀중한 자료가 된다.

또한, 『후도키』는 야마토 조정의 지배하에 있던 각 지방의 구승 문학을 정치적으로 관리할 목적으로 만들어졌다. 『후도키』를 통해서 '기키'에서는 볼 수 없는 지방의 생활상이나 지역민의 감정과 사고방식을 엿볼 수 있다.

● 『고지키(古事記)』

　　신화와 전설, 그리고 덴노의 계보와 역사
를 기록한 현존하는 일본 최고의 문헌으로
712년에 성립했다. 덴무 덴노(天武天皇, 673~
687 재위)의 지시로 히에다노 아레(稗田阿礼)
가 송습하여 정리하던 제기(帝紀)와 구사(旧
辭 또는 本辭)를, 나라 시대 초기 겐메이 덴
노(元明天皇)의 명으로 오노 야스마로(太安
万侶)가 문학성을 부여하여 일본풍의 한문

형식으로 기록한 역사서이다. 제기는 덴노의 계보를 기록한 것을 말
하며, 구사는 신화나 전승의 기록 또는 구송된 것을 일컫는다.

　　* 신화와 전설: 천지·국토의 기원과 신의 탄생, 인류 씨족의 기원
을 그린 신화나 씨족 간의 전쟁과 영웅의 활약 등을 칭송한 전설이
입에서 입으로 전해졌다.

　◆ 내용
　● 서문－상권의 첫머리에 위치하고 있으며, 『고지키』의 편찬 동기
와 성립까지의 과정을 설명하고 있다.
　● 상권－천지개벽으로부터 이자나기(伊邪那岐), 이자나미(伊邪那
美) 두신의 국토 창생과 황천 방문, 아마테라스 오미카미(天照大御神)
의 아메노 이와야(天の岩屋) 칩거와 스사노오노 미코토(須佐男命)의
이무기 퇴치(ヤマタの大蛇退治), 오쿠니누시노 미코토(大国主命)의

사진) 노리나가(宣長)가 사용한 『고지키(古事記)』. 출처: http://www.norinagakinenkan.com/collect/kojiki09.html

네노 구니(根の国) 방문과 국가 이양(国譲り), 니니기노 미코토(邇々芸命)의 강림과 우미사치 야마사치(海幸山幸) 이야기 등, 신대(神代)에서 초대 덴노라 일컬어지는 진무(神武)에 이르기까지의 과정을 신화로 엮고 있다.

● 중권－진무 덴노에서 오진 덴노(応仁天皇)에 이르는 시대를 통해, 야마토 정권이 전국을 평정해 가는 과정을 다양한 사건을 들어가며 묘사하고 있다. 특히 야마토타케루노 미코토(倭建命)의 구마소(熊襲) 정벌이나 동국 평정 관련 내용은 농후한 신화적 색채를 띠고 있다.

● 하권－닌토쿠 덴노(仁徳天皇)로부터 스이코 덴노(推古天皇)까지의 전설적인 역사가 중심을 이루고 있다. 닌토쿠 덴노의 선정과 왕후인 이와노 히메(磐之姫)의 질투 이야기, 유랴쿠 덴노(雄略天皇)의 무용담 등이 그려지고 있다.

○ 서문－덴무의 『고지키』 찬록의 의도 중에서

是に天皇詔りたまはく、「朕聞く、諸家の賷たる帝紀及び本辞、既に正実に違ひ、多く虚偽を加ふと。今の時に当りて其の失を改めずば、未だ幾年をも経ずして其の旨滅びなむとす。斯れ乃ち邦家の経緯、王化の鴻基なり。故、惟れ帝紀を撰録し、旧辞を討覈して、偽を削り実を定めて、後葉に流へむと欲ふ」とのりたまひき。時に舎人有り、姓は稗田、名は阿礼、年は是れ廿八。人と為り、聡明にして、目に度れば口に誦み、耳に払るれば心に勒す。即ち阿礼に勅語して、帝皇の日継と先代の旧辞とを誦み習はしめたまひき。然れども運移り世異りて、未だ其の事を行ひたまはざりき。(「序」の、天武天皇の『古事記』撰録の企て)

⇒ 이에 덴노가 명하시기를 "짐이 듣는 바에 따르면 제가가 승계하여 가지고 있는 제기와 구사는 이미 진실과 달라 상당 부분 거짓을 포함하고 있다는 것이다. 지금 이즈음에 그 오류를 고치지 않으면 몇 년 지나지 않아 그 본지가 멸해 버릴 것이다. 이 제기와 구사는 즉 국가의 경위와 왕정의 기초가 되는 것이다. 따라서 제기를 찬록하고 구사를 꼼꼼히 살펴 거짓을 제하고 진실을 정하여 후세에 전하려 한다"고 분부하셨습니다. 그 무렵 도네리가 있었는데, 씨는 히에다, 이름은 아레라 하여, 나이는 28세였습니다. 태어나면서부터 총명하여 한 번 본 문장은 입으로 암송하고 한 번 들은 이야기는 마음에 간직해 잊는 일이 없습니다. 그런 연유로 덴노는 아레에게 분부하여 제왕의 계보와 선대의 구사를 읽어 익히게 하신 것입니다. 그런데 덴무 덴노는 붕어하셔서 치세가 바뀌어 아직 그 찬록의 사업을 완성하시는 데까지는 이르지 못했습니다.

○ 상권－이자나기의 황천 방문 중에서

「愛しき我がなに妹の命、吾と汝と作れる国未だ作り竟へず。故、還るべし」とのりたまひき。爾に伊耶那実命答へ曰さく、「悔しきかも、速く来まさずて。吾は黄泉戸喫為つ。然れども愛しき我がなせの命、入り来坐せる事恐し。故、還らむと欲ふを、且く黄泉神と相論はむ。我をな視たまひそ」とまをしき。如此白して其の殿の内に還り入りし間、甚久しくて待ち難ねたまひき。

⇒ "사랑스러운 나의 아내 이자나미여, 나와 그대가 만든 나라는 아직 완성되지 않았다. 그러니 돌아가야 한다"고 말씀하셨다. 그러자 이자나미가 대답하여 말하기를 "유감스러운 일입니다. 빨리 오시지

않아서 나는 황천의 밥을 먹어 버렸습니다. 그렇지만 사랑하는 나의 남군이 여기에 오신 것은 아까운 일입니다. 하여 현세로 돌아가려 하니 우선 황천의 신과 상의하고 오지요. 그동안 저를 보지마세요"라고 말씀드렸다. 그렇게 말씀드리고 그 전 안으로 돌아갔는데 그 사이가 너무 길어 기다림에 지치셨다.

◉ 해설: 국토와 그 위의 자연신들을 낳던 중 여신 이자나미는 불의 신을 낳다가 화상을 입어 죽고 만다. 죽어 황천으로 간 아내를 찾아 이자나기가 황천을 방문한 모습을 이야기에 담고 있다. 이자나미가 황천의 전 안으로 들어갈 때 말한, 절대 안을 들여다봐서는 안 된다는 금기를 어기고 이자나기는 전 안을 엿보게 된다. 거기서 이자나기는 이자나미의 몸이 부패되어 구더기가 들끓고 그 주위에 여덟의 번개신이 자리하고 있는 모습을 보고 줄행랑을 친다. 우여곡절 끝에 황천과 현세의 통로인 요모쓰히라사카(黃泉平坂)를 빠져나와 통로를 큰 바위로 막고 부정을 씻기 위해 목욕재계를 하는데, 그때『고지키』 상권의 주요 3신이 태어난다. 이 부분을 통해 많은 전설과 설화가 파생되었다.

○ 중권−야마토타케루노 미코토의 동국 정벌(倭建命の東征) 중에서
　東の国に幸でまして、悉に山河の荒ぶる神、及伏はぬ人等を言向け和平したまひき。故、爾に相武国に到りましし時、其の国造詐りて白さく、「此の野の中に大沼有り。是の沼の中に住める神、甚く道速振る神なり」とまをしき。是に其の神を看に行きたまひて、其の野に入り坐しき。爾に其の国造、火を其の野に著けき。故、欺かえぬ

と知らして、其の姨倭比売命の給ひし嚢の口を解き開けて見たまへ
ば、火打其の裏に有りき。是に先づ其の御刀以ちて草を苅り撥ひ、
其の火打以ちて火を打ち出でて、向火を著けて焼き退けて、還り出
でて皆其の国造等を切り滅ぼして、即ち火を著けて焼きたまひき。
故、今に焼遣と謂ふ。(中卷、景行天皇)

⇒ 동국으로 나아가시며 산하의 거칠고 사나운 신과 복종하지 않
는 자들을 전부 평정하신 것이었다. 먼저 사가무노 구니에 도착하셨
을 때 국조가 거짓으로 말씀드리기를 "이 들판 안에는 큰 늪이 있습
니다. 이 늪 안에 사는 신은 대단히 거친 신입니다"라고 아뢰었다. 하
여 그 신을 보시기 위해 그 들판에 들어가셨다. 그러자 그 국조가 들
판에 불을 질렀다. 그런 까닭에 속았다는 것을 알아차리고, 숙모인 야
마토 히메가 주신 자루의 입구를 풀어 열어보시니 부싯돌이 그 속에
있었다. 그래서 우선 칼을 가지고 풀을 베어 제치고 그 부싯돌을 이
용하여 불을 일으켜 맞불을 놓아, 이쪽으로 향해 오는 상대방의 불을
물리친 후 돌아오셔서 국조를 비롯한 모두를 베어 멸하고 불을 붙여
태웠다. 그리하여 현재 야키쓰라고 부른다.

◉ 해설: 야마토타케루노 미코토(倭建命)를 주인공으로 하는 동국
정벌담의 일부이다. 동국 정벌 전, 게이코 덴노(景行天皇)는 왕자인
오우스노 미코토(小碓命)의 난폭한 성정을 꺼려 서쪽의 구마소(熊曽)
정벌을 명령한다. 정벌에 파견된 오우스는 구마소타케루(熊曽建) 형
제를 척살하고 그들로부터 야마토타케루(倭建)라는 칭호를 부여받아
귀환하는 중에 이즈모노 구니에 이르러 이즈모타케루(出雲建)를 멸하
여 복명을 완수했다. 그러나 돌아온 야마토타케루에게 덴노는 또다시

동국의 '거칠고 사나운 신'과 '복종하지 않는 인민' 평정의 명을 내린다. 인용문은 동국 정벌 내용 중 사가무노 구니에서 겪은 국조와의 대결 장면이다. 동국 정벌담은 『이세모노가타리』 12단을 비롯하여 후대의 문학에 지대한 영향을 끼치고 있다.

◆ 『고지키』 성립에 관여한 인물

● 히에다노 아레(稗田阿礼, 생몰년 미상)
덴무 덴노 때부터 겐메이 덴노(재위 708~715) 때까지, 수 대에 걸쳐 조정에 출사한 도네리(舎人)로, 두뇌가 명석하고 기억력이 뛰어나 덴무로부터 제기와 구사의 송습을 하달받기에 이르렀다.

● 오노 야스마로(太安万侶, ?~722)
몬무(文武)·겐메이(元明)·겐쇼(元正) 3대에 걸쳐 출사한 나라 시대의 유명 학자로 『니혼쇼키』의 편찬에도 관여하고 있다. 1979년(쇼와 54년) 나라시 다와라쵸(奈良市田原町)의 녹차 밭에서 묘비가 발견되었는데 야스마로의 묘로 확인되었다.

■ 『고지키』 상권의 줄거리
천지가 처음으로 분리된 이래 다카마가 하라(高天原)에는 연이어 신들이 생겨나는데, 그 마지막에 나타난 이자나기(伊邪那岐), 이자나

그림) 오노 야스마로(太安万侶), 출처: http://ja.wikipedia.org/wiki

미(伊邪那美) 두 남녀신은 아메노 누보코(天の沼矛, 성스러운 창)로 부드러운 국토를 휘저어서, 창끝에서 떨어진 소금이 쌓여 생긴 오노고로지마(淤能碁呂島)에 내려와 결혼한다. 두 신은 아메노 미하시라(天の御柱, 성스러운 기둥)를 세워 남신이 "내 몸은 각 부분으로 형성되었으나 너무 만들어져 남은 곳이 한 군데 있다. 하여 내 몸의 너무 만들어져 남은 곳을 가지고 그대 몸의 채 다 만들어지지 못한 부분에 끼워 넣어 국토를 낳으려고 생각한다(我が身は成り成りて成り余れる処一処在り。故、此の吾が身の成り余れる処を以ちて、汝が身の成り合はざる処に刺し塞ぎて、国土を生み成さむと以為ふ。)"라고 여신을 설득한다. 그리고 미하시라(御柱)의 둘레를 좌우로 돌아 만난 곳에서, 여신인 이자나미가 먼저 "어쩌면 이리 멋진 남자일까(あなにやしえをとこを)"라고 말하고 이어서 이자나기가 "어쩌면 이리 아름다운 여자일까(あなにやしえをとめを)"라고 이야기한 후 관계를 맺는다.

그 결과 히루코(水蛭子)라고 하는 불구아가 태어나 갈대로 만든 배에 태워 물에 흘려보낸다. 다카마가 하라의 신들이 점을 친 결과 여신이 먼저 말을 건넨 것이 원인이 되어 불구아가 태어난 것으로 판명이 나, 두 신은 미하시라(御柱)의 둘레를 다시 돌아 이번에는 남신이 먼저 말을 건넸다. 두 신은 마침내 성공하여 계속해서 섬들을 생성하고 신들을 낳았는데, 마지막으로 불의 신을 낳다가 여신은 몸에 화상을 입어 죽는다. 그리고 죽은 자의 세계인 요미노 구니(黄泉国, 황천)로 가게 된다.

이자나기는 요미노 구니로 이자나미를 찾아가 함께 돌아갈 것을 권유하지만, 이자나미는 이미 황천의 밥을 먹어 버려 돌아갈 수 없다고 말한다. 하지만 황천까지 방문한 것에 감동한 이자나미는 황천의 신과 상의하고 돌아올 테니 절대 전의 안을 들여다보아서는 안 된다고 말한다. 그러나 이자나기는 결국 금기를 어기고 전 안을 들여다보게 된다. 이자나기는 거기서 부패되어 구더기가 들끓는 이자나미의 모습과 그 주위에 자리를 지키고 있는 여덟의 번개 신들을 목격한다. 그 광경에 경악한 남신은 지상을 향하여 부리나케 도주하게 되고 마침내 황천을 벗어난다. 그리고 황천과 지상을 연결하는 통로를 큰 바위로 틀어막고, 죽음의 나라의 부정(不淨)을 씻기 위해 히무카(日向) 다치바나노 오도(橘の小門)의 아와키하라(阿波岐原)에 와서 목욕재계한다. 왼쪽 눈을 씻을 때 아마테라스 오미카미(天照大御神), 오른쪽 눈을 씻을 때 쓰쿠요미노 미코토(月讀命), 코를 씻을 때 스사노오노 미코토(須佐之男命)가 탄생한다. 이자나기신은 이 세 신에게 명하여 각각 다카마가 하라(高天原), 요루노 오스쿠니(夜の食国), 우나바라(海原)를 분할 통치하게 했다.

그러나 스사노오는 이에 순종하지 않고 죽은 어머니 이자나미가 사는 나라에 가고 싶다 하여, 수염이 자라 가슴을 덮을 때까지 울음을 멈추지 않아 천지에 갖가지 재앙이 일어나자 분노한 이자나기는 그를 추방한다. 스사노오는 추방당하기에 앞서 누이 아마테라스에게 사정을 고하기 위해 다카마가 하라로 찾아오는데, 다카마가 하라를 빼앗으려는 것이라고 오해한 아마테라스는 이를 대적하기 위해 무장하고 아메노 야스노가와(天の安の河)로 나선다.

두 신은 거기서 일종의 점인 우케이를 한다. 아마테라스는 스사노오의 검(劍)을, 스사노오는 아마테라스의 곡옥(曲玉)을 각각 입에 넣어 씹고 또 씹어 푸하고 내뱉자 스사노오가 뱉은 숨에서는 남신(男神)이, 아마테라스가 뱉은 숨에서는 여신이 탄생했다. 스사노오의 검에

서 생겨난 것이 여신이었기 때문에 스사노오에게 침탈의 사심(邪心)
이 없다고 판명되어 다카마가 하라에 들어올 수 있었다. 그런데 스사
노오는 점에서 이긴 사실에 자만하여 계속해서 난폭한 행동을 일삼
는다.

결국 화를 참지 못한 아마테라스는 아메노 이와야도(天の岩屋戸,
바위로 된 굴)에 칩거하고 만다. 그 결과 다카마가 하라는 순식간에
암흑으로 변해 버렸다. 결국 야오요로즈노 가미(八百万の神)들이 상
의한 끝에, 아메노 우즈메노 미코토(天宇受売命)가 이와야도 앞에서
신 지피기 위해 가슴을 드러내고 모(裳)의 띠를 여음(女陰) 위로 늘어
뜨리고 나체로 난무(乱舞)한다. 신들은 이 광경을 지켜보고 홍소(哄
笑)했다. 아마테라스는 무슨 일인가 의문을 느껴 굴의 문을 열었고 그
때 다지카라오(手力男)가 이를 밖으로 끌어내고 굴 문 앞에 금줄을 쳤
다. 그리하여 다카마가 하라는 다시금 밝아졌다. 신들은 스사노오에
게 여러 가지 제재(制裁)를 가하여 지상으로 추방한다.

스사노오는 이즈모(出雲)의 히노카와(肥の河) 상류로 내려온다. 거
기서 스사노오는 머리와 꼬리가 여덟으로 갈라진 야마타노 오로치(八
俣大蛇)의 제물이 되려고 하는 구시나다 히메(櫛名田比売)와 그 노부
모를 만난다. 스사노오는 노부모에게 명하여 술을 빚게 하고 이것을
마시고 잠든 야마타노 오로치에게 달려들어 검으로 베어 퇴치한다.
이때 오로치의 꼬리에서 발견된 구사나기노 쓰루기(草那芸の剣)는 훗
날 황실에 전해지는 3종(種)의 신기(神器) 가운데 하나가 되었다. 구시
나다 히메를 아내로 맞이한 스사노오는 스가(須賀) 땅으로 와서 궁전
을 조영(造営)한다. 구름이 왕성하게 솟아오르는 것을 보고,

八雲立つ 出雲八重垣 妻籠みに 八重垣作る その八重垣を
やくもたつ いづもやへがき つまごみに やへがきつくる そのやへ
がきを
(쌘구름 솟는 이즈모 겹 울타리 아내 맞으려 겹 울타리 만든다 여
덟 겹 울타리를)

라고 스사노오는 노래했다.

　스사노오의 6대손은 오쿠니누시노 가미(大国主神)로 자비심이 깊
은 신이며, 처음에는 오나무지노 가미(大穴牟遅神)라고 불렸다. 형제
인 야소가미(八十神)들이 이나바(稲羽, 因幡)의 야가미히메(八上比売)
의 미모를 전해 듣고 모두 함께 구혼을 하기 위해 떠나는데, 오나무
지에게 모든 짐을 짊어지고 뒤를 따르게 했다. 신들은 게타노 사키(気
多の前)에서 가죽이 벗겨진 시로우사기(白兎, 흰 토끼)를 만난다. 시
로우사기는 오키(隠岐) 섬에서 바다를 건너기 위해 와니(鰐, 상어)를 속
여 그 등을 밟고 건너다가 육지에 다다를 즈음 방심하여 자신의 속임수
를 털어놓아 결국 가죽이 벗겨지는 수난을 당한 것이다. 야소가미들은
잔혹하게도 바닷물을 들쓰고 바람을 맞으라고 가르쳐 준다. 시로우사기
의 몸은 결국 심하게 상하였는데, 마지막으로 지나는 오나무지가 자비
의 마음으로, 깨끗한 물에 몸을 담그고 가마노 하나(蒲の花, 부들 꽃)를
뿌려 엎드려 있으라고 일러 주어, 그대로 한 시로우사기의 상처는 치유
되었다. 그리고 시로우사기가 예언한 대로 야가미히메는 오나무지의 아
내가 되었기 때문에 야소가미들은 이를 시기하여 오나무지를 박해하기
시작했다.

　스사노오가 살고 있는 네노 가타스쿠니(根の堅州国)로 난을 피해
온 오나무지는 여기서 스사노오로부터 갖가지 시험을 당하는데 그

딸 스세리비메(須勢理比売)의 조력으로 모든 시련을 극복한다. 그리고 스사노오가 잠든 틈에 권력의 상징인 칼과 활과 고토(琴)를 훔쳐 스세리비메를 엎고 도망치는데, 이미 멀리 달아나고 있는 오나무지에게 스사노오는 오쿠니누시(大国主)라는 칭호를 부여하고 앞날을 축복한다. 이즈모로 돌아온 오쿠니누시는 이복형제인 야소가미들을 제압하고 아시하라노 나카쓰쿠니(葦原中国, 일본)의 지배자가 된다.

한편 다카마가 하라에서는 아마테라스가 아시하라노 나카쓰쿠니는 자신의 자손이 통치해야 할 나라라 하여, 아메노 호히노 미코토(天菩比命), 아메와카히코(天若日子) 등을 그 평정에 파견하지만 효과가 없었다. 마지막으로 파견한 다케미카즈치노 가미(建御雷神) 등이 마침내 오쿠니누시의 자식인 신들을 복종시키고 오쿠니누시도 이에 구니유즈리(国譲り, 나라이양)를 한다. 이렇게 나카쓰쿠니는 평정되고 천손 니니기노 미코토(邇々芸命)가 그 지배자로서 히무카노 다카치호(日向の高千穂)의 봉우리에 강림한다.

강림한 니니기노 미코토는 가사사노 미사키(笠紗の岬)에서 오야마쓰미노 가미(大山津見神)의 아름다운 딸 고노하나노 사쿠야비메(木花之佐久夜毘売)를 만나 구혼을 하는데, 오야마쓰미노 가미는 큰딸 이와나가히메(石長比売)를 고노하나노 사쿠야비메와 함께 니니기노 미코토에게 보낸다. 그러나 니니기노 미코토는 그 추모에 놀라 이와나가히메를 되돌려 보내고, 사쿠야비메만을 아내로 맞아들인다.『고지키』는 이 일로 인해 니니기는 물론 역대 덴노의 수명이 장구하지 않은 것이라고 설명한다. 이후 니니기와 사쿠야비메의 사이에서는 세 명의 자식이 태어나는데, 첫째가 호데리노 미코토(火照命, 海幸彦), 둘째가 호스세리노 미코토(火須勢理命), 셋째가 호오리노 미코토(火

遠理命, 山幸彦)다.

　니니기의 셋째 아들인 호오리노 미코토는 자신의 사냥 도구를 형 호데리노 미코토의 낚시 도구와 교환하여 낚시를 하다가 낚싯바늘을 바다에 빠트려 버리는데, 호오리노 미코토가 아무리 보상을 해도 형은 용납하지 않는다. 호오리노 미코토는 시오쓰치노 가미(塩土神)의 도움을 받아 와타쓰미노 가미(海の神)의 궁에 건너가 와타쓰미노 가미의 딸 도요타마비메(豊玉毘売)와 결혼하고, 마침내 다이(鯛)의 목에 걸린 낚싯바늘을 취해 3년 만에 돌아온다. 호오리노 미코토는 와다쓰미노 가미가 건네준 시오미쓰타마(塩盈玉)와 시오후루타마(塩乾玉)를 사용하여 형을 징계하고 복종시키지만, 해변의 산실에서 아이를 낳는 모습을 보아서는 안 된다는 도요타마비메와의 약속을 어기고 엿본 결과 히메는 아이를 남겨 두고 바다로 돌아가 버린다.

　이 히메가 낳은 자식 아마쓰히코히코 나기사타케우가야후키아에즈노 미코토(天津日高日子波限建鵜茸草不合命)의 자식이 가무야마토 이와레비코노 미코토(神倭伊波礼毘古命)로 이후의 진무 덴노(神武天皇)이다.

3. 고대 전기의 가요에서 만요(万葉)의 시대로

『고지키』와 『일본서기』에 수록된 고대 가요를 기키 가요(記紀歌謠)라고 부른다. 이들의 대부분은 독립된 민요 그대로의 형태가 아니라, 신화 또는 전설과 결합하거나 혹은 가요를 중심으로 모노가타리화하고 있는 것을 알 수 있다. 표현적으로는 마쿠라고토바(枕詞)나 죠고토바(序詞)가 다용되고 반복이나 대구(対句)에 의해 운율미가 정돈되어 갔다. 이러한 과정에서 풍부한 연상(聯想)을 통하여 가요를 발생시킨 사람들의 감정이 활력적으로 표현되고 있다. 기키 가요의 구의 음수는 6음·8음 등 일정하지 않지만 점차 5음·7음으로 고정되어 가는 경향을 보인다.

고대 가요는 기본적으로 구승의 세계를 배경으로 성립했지만, 고대 국가가 성립하여 관료 조직이 정비되고 도시 생활을 영위하게 되면서 집단성에서 분리된 개별적인 것에 대한 자각이 일어나기 시작한다. 그 같은 상황하에서 가요는 표현에 세련미를 가미하여 만드는 노래로서의 성격이 강해져 간다. 이것은 말의 연상이 가요 1수의 흥미를 지탱하고 있었기 때문에 어느 정도 정리된 느낌은 있지만, 연상 그 자체에 대한 흥미가 비대화하는 경향이 강하고, 더욱이 비약된 표현의 선호 등으로 1수의 완결성에는 다소 부족한 점이 있었다. 그것을 구승가의 멋이라고 말할 수도 있으나 개인적인 심정을 담기에는 한계가 있었다. 만드는 노래로서의 와카가 발생한 이유도 거기에 있다. 와카 역시 말의 연상에 표현을 맡기는 일이 적지 않지만 그 경우에도 말은 항상 일정한 방향으로 흘러 1수의 완결성은 흔들리지 않는다. 1수가 환기시키는 이미지는 뚜렷한 윤곽을 가지게 된다. 그것이 만드는 노래로서의 와카가 지닌 표현성이다. 와카에 이르러 단구, 장구의 음수가 각각 5음·7음으로 고정되어 쵸카(長歌)·단카(短歌)·세도카(旋頭歌) 등의 정형시로 정비되어 간다.

와카가 발달하자 가집의 편찬이 행해지고 그와 함께 와카에 대한 비평 의식도 생겨났다. 『만요슈』의 주기(注記)에 따르면 『고카슈(古歌集)』, 『가키노모토노아손 히토마로카슈(柿本朝臣人麻呂歌集)』, 『다카하시노 무시마로카슈(高橋虫麻呂歌集)』, 『다나베노 사키마로카슈(田辺福麻呂歌集)』, 『루이쥬카린(類聚歌林)』 등의 가집이 존재한 사실이 전해지지만 이들은 현존하지 않는다. 이 같은 상황에서 8세기 중엽까지의 와카를 집대성하여 『만요슈』가 제작된 것이다.

* 고대 가요: 『고지키』, 『니혼쇼키』, 『후도키』 안에 기록되어 현재에 전해지는 가요를 말한다. 문자가 없던 시대로부터 구승된 까닭에 가요 대부분이 기재되지 못하고 산일했을 것으로 추측된다. 고대인의 일상생활에 관련한 사랑과 죽음 또는 노동과 전쟁 등이 소박하고 단순한 감정을 통해서 표현되고 있다.

● 『만요슈(万葉集)』

편자 미상으로 759년 이후에 성립한 현존하는 일본 최고의 가집이다. 전 20권으로 약 4,500수의 노래를 수록하고 있으며, 단카(短歌)·쵸카(長歌)·세도카(旋頭歌) 등, 와카의 형식도 다양하다. 계층이나 지역 간

의 차이에도 불구하고 마음의 생각을 솔직하고 넉넉하게 노래하고 있다는 점에서 일본인의 마음의 고향이라고도 불린다.

작자는 덴노(天皇)와 귀족을 비롯하여 각지의 농민 등 다양한 계층에 걸쳐있고, 그 시대를 살아간 사람들의 혼이 활기찬 생명력을 통하여 노래 불리고 있다. 그것은 사람들이 신의 세계로부터 해방되어 인간의 세계로 그 영역을 넓혀 가는 상황을 반영하고 있다.

이처럼 힘차며 소박하고 순수한 마음으로 일관된 정신을 '마코토(まこと)'라고 하며 『만요슈』의 큰 특징이라고 할 수 있다.

또한 당시는 가나 문자가 없었기 때문에 『만요슈』는 '만요 가나'라고 하는 독특한 표기로 쓰였다. 그러나 『만요슈』가 편집될 즈음 상류 계급 사회에는 대륙 문화의 영향이 확산되기 시작하고 마침내 한문학이 중시되어 와카는 헤이안 중기까지 퇴보하기에 이른다.

◆ 『만요슈』의 시대구분

● 제1기(만요 시대의 여명기)

죠메이 덴노(舒明天皇, 재위 629~641)의 시대에서 진신노 란(壬申
の乱)이 발발한 오미죠(近江朝) 이전(~672)의 시기로 중앙 집권 체제
가 확립되던 격동의 시대이다. 제1기의 노래는 죠메이 이전의 와카도
포함하지만 이들은 전승성이 강하고 제작 연대가 불분명하다. 이 시
기는 만요의 개벽에 걸맞게 고대 가요의 영상을 남기고 있으면서도
만드는 노래로서의 성격이 나타나 있다. 또한 고대의 소박한 심정을
참신하고 솔직하게 노래하고 있으며 밝고 역동적인 리듬이 특징적이
다. 형태도 5음 7음의 정형이 정착되기 시작한다. 주요 영자(詠者)에
는 죠메이 덴노, 아리마 미코(有間皇子), 덴지 덴노(天智天皇), 누카타
노 오키미(額田王), 덴무 덴노(天武天皇) 등이 있다.

○ わたつみの 豊旗雲に 入日さし 今夜の月夜 さやけかりこそ

天智天皇(卷一、15番歌)

わたつみの とよはたくもに いりひさし こよひのつくよ さやけかりこそ
(大海原の 豊旗雲に 入り日がさしている。今夜の月は さわやかにちがいない。)
⇒ 바다의 신의 깃발 같은 구름에 석양 비치니 오늘 밤의 달빛은
분명 밝을 것이다
* 덴지 덴노(天智天皇): 다이카노 가이신(大化改新, 645)을 일으켜
오미(近江)의 오쓰(大津)로 도성을 옮겼다.

○ あかねさす 紫野行き 標野行き 野守は見ずや 君が袖振る

額田王(卷一、20番歌)

あかねさす むらさきのゆき しめのゆき の
もりはみずや きみがそでふる

(紫草を栽培する 御料野を歩きながら 監視
する番人が見つけはしないだろうか。そんな
にあなたは袖を振ったりして。)

⇒ 붉게 빛나는 나라님의 자초 밭 걷고 있는
데 파수꾼이 안 볼까 그대 소매 흔드니

* 누카타노 오키미(額田王): 덴지, 덴무 두
덴노에게 사랑을 받은 여류 가인으로 풍부한 감정을 정열적으로 표
현했다.

● 제2기(만요조의 완성)

지토(持統), 몬무(文武)를 중심으로 하는 후지와라조(藤原朝) 시대(672~
710)로, 율령제가 어느 정도 정비되고 궁정이 번영과 안정을 보이는
시기이다. 와카에는 만요조의 가풍이 확립되어 역동감과 함께 중후함
이 가미되고, 표현 기교도 발달하여 쵸카, 단카의 형식이 완성되었다.
또한 와카의 제작을 전문으로 하는 이른바 궁정가인이 출현한 시기
로, 특히 가키노모토노 히토마로(柿本人麻呂)는 대표적인 궁정가인이
다. 그는 지토, 몬무조의 궁정가인으로 웅대한 구상과 장중한 리듬으
로 왕실에 대한 찬가와 왕족의 죽음을 애도하는 반카(挽歌)를 제작하
고, 마쿠라고토바・죠고토바・대구(対句) 등을 구사하여 쵸카의 형식
을 완성시켰다. 한편 히토마로는 사적인 세계를 읊는 와카에도 능통
하여 『만요슈』 최고의 가인으로 일컬어진다. 그 외의 가인으로는, 여

사진) 누카타노 오키미(額田王). 출처: http://marumate.shop-pro.jp/=616898

행의 고독감을 노래한 다케치노 구로히토(高市黑人)를 비롯하여 지토 텐노, 야마베노 아카히토(山部赤人), 시키노 미코(志貴皇子), 오쓰노 미코(大津皇子), 이시카와노 이라쓰메(石川郎女), 오쿠노 히메미코(大来皇女) 등이 있다.

* 마쿠라고토바(枕詞): 특정한 말 앞에 두어 그것을 수식하거나 어조를 고르는 데 쓰이는 일정한 말로 오음절로 된 것이 많다.

例) ‘あしひきの’가 ‘やま(山)’를 동반하거나, ‘あまざかる’가 ‘ひな(鄙)’를, ‘ひさかたの’는 ‘そら’와 ‘ひかり(光)’를 ‘ぬばたまの’는 ‘よ(夜)’와 ‘ゆめ(夢)’를 수식한다.

* 죠고토바(序詞): 어떤 어구를 이끌어 내기 위해 전제로 놓는 말로 마쿠라고토바와 비슷한 역할을 하지만 1구로 구성된 마쿠라고토바와는 달리 2구 혹은 4구에 이르며 ‘죠시’라고도 부른다.

例) ‘立別れ いなばの山の 嶺に生ふる まつとしきかば 今かへりこむ(古今和歌集「離別歌」)’에서 ‘立別れ いなばの山の 嶺に生ふる’, ‘足引の 山鳥の尾の しだり尾の 長長し夜を ひとりかもねむ(拾遺和歌集「恋歌」)’에서 ‘足引の山鳥の尾の しだり尾の’ 등이다.

○ あしひきの 山のしづくに 妹待つと 我立ち濡れぬ 山のしづくに

　　　　　　　　　　　　　　　　　　　大津皇子(卷二、107番歌)

あしひきの やまのしづくに いもまつと われたちぬれぬ やまのしづくに

(山のしずくが落ちる中で、あなたを待ってたたずんでいるうちに、私はすっかりぬれてしまった。山のしずくで。)

⇒ 비가 내리는 산속에서 그대를 기다리다가 흠뻑 젖어 버렸소 떨어지는 빗물에

* 오쓰노 미코(大津皇子): 덴무의 세 번째 왕자로, 태자를 상대로 모반을 일으키려 했다 하여 처형당했다.

○ 秋山の 黃葉をしげみ 惑ひぬる 妹を求めむ 山道知らずも 柿本人麻呂(卷二、208番歌)

あきやまの　もみぢをしげみ　まとひぬる
いもをもとめむ　やまぢしらずも

(秋山の紅葉が茂って迷い込んでしまった妻を探しにゆく その山道もわからないことだ。)

⇒ 가을 산속에 단풍잎 무성하여 길을 헤매는 아내 찾아 가노라 산길도 모르면서

● 제3기(만요조의 융성)

나라조 전기(710~733)로 마침내 율령체제가 정착하고 『고지키』, 『니혼쇼키』의 편찬이 행해졌다. 불교, 유교, 노장 사상 등 대륙의 사상이나 문화가 유입되어 와카의 세계에도 지적인 경향이 강해지고 개인의 자각이 깊어지면서 섬세하고 복잡한 표현이 나타나게 되었다. 궁정가인은 줄었지만 작자층과 가풍은 다양화되고 만요조의 가풍에 충실하면서도 개성적인 수가 많아 만요의 성시를 이루었다.

대표 가인으로는 처자에 대한 애정과 빈곤에 대한 탄식 등 인생의 고뇌와 사회의 모순을 그린 야마노우에노 오쿠라(山上憶良), 다수의 서경가를 읊은 야마베노 아카히토(山部赤人), 오토모 씨의 몰락과 다자이후(大宰府)로의 좌천에 의해 소외감과 망향의 정 등 인생의 애환

사진) 가키노모토노 히토마로(柿本人麻呂). 출처: http://www.xwns.co.jp/yamato/fm/tohsikinenkan.html

을 노래한 오토모노 다비토(大伴旅人), 서사적인 쵸카 안에 전설을 가미하여 노래한 다카하시노 무시마로(高橋虫麻呂) 등이 있다.

○ 憶良らは 今は罷らむ 子泣くらむ それその母も 我を待つらむそ

山上憶良(卷三、337番歌)

おくららは いまはまからむ こなくらむ それそのははも わをまつらむそ

(憶良は もうおいとましましょう。子供が泣いているだろうし、その子の母も 私を待っているだろうから。)

⇒ 나 오쿠라는 이제 돌아가련다 아이는 울고 아이 업은 어미도 날 기다릴 터이니

○ 人もなき むなしき家は 草枕 旅にまさりて 苦しかりけり

大伴旅人(卷三、451番歌)

ひともなき むなしきいへは くさまくら たびにまさりて くるしかりけり

(人もない、むなしい家は 草枕の 旅にも増して 苦しいことであるよ。)

⇒ 사람도 없는 빈집을 보는 것은 풀 베개 베는 여행보다 더욱더 괴로운 일이로다

● 제4기(만요 시대의 말기)

나라조 중기(734~759)로 정체된 정치에 대한 동요와 불안이 확산되기 시작하는 시기이다. 만요조의 가풍도 역동성을 잃어 감상적이거나 우아함을 추구하고 이지적이고 기교를 응집한 노래가 많아졌다. 발상이나 표현에 있어서도 유형적으로 고정되어 쵸카(長歌)가 쇠퇴하고, 일상의 사교 도구로써 단카(短歌)의 제작이 왕성하게 행해지기 시

작하여 헤이안조의 가풍으로 이행하고 있음을 느끼게 한다.

대표적 가인으로는 오토모 다비토의 아들로 만요슈를 편찬했다고 전해지는 오토모노 야카모치(大伴家持)가 있다. 그의 노래는 만요슈에 473수가 수록되어 있는데, 우수에 찬 감성을 섬세한 표현으로 읊어 독자적인 경지를 열었다. 그 밖에 오토모노 야카모치의 젊은 날의 연인으로 자의식이 강하고 관념적인 노래를 많이 읊은 가사노 이라쓰메(笠女郎), 사노노치가미노 오토메(狹野茅上娘子) 등과 사키모리(防人)의 노래가 있다.

○ 相思はぬ 人を思ふは 大寺の 餓鬼の後に 額づくごとし

　　　　　　　　　　　　　　　　　　　笠女郎 (卷四、608番歌)

あひおもはぬ ひとをおもふは おほてらの がきのしりへに ぬかづくごとし

(思ってもくれない 人を思うことは、大寺の 餓鬼の後ろから 額ずくようなものである。)

⇒ 사랑하지 않는 이를 연모하는 건 아주 큰 절의 아귀 상 뒤에다가 절을 하는 격이다

○ 春の園 紅にほふ 桃の花 下照る道に 出で立つ娘子

　　　　　　　　　　　　　　　　　大伴家持 (卷十九、4139番歌)

はるのその くれなゐにほふ もものはな したでるみちに いでたつをとめ

(春の園が 紅に美しく輝いている。その桃の花の 下までが赤く映えている道に たたずむ少女よ。)

⇒ 봄의 정원을 다홍으로 물들인 복숭아 꽃빛 내리쪼이는 길에 나와 서 있는 소녀

◇ 아즈마우타(東歌)・사키모리노 우타(防人歌)

『만요슈』안에는 동국 지방의 노래로 아즈마우타(東歌)와 사키모리노 우타(防人歌)가 채록되어 있다. 전자는 민요적 성격이 강하며 단카 형식으로 정비되어 있는 점으로 미루어 관인의 손질이 가해졌을 가능성이 높다. 소몬카(相聞歌)가 압도적으로 많으며 또한 중앙의 노래에는 보이지 않는 노골적인 성애 묘사가 특색이다. 후자의 대부분은 755년 효부노 쇼후(兵部小輔)였던 오토모노 야카모치가 수집한 사키모리노 우타를 선별한 것으로 대부분 단카 형식으로 정리되어 있고, 변경을 방비하기 위해 고향에서 강제로 징용된 사키모리의 통절한 심정을 노래하고 있는데, 여기에도 역시 관인들의 손질이 더해졌을 것으로 파악되고 있다. 동국은 중앙으로의 복속이 늦은 이유도 있어 수도와 시골이라는 대비 구조 안에 포함되지 않아, 중앙 귀족들에게는 제3의 지역으로 인식되고 있던 것으로 이해된다.

○ 高麗錦 紐解き放けて 寝るが上に あどせろとかも あやにかなしき
東歌(卷十四、3465番歌)

こまにしき ひもときさけて ぬるがへに あどせろとかも あやにかなしき

(高麗錦の 紐を解いて 共寝をしたが、この上にどうしろというのか。たまらなく愛しい。)

⇒ 고마 비단옷 띠를 풀어 내리고 자 버린 이상 어찌하란 말인가 더없이 그립구나

○ 韓衣 裾に取り付き 泣く子らを 置きてそ来ぬや 母なしにして
防人歌(卷二十、4401番歌)

からごろも すそにとりつき なくこらを おきてそきぬや おもなしにして
(韓衣の 裾に取りついて 泣く子供たちを あとに残して来てしまった。母もいないのに)

⇒ 가라고로모 소매에 매달려서 우는 애들을 두고서 와 버렸다 어미가 없는데도

◆ 『만요슈』의 가체

● 쵸카(長歌＝ながうた)－５７・５７ －－－－ ５７７
와카의 일종으로, ５ ７음을 ３회 이상 반복하고 마지막에 ５ ７ ７을 붙여 끝내는 형식의 노래로 짧은 것에서 긴 것까지 다양하다. 『만요슈』시대에는 남성 관인들에 의해 왕성하게 제작되었으나 헤이안 시대 이후에는 거의 읊어지는 일이 없었다.

○ 天地の 分かれし時ゆ 神さびて 高く貴き 駿河なる 富士の高嶺を 天の原 振り放け見れば 渡る日の 影も隠らひ 照る月の 光も見えず 白雲も い行きはばかり 時じくそ 雪は降りける 語り継ぎ 言ひ継ぎ行かむ 富士の高嶺は

山部赤人(巻三、317番歌)

あめつちの わかれしときゆ かみさびて たかくたふとき……
…………かたりつぎ いひつぎゆかむ ふじのたかねは

● 한카(反歌＝かえしうた)－５７・５７・７
단카의 일종으로 쵸카에 붙여서 쵸카의 내용을 요약하거나 보충한 노래.

○ 田子の浦ゆ うち出でて見れば ま白にそ 富士の高嶺に 雪は降りける

(巻三、318番歌)

たごのうらゆ うちいでてみれば ましろにそ ふじのたかねに ゆきはふりける

● 단카(短歌＝みじかうた)-5 7・5 7・7

와카의 일종으로 『만요슈』 안에서 가장 많은 형식의 노래이며 이후 와카라고 하면 일반적으로 이것을 가리킨다.

● 세도카(旋頭歌)-5 7 7・5 7 7

상하 2구로 구성되는 와카의 일종으로 가요적인 성격이 강하며 마에쿠(前句)에 제시된 상황을 우시로쿠(後句)가 얼마나 잘 설명하고 있는지에 흥미가 집중된다. 원래는 민중의 노래였던 것이 귀족사회에서도 향수된다. 『만요슈』 안에 60수가 확인되는데 『만요슈』 말기에는 쇠퇴한다.

○ 住吉の 小田を刈らす児 奴かもなき 奴あれど 妹がみためと 私田刈る

柿本人麻呂(巻七、1275番歌)

すみのえの をだをからすこ やつこかもなき やつあれど いもがみためと わたくしだかる

◆ 내용상의 분류

* 소몬카(相聞歌)-'소몬'이란 소식을 주고받는다는 의미로, 창화(唱和)나 증답가(贈答歌)를 포함하는데 주로 연가(恋歌)가 많다.

* 반카(挽歌) – 죽은 자를 추모하는 노래나 사자의 남겨진 노래. 본래는 사자의 관(상여)을 끌(挽) 때 부르던 노래이다.

* 조카(雜歌) – 소몬카나 반카에 속하지 않는 것으로 자연·계절·여행·행차·연회 등을 노래한 것을 말한다.

* 그 밖에 '다토에우타(譬喩歌)'나 '기료카(羈旅歌)' 등의 분류 방식이 있다.

● 『만요슈』의 특색

소박하고 솔직하며 힘찬 가풍으로 남성적이라 하여 이른바 '마스라오부리(益荒男振)'라고 한다. '마코토(진실)'의 마음을 노래하고 있다. 5·7조가 주류이며 2구절과 4구절의 노래가 많다.

* 마스라오부리: 에도 중기의 국학자인 가모노 마부치(賀茂眞淵) 등이 와카의 이상으로 여긴 가풍으로, 남성적이고 대범한 가풍이라는 뜻으로『만요슈』에 많이 보이는 가풍이다. 이에 반하여 헤이안 시대에 편찬된『고킨와카슈』의 가풍은 '다오야메부리(手弱女振)'라 하여 여성적이며 부드럽다고 일컬어진다.

● 일본어 표기의 루트 '만요 가나'

일본에는 고유의 문자가 없었다. 중국의 한자를 차용하여 그 음과 훈을 한자의 의미에 관계없이 사용하여 일본어를 표현한 것이 만요 가나이다.

히미코(卑弥呼, 3세기 중엽 무렵의 야마타이코쿠(邪馬台国)의 여왕) 시대부터 있었던 대륙, 반도와의 교류를 통해서 종래에 문자를 소유하지 못했던 일본인이 한자를 습득한 일은 문학사상 가장 주목할 만한 사건이다. 단, 한자는 단순한 표음 문자가 아니기 때문에 한자를 빌려서 야마토 말을 표기하기 위해서는 많은 지혜와 시간이 필요했다. 『니혼쇼키』는 대부분 순수한 한문으로 기록되어 있지만 『고지키』의 가요는 1음에 1자의 한자를 대응시키고 있다. 『만요슈』에 이르면 한자의 음과 훈 이외에 의미로부터도 음을 이끌어 내는 방법으로 야마토 말이 쓰이게 되었다. 일명 '만요 가나'라고 불리며 훗날 히라가나와 가타카나의 원형이 되었다.

　* 음가나: 한자의 자음을 빌린 것　예) 奈都可思(ナツカシ) 夜間等(ヤマト)
　* 훈가나: 한자의 일본식 훈을 빌린 것　예) 夏樫(ナツカシ) 八間跡(ヤマト)

자료) 한자에서 히라가나로의 변천 출처:위키피디아 일본판

4. 그 외, 주요 작품

● 『니혼쇼키(日本書紀)』

일본에서 가장 오래된 편년체(연대순으로 기록된 문체) 역사서로 릿고쿠시(六国史)의 하나다. 나라 시대 초기인 720년 도네리 신노(舍人親王)를 중심으로 편찬되었다. 한국이나 중국에는 정식 역사서가 있는데 일본에는 그에 필적할 만한 역사서가 없어, 덴무 덴노(天武天皇)의 명에 의해 제작에 착수하게 되었고, 겐메이 덴노(元明天皇) 때에 완성되었다. 이른바 신대에서 지토 덴노(持統天皇, 재위 690~697) 때까지의 역사가 황실을 중심으로 기록되어 있으며 『고지키』와 중복되는 부분도 많다. 문장은 순수한 한문체로 기록되어 있으나, 덴노의 명령을 기록한 센묘(宣命) 등은 센묘체(宣命体)라는 특수한 문체로 표기하고 있다. 전 30권으로 구성되어 있다.

　* 릿고쿠시(六国史): 나라, 헤이안 시대에 조정에서 편집한 6개의

국사를 총칭하여 말한다. 『니혼쇼키』 이외에 『쇼쿠니혼기(続日本紀)』, 『니혼코키(日本後紀)』, 『쇼쿠니혼코키(続日本後紀)』, 『니혼몬토쿠덴노지쓰로쿠(日本文徳天皇実録)』, 『니혼산다이지쓰로쿠(日本三代実録)』가 있다.

* 센묘(宣命): 덴노의 말과 명령(詔, 미코토노리)을 선포해 알리는 일이나 문서를 말한다. 조서의 한 형식으로, 센묘체로 기록되었다. 나라 시대에는 원일조하(元日朝賀)나 즉위・개원(改元)・입후(入后)・입태자(入太子) 등의 의식에 사용되었는데, 장엄하며 읽는 박자에 미적 감각이 느껴진다.

* 센묘체(宣命体): 센묘나 노리토 등에 이용되는 표기법으로 전부 한자를 사용하지만, 일본어 어순에 따라 체언・용언・부사 등 자립어는 크게, 용언의 활용어미・조사・조동사 등은 한자로 1자 1음 식의, 이른바 만요 가나로 오른편에 모아서 작게 기술했다. 훗날의 가나 한자 혼용문(和漢混淆文)의 원천이 되었다.

◆ 『고지키』와 『니혼쇼키』의 차이점

내용 면에서 보면 『고지키』가 덴노 중심의 역사 이야기인 데 반해 『니혼쇼키』는 당시의 주변 국가인 한국과 중국 등의 사서에 대응하는 일본의 공적인 역사서로서의 성격이 강하다. 표기에서의 차이점을 들자면 『고지키』는 일본어의 특성을 살린 한문체, 즉 음훈 병용의 일본식 한문체이며, 『니혼쇼키』는 순수한 한문으로 기록되었다는 점이다.

● 『후도키(風土記)』

　나라 시대에 성립한 각 지방의 풍토 지리서(地誌)로, 713년 겐메이
덴노가 각 지방에 명하여 그 지방의 지리와 지명의 유래, 풍속, 산물,
신화, 전설 등을 기록하여 진상하도록 한 것이다. 각 지방마다 독자적
인 편집 방침을 취하여 정리하고 있다. 현재 완전한 형태로 남아 있
는 것은 『이즈모노 구니 후도키(出雲国風土記)』뿐이며 히타치(常陸),
하리마(播磨), 히젠(肥前), 분고(豊後) 후도키의 일부가 전해지고 있다.
주로 한문체로 기록되어 있다.

● 『가이후소(懐風藻)』

　일본에 현존하는 가장 오래된 한시집으로, 오우미노 미후네(淡海三
船)가 편찬했다고 전해지지만 확실하지 않다. 덴지 덴노 시대부터 나
라 시대에 이르는 시기의 덴노・왕족・신하・승려 등, 당시의 지식인
64명의 한시 120편을 수록하고 있는데, 덴노의 행차와 연회석에서 지
어진 시가 많다. 중국 육조(六朝)의 시풍을 모방한 일본 고대 시의 정
수를 전하고 있으며, 『가이후소』편찬의 시도는 『만요슈』편찬에 다
대한 영향을 끼쳤다고 평가된다. 서문은 751년에 제작되었다.

칼럼

한일 신화 속 영웅의 신성

한국의 신화에 보이는 건국 시조 탄생에 관련한 내용을 개관하면, 탄생 전후에 주인공의 신성이 강조되어 혈통은 물론, 기이한 출생의 양상과 함께 걸출한 용모와 뛰어난 기량이 부각되어 있는 것을 볼 수 있다. 즉 처음부터 지배자로서의 자질을 부여하고 있는 것이다. 그것은 고조선의 단군뿐만 아니라 신라의 박혁거세, 고구려의 주몽, 가락국의 수로에 공통적으로 나타나 있다.

반면 일본의 신화에는 주인공의 탄생에 관련한 내용조차 발견할 수 없는 경우가 있는가 하면, 탄생 관련 기록이 있다 해도 괄목할 만한 영웅성이 확인되지 않거나, 용모에 대한 묘사가 없는 경우도 많다. 오히려 영웅과는 거리가 멀어 지나치게 온후하거나 우유부단하여 지배자로서의 면모에 부족함이 느껴진다. 혹은 정반대로 영웅의 풍모는 갖추고 있으나 지나치게 횡포하여 성군으로서의 이미지에 치명적인 결함을 보이는 경우가 있다.

한편 한국 신화와 일본 신화 사이에는 주인공의 성장 과정과 지배자로의 변모 과정에도 상당한 차이점이 확인된다. 『동국이상국집』의 '동명왕편'은 주몽이 태어나 아직 1개월도 지나지 않은 시기에 입을 떼고 말을 시작했다고 적고 있으며, 7세에는 활과 화살을 만들어, 쏘면 백발백중이었다고 한다. 이후 사냥에도 탁월한 기량을 자랑했다고 기술하고 있다. 가락국의 수로는 태어나 10여 일 만에 신장이 9척이나 되고 그 용모도 중국의 역대 영웅과 닮았다고 전한다. 다시 말해서 탄생의 순간부터 왕으로서의 풍모를 겸비하고 있었으며 권좌에 오르는 것은 태어나기 전부터 이미 정해져 있던 것처럼 묘사하고 있다.

그러나 일본 신화 속 영웅의 성장 과정에 주목하면, 형제에게 박해를 받아 도망하는 오쿠니누시(大国主)와 호오리노 미코토(火遠理命)는 유리 처(流離先)에서 위대한 신의 딸을 만나 그의 헌신적인 조력에 의해 신의 영력을 손에 넣어 영웅으로 재탄생하는 전개 방식이다. 영웅이라고는 하지만 자신의 노력에 의해 얻어진 결과라기보다 마지막까지 타인의 도움과 타인에게 받은 주술적인 도구 등을 이용하여 지배자가 되는 독특한 구조를 띠고 있다.

태어날 때부터 지닌 강력한 힘과 왕으로 옹립하려고 하는 세력을 전면에 내세우고 있는 한국과는 달리, 일본은 유리와 여성의 조력, 그리고 여성의 아버지인 위대한 신의 가호에 의해 영웅이 탄생하는 형태의 이야기가 많다. 또 한 가지 덧붙이면, 칼로 상징되는 스사노오나 야마토타케루 같은 영웅도 적을 제압하는 과정에서 정공이 아니라 속임수나 도구를 이용하는 점에서 한국의 무용담과 구별된다.

제2장

헤이안 시대(중고)의 문학

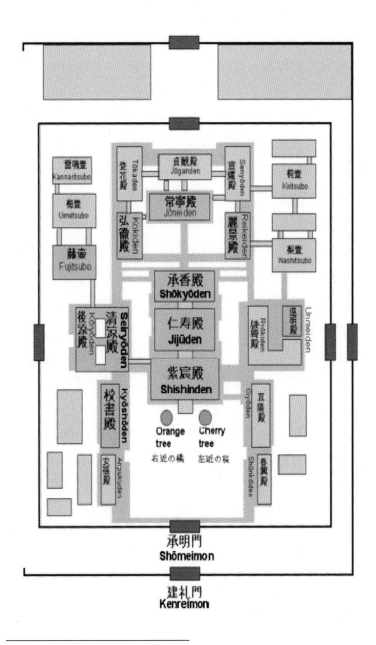

사진) 다이리(內裏, 내궁궐). 출처: 위키피디아 일본판

간무 덴노(桓武天皇)에 의한 헤이안쿄(平安京, 지금의 교토) 천도 (794)로부터 미나모토노 요리토모(源賴朝)에 의해 가마쿠라(鎌倉)에 막부가 성립할 때(1192)까지의 약 4백 년간을 헤이안 시대라고 하며, 이 시기에 기록된 문학을 중고 문학이라고 한다.

　＊헤이안 시대의 범위: 가마쿠라 막부의 성립 시기에 대한 견해에 다소 차이가 존재한다. 요리토모가 군사 정권을 성립시킨 1180년. 요리토모가 국가로부터 지배권을 공적으로 인정받은 1183년. 전국적인 군사, 경찰권을 획득한 1185년. 막부의 동국 지배가 확립된 1189년. 요리토모가 정이대장군에 임명되어 막부를 연 1192년 설 등, 학자에 따라 성립 시기가 상이하다. <고지엔(広辞苑)>이나 <일본국어대사전(日本国語大事典)>은 1192년 설을 따르고 있다.

　● 사회 배경－헤이안 초기 율령 체제가 붕괴된 이후, 귀족은 사적 영유지인 장원의 경제력을 배경으로 하고 궁정을 무대로 하여 화려한 왕조문화를 구축했다. 그 중심이 된 후지와라 씨는 정치, 경제, 문화를 장악하고 섭관(摂関) 정치를 시행하여 미치나가(道長, 966～1027) 때 최성기를 맞이한다. 그 후 시라카와 죠코(白河上皇)에 의한 인세이(院政, 상황에 의한 정치)와 지방에서 신흥 무사가 대두함에 따라 귀족은 점차 힘을 잃어 간다. 그러나 문학은 약 4백 년 동안 최고조의 영화를 누린 귀족들의 생활을 잘 반영하고 있다. 그런 이유로 이 시기를 귀족 문학 혹은 왕조 문학의 시대라 칭한다.

　① 한시문에서 가나 문학으로(전기, 9～10세기)
　당초 남성 귀족에게는 한문의 교양이 요구되어 한시문이 유행했다.

『료운신슈(凌雲新集)』와 『분카슈레이슈(文華秀麗集)』 등의 칙찬 한시집도 편찬되었다. 그러나 9세기 말인 894년에 견당사가 폐지되자 점차 가나 문학이 보급되면서 문학도 국풍화가 진행되었다. 모노가타리 문학의 조상이라고 일컬어지는 『다케토리모노가타리(竹取物語)』와 우타 모노가타리(歌物語) 작품인 『이세모노가타리(伊勢物語)』가 성립하는 한편 와카도 부흥했다. 그 결과 일본 최초의 칙찬 와카집인 『고킨와카슈(古今和歌集)』가 편찬되고, 귀족들 사이에서는 우타아와세(歌合)가 행해졌다. 또한 자기 자신의 이야기를 글로 쓰려는 의도에서 일기 문학이 발생했는데 기노 쓰라유키(紀貫之)의 『도사닛키(土佐日記)』는 최초의 가나 일기이다.

* 칙찬(勅撰): 덴노의 칙명이나 상황의 선지를 받아 문서를 만드는 일. 칙찬집은 그 한시문집이나 와카집을 가리킨다. 특히 칙찬 와카집(勅撰和歌集)은 헤이안 시대 다이고 덴노의 명으로 편찬된 『고킨와카슈』를 시작으로, 무로마치 시대 고하나조노 덴노(後花園天皇)의 선지에 의해 편찬된 21집 『신쇼쿠고킨와카슈(新続古今和歌集)』에까지 이어진다. 이를 총칭하여 니쥬이치다이슈(二十一代集)라고 한다.

* 우타아와세(歌合): 좌우 두 팀으로 나뉘어, 가인이 미리 만들어 지참한 와카를 주제에 따라 각각 한 수씩 읊어 우열을 다투는 놀이. 우열을 판정하는 사람을 한자(判者)라고 한다.

② 여류 문학의 전성기(중기, 11세기 초엽~중엽)

귀족문화가 번영함에 따라 궁정에 종사하고 있던 교양 있는 여성들에 의해 뛰어난 작품이 탄생했다. 그들은 가나 문자를 능란하게 사용하여 한자로는 표현할 수 없는 일본인의 세세한 감정을 여성 특유

의 풍부한 감성으로 표현하며 여류 문학의 전성기를 구가한다. 그 정점에 세이 쇼나곤(淸少納言)의 『마쿠라노소시(枕草子)』와 무라사키 시키부(紫式部)의 『겐지모노가타리(源氏物語)』가 있다.

　『마쿠라노소시』는 '오카시(おかし, 이지적이고 밝은 정취)'의 문학, 『겐지모노가타리』는 '아와레(あはれ, 마음에 스미는 절절한 정취)'의 문학이라 일컬어져, '오카시'와 '아와레'는 당시의 미의식을 상징하는 이념이 되었다.

　③ 모노가타리의 쇠퇴(후기, 11세기 중엽~12세기 말엽)

　11세기 말, 인세이(院政, 상황에 의한 정치체제) 시대에 들어서자 귀족에 의한 가나 문학은 급속히 쇠락의 조짐을 보이기 시작한다. 몇 편의 모노가타리 작품이 쓰이기는 했지만 대부분『겐지모노가타리』를 모방한 것이었다.

무사가 세력을 확장해 가는 동안 귀족들은 영원하리라고 믿었던 지위가 흔들리는 것을 직감하고 과거의 영화를 그리워하게 된다. 그런 상황에서 생성된 것이『에이가모노가타리(栄華物語)』와『오카가미(大鏡)』같은 역사 모노가타리이다. 또한 귀족이 몰락해 가는 과정에서 그들이 민중의 세계에 관심을 나타내기도 한다. 민중의 생활상을 생생하게 담은『곤쟈쿠모노가타리슈(今昔物語集)』를 비롯한 설화 문학이 생성되고, 민중의 가요를 수록한『료진히쇼(梁塵秘抄)』가 편찬되었다. 한편 와카의 세계에서는『센자이와카슈(千載和歌集)』와『산카슈(山家集)』등이 제작되어 다음 시대로의 가교 역할을 담당한다.

＊역사 모노가타리: 역사적 사실에 대한 기록뿐만 아니라 그것을 소재로 역사의 진실에 접근하고자 하여 만들어진 모노가타리. 그중에서 특히 전쟁을 제재로 한 것을 군기(軍記, 또는 戰記) 모노가타리라고 한다.

◆ 가나문자와 문학

헤이안 시대에는 한자의 초서체에서 발생한 표음문자인 히라가나와 한자의 약자에서 변형된 가타카나가 발달했다. 자신들만의 문자를 소유하게 되면서 생각하는 바를 자유롭게 표현하고 기록할 수 있게 되었다. 일반적으로 가타카나는 남성 중심의 학문 연구에 사용되고 히라가나는 여성 중심의 표현 활동에 사용되었다. 그러한 상황하에서 여성에 의한 가나 문학이 성립하고 발전한다. 남성은 한시나 한문을 중시했기 때문에 헤이안 시대의 문학은 여성에 의한 가나 문학의 황금기를 형성하게 되었다.

　＊ 히라가나(平仮名): 만요 가나의 초서체를 간략화한 것으로 헤이
안 시대에는 특히 여성이 사용하는 문자라 하여 '온나데(女手)'라는
식으로 불렸다. 『겐지모노가타리』나 『마쿠라노소시』 등의 여류 문학
이 발전한 것도 히라가나의 발달과 밀접한 관련이 있다. 여러 가지
한자의 초서체에서 파생한 글자체가 있었지만 메이지 33년(1900)에
오늘날과 같은 형태로 통일되었다.

　＊ 가타카나(片仮名): 헤이안 시대 초기, 대륙에서 전래된 한문을 훈
독하기 위해 한자의 일부나 한자 전체의 흘림체를 극단적으로 간략
화하여 사용한 것이 계기가 되어 만들어졌다. 후에 한문을 풀어쓸 때
이용되었고 메이지 이후에도 공용문이나 법률·자연과학 등의 문장
에 사용되었다. 최근에는 주로 의성어나 외래어 표기에 사용된다.

1. 와카와 가요

●『**고킨와카슈**(古今和歌集)』

엔기(延喜) 5년(905) 다이고 덴노(醍醐天皇)의 명으로 기노 쓰라유키(紀貫之) 등 4명의 편자에 의해 편집된 일본 최초의 칙찬 와카집이다. 20권

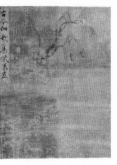

으로 구성되어 있으며 단카를 중심으로 5수의 쵸카와 3수의 세도카를 포함하여 120여 명의 작자에 의해 지어진 약 1,100수의 와카를 수록하고 있다. 1,100수 중에서 4할은 '작자 미상(詠み人知らず)'으로, 우아하고 섬세한 감각에 가케고토바(掛詞, 懸詞)・엔고(縁語) 등의 기교를 가미하여 표현하고 있다. 고대로부터 편찬 당시에 이르기까지의

사진)『고킨와카슈(古今和歌集)』卷第五, 高野切本. 출처: http://abc0120.net/words01/abc2009031603.html

와카를 편집한다는 의미로 고킨(古今)이라는 이름이 붙여졌다.

　* 가케고토바(掛詞, 懸詞): 동음이의어를 이용하여 한 낱말에 두 가지 이상의 의미를 부여한 것. 예를 들어 한 낱말에 '待つ(마쓰, 기다리다)'와 '松(마쓰, 소나무)'의 의미를 중첩시켜 문장을 만드는 수사법의 하나로 시작법에 사용된다(예, 秋の野に 人まつ虫の 声すなり−가을 들판에 사람을 기다리는 벌레(소나무벌레) 소리 성하다).

　* 엔고(縁語): 와카 안에서 다른 낱말과의 조응으로 표현 효과를 배가시키기 위해서 사용하는데, 두 낱말이 의미상으로 연관성을 띤 말을 가리킨다. 예를 들어 "白雪の 降りてつもれる 山里は 住む人さへや 思ひ消ゆらむ(흰 눈이 내려 쌓이는 산마을은 사는 사람의 생각조차 지워 버릴 것 같구나)"에서 '雪'와 '消ゆ'는 연관되는 낱말로 엔고가 된다.

　○ 仮名序

　やまと歌は、人の心を種として、よろづの言の葉とぞなれりける。世の中にある人、ことわざ繁きものなれば、心に思ふことを、見るもの聞くものにつけて、言ひ出せるなり。花に鳴く鶯、水に住む蛙の声を聞けば、生きとし生けるもの、いづれか歌を詠まざりける。力をも入れずして天地を動かし、目に見えぬ鬼神をもあはれと思はせ、男女の中をもやはらげ、たけき武士の心をも慰むるは歌なり。

　⇒ 가나 서문

　야마토 노래(와카)는, 사람의 마음을 씨앗(근본)으로 하여 형형색색의 말로 열매 맺은 것이라고 할 수 있겠다. 이 세상에 살고 있는 사람은 관계하는 일이 많기 때문에 그에 대해 마음으로 생각하는 일을 보는 것이나 듣는 것에 맡겨 표현하는 것이다. 꽃(매화)에서 지저귀는

휘파람새나 물에 사는 개구리 소리를 듣고 있으면 온갖 생명 있는 존재는 어느 것 하나 노래를 부르지 않는 것이 없다. 힘을 들이지도 않고 하늘과 땅을 움직이고 눈에 보이지 않는 영혼과 신기(神祇)를 감동하게 하고, 남녀 사이도 마음을 터놓게 하며 용맹스러운 무사의 마음도 온화하게 하는 것이 노래인 것이다.

◆ 가풍의 전개(노래의 경향)

● 제1기: 작자 미상(詠み人知らず)의 시대로 9세기 초기 이전(~849)에 읊어진 노래. 작자 미상의 와카로 소박한 심정을 솔직하게 표현하고 있다. 후기의 작자 미상의 가풍에도 계승된다.

○ 春日野の とぶひの野守 いでて見よ 今いくかありて 若菜つみてむ

　　　　　　　　よみ人しらず(卷一、春歌上18)

かすがのの とぶひののもり いでてみよ いまいくかありて わかなつみてむ

(春日にある飛火野の番人よ、外に出て様子を見て見なさい。あと何日で若菜を摘めるようになるだろうかと。)

⇒ 가스가 들의 들불을 지키는 이 나와서 보오 얼마만큼 있어야 봄나물을 뜯을지

● 제2기: 롯카센(六歌仙) 시대로 9세기 중기(850~890) 무렵에 읊어진 노래. 화려하고 기교적인 7·5조의 가풍이 중심이 된다. 아리와라노 나리히라(在原業平), 오노노 고마치(小野小町), 소죠 헨죠(僧正遍昭), 훈야

노 야스히데(文屋康秀), 오토모노 구로누시(大伴黒主), 기센 법사(喜撰 法師)를 롯카센이라 부르며 이들은 헤이안 시대를 대표하는 가인이다.

○ つひにゆく 道とはかねて 聞きしかど きのふけふとは 思はざりしを
　　　　　　　　　　　　　　　在原業平(巻十六、哀傷歌861)
つひにゆく みちとはかねて ききしかど きのふけふとは おもはざりしを
(最後に行く 道だとは、前々から耳にしていたが、我が身に昨日今日というほどさしせまった事とは思いもしなかったのに。)
⇒ 결국에 가는 길이라고는 들어 알고 있지만 어제오늘이리라 생각도 못 했는데

○ うた寝に 恋しき人を 見てしより 夢てふものは 頼みそめてき
　　　　　　　　　　　　　　　小野小町(巻十二、恋歌553)
うたたねに こひしきひとを みてしより ゆめてふものは たのみそめてき
(うたた寝の夢枕に、恋しい人の姿を見てからは、夢というものを頼みにするようになった。)
⇒ 선잠을 자다 사랑하는 사람을 보고 나서는 꿈이라고 하는 걸 기대하게 되었다

• 제3기: 찬자(撰者)의 시대로 9세기 후기(891〜) 무렵에 읊어진 노래. 우아하고 이지적인 리듬이 발달한다. 기노 쓰라유키(紀貫之), 기노 도모노리(紀友則), 이세(伊勢) 등이 대표적이다.

○ 袖ひぢて むすびし水の こほれるを 春立つけふの 風やとくらん
　　　　　　　　　　　　　　　紀貫之(巻一、春歌上 2)

そでひぢて むすびしみづの こほれるを はるたつけふの かぜやと
くらむ

(袖をぬらして手ですくったあの水が、冬の間凍っていたのを、立
春の風が溶かしているだろうか。)

⇒ 소매 적시어 손으로 뜨던 물이 얼었던 것을 봄을 맞는 오늘의
바람이 녹이려나

○ ひさかたの ひかりのどけき 春の日に しづ心なく 花の散るらむ

紀友則(巻二、春歌下84)

ひさかたの ひかりのどけき はるのひに しづごころなく はなのち
るらむ

(日の光がのどかにさしている春の日に、どうして桜の花はあわた
だしく散っているのだろう)

⇒ 하늘 햇살이 온화하게 비치는 이런 봄날에 차분한 마음 없이 벚
꽃은 떨어지나

● 『고킨와카슈』의 특색

기교를 가미하여 표현이 부드럽고 우아한 여성적인 가풍으로 '다
오야메부리'라고 불린다. 5·7조에서 7·5조로의 변화가 엿보인다.

◆ 칙찬 가집

『고킨와카슈』는 덴노의 칙명에 의해 편집된 가집으로 최초의 칙찬 와
카집이다. 칙찬 와카집은 총 21편이 제작되었다. 부다테(部立, 구성)는 春
·夏·秋·冬·賀(경하)·別離·기려(羈旅)·物名(사물의 이름)·恋·哀

傷・雜・雜体・오우타도코로노 온우타(大歌所御歌)로 구성되며, 가나문과 한문의 서문이 있다. 이 구성은 칙찬집을 편집할 때의 규범이 되었다.

헤이안 시대 초기는 한시와 한문의 전성기로, 와카는 대체로 남녀의 교제에 이용될 뿐이었다. 그러나『고킨슈』가 칙찬된 후 와카 특히 단카는 궁정 생활에 있어서 중요한 의미를 지니게 되었다.

* 오우타도코로(大歌所): 궁정에서 공적인 의식에 사용되는 오우타(大歌)를 교습, 관리하던 곳으로 헤이안 초기에 설치되었다.『고킨슈』에 32수의 오우타가 채록되어 있다.

* 오우타(大歌): 궁정의 정월 행사나 의식 등에서 공적으로 사용되던 노래를 말한다.

● 『와칸로에이슈(和漢朗詠集)』(1013년경)

편찬자는 후지와라노 긴토(藤原公任)로, 유명한 한시문이나 와카 중에서 낭영하기에 적합한 것을 선별하여 정리한 것이다. 한시문은 훈독에 의해 일본 문장화되어 낭영되었다. 작품 세계는 우미하고 회화적인 이미지를 포함하고 있는 곳에 그 특색이 있다. 헤이안 귀족의 풍아한 생활에 대한 기호가 전형적으로 반영되고 있는 작품이라는 점에서 주목받는다. 또 그 영향은『헤이케모노가타리(平家物語)』나 요쿄쿠(謠曲)를 비롯한 중세 문학 전반에까지 미치고 있다.

● 『료진히쇼(梁塵秘抄)』(1169년경)

편찬자는 이마요(今樣, 현대풍)의 애호가인 고시라카와인(後白河院)

으로, 헤이안 말기의 귀족과 서민들 사이에 유행하던 가요를 수록한 가요집이다. 당시 서민들의 생활이나 풍속을 이해하는 데 귀중한 자료로 평가받는다. 「가시슈(歌詞集)」와 「구덴슈(口伝集)」로 구분되어 있고 그 전체를 합해서 『료진히쇼』라고 명명하고 있다.

● 『센자이와카슈(千載和歌集)』(1187년)

고시라카와인(後白河院)의 명으로 후지와라노 도시나리(藤原俊成)가 편찬한 칙찬 와카집이다. 가마쿠라 시대 편찬의 『신고킨와카슈(新古今和歌集)』로 이어지는데 가교 역할을 한 가집으로, 온후하며 깊이 있는 아름다움을 표현한 노래가 많다고 평가된다. 도시나리가 와카의 진수라고 신봉한 『고킨와카슈(古今和歌集)』를 모방하여 서문을 붙이고, 전 20권 총 1,288수의 와카를 수록하고 있다. 서명은 천 년 후에도 남을 가집이라는 의미로 붙여졌다고 한다.

2. 모노가타리

● 『다케토리모노가타리(竹取物語)』

9세기 말경의 성립으로 작자 미상이다. 가나문자로 기록되어『겐지모노가타리』안에서 "모노가타리의 조상인 다케토리노 오키나(物語の いできはじめの親なる竹取の翁)"라고 기술하고 있는 것처럼, 헤이안시대 최초의 모노가타리 문학이다. 전설적인 이야기를 기반으로 '가구야히메'를 둘러싼 귀족의 구혼 이야기가 작품의 축을 이루고 있다.

가구야히메에게 구혼하여 연이어 실패하는 귀공자들에게는 실제로 모델이 있었다고 전한다. 그들은『니혼쇼키(日本書紀)』나『쇼쿠니혼기(続日本紀)』의 덴무(天武), 지토(持統)조의 공신으로 평가되고 있는 최고의 귀족들로, 헤이안 시대 초기의 독자들은 모델의 실재 인물이 누구인지 짐작하고 있었을 것으로 추측된다. 그중에서 교묘한 책략으로 가구야히메를 속이려고 하는 구라모치노 미코(くらもちの皇

子)의 모델은 율령 제도를 확립하고 후지와라 씨 융성의 기초를 만든 후지와라노 후히토(藤原不比等)라고 전한다. 이 모델설이 사실이라면 『다케토리모노가타리』는 율령 정권으로부터 소외당한 지식인이 속세의 권력을 부정하고 정화된 이상향에 대한 염원을 가구야히메에게 맡겨 제작한 성인 문학이라고 할 수 있다.

◆ 구성
1) 가구야히메의 성장
2) 다섯 명의 귀공자와 미카도(帝)의 구혼
3) 가구야히메의 승천

○ 가구야히메의 발견과 성장

いまはむかし、たけとりの翁といふものありけり。野山にまじりて竹をとりつつ、よろづのことにつかひけり。名をば、さぬきのみやつことなむいひける。その竹の中に、もと光る竹なむ一すぢありける。あやしがりて、寄りて見るに、筒の中光りたり。それを見れば、三寸ばかりなる人、いとうつくしうてゐたり。

翁いふやう、「我朝来ごと夕ごとに見る竹の中におはするにて知りぬ。子になりたまふべき人なめり」とて、手にうち入れて、家へ持ちて来ぬ。妻の嫗にあづけてやしなはす。うつくしきこと、かぎりなし。いとをさなければ、籠に入れてやしなふ。

⇒ 지금으로 보면 이미 옛날 일이나, 다케토리노 오키나라는 자가 있었다. 그는 산과 들로 들어가 대나무를 잘라 만 가지 일에 사용하고 있었다. 이름은 사누키노 미야쓰코라 하였다. 그 대나무 중에 밑동

이 빛나는 대나무가 하나 있었다. 이상하게 여겨 다가가 보니 통 안이 빛나고 있다. 그 안을 보니 3촌 정도의 사람이 무척 아름다운 모습으로 거기에 있다.

오키나(노인)가 말하기를 "내가 매일 아침 매일 저녁 보는 대나무 안에 계신 인연으로 당신을 알았습니다. 대나무 안에 계셨으니 익살로 말씀드리는 것은 아니지만 당신은 'こ(籠, 바구니)'가 아니라 'こ(子, 자식)' 즉 내 자녀가 될 운명의 사람인 것 같습니다"라고 말하며, 작아서 안지도 못하고 손바닥에 올려 집으로 데리고 왔다. 아내인 오우나(할머니)에게 맡겨 양육하게 했다. 그 사랑스러움이란 한이 없다. 무척 어리기 때문에 바구니에 넣어 키운다.

○ 달나라 사신의 강림

かかるほどに、宵うちすぎ
て、子の時ばかりに、家のあた
り、昼の明さにも過ぎて、光り
たり。望月の明さを十合せたる
ばかりにて、在る人の毛の穴さ
へ見ゆるほどなり。大空より、

人、雲に乗りて下り来て、土より五尺ばかり上りたるほどに立ち連ねたり。内外なる人の心ども、物におそはるるやうにて、あひ戦はむ心もなかりけり。からうじて思ひ起こして、弓矢を取りたてむとすれども、手に力もなくなりて、痿えかがりたる、中に、心さかしき者、念じて射むとすれども、ほかざまへいきければ、荒れも戦は

で、心地ただ痴れに痴れて、まもりあへり。

⇒ 이것저것하고 있는 사이에 저녁도 지나 밤 12시 무렵이 되자 집 주위가 낮의 밝기 이상으로 밝게 빛났다. 보름달의 밝기를 열 합친 정도의 밝기로, 그곳에 있는 사람의 모공까지 보일 정도다. 하늘로부터 사람이 구름을 타고 내려와 땅에서 5척 정도 올라간 높이의 위치에 늘어섰다. 이것을 보고 집 안이나 밖에 있는 사람들의 마음은 어떤 영적 존재에 엄습 당한 것처럼 되어 맞서 싸우려는 마음도 없어진 것이다. 간신히 정신을 차려 활시위를 메기려 해도 손에 힘도 없어져 몸이 축 늘어져 있는 중에, 마음이 굳센 자가 생각을 집중하여 활을 쏘려 하지만 화살은 다른 곳으로 빗나가 격렬하게 싸우는 일도 없이 마음이 그저 망연하여 서로 쳐다보고만 있을 뿐이었다.

○ '후지산'이라는 이름의 유래

かの奉る不死の薬壺に文具して御使に賜はす。勅使には、つきのいはがさといふ人を召して、駿河の国にあなる山の頂に持てつくべきよし仰せたまふ。峰にてすべきやう教へさせたまふ。御文、不死の薬の壺ならべて、火をつけて燃やすべきよし仰せたまふ。そのよしうけたまはりて、士どもあまた具して山へのぼりけるよりなむ、その山をば「ふじの山」とは名づける。その煙、いまだ雲の中へ立ちのぼるとぞ、いひ伝へたる。

⇒ 그 바친 불사약 단지에 편지를 첨부해 사자에게 건네셨다. 칙사로는 쓰키노 이와가사라는 사람을 불러 스루가노 구니에 있다고 하는 산의 꼭대기에 가지고 갈 것을 명하셨다. 그리고 봉우리에서 해야 할 방법을 교시하게 하셨다. 편지와 불사약이 든 단지를 나란히 놓고

불을 붙여 태워야 한다는 뜻을 말씀하셨다. 그 뜻을 받들어 많은 병사(士)들을 대동하고 산에 오른 일로부터 그 산을 '후지산(富士山)'이라고 이름 붙인 것이다. 그 연기가 지금까지도 구름 속으로 피어오른다고 전해지고 있다.

　* 후지산(富士山)이라는 지명의 유래: 『다케토리모노가타리』에는 말의 유래를 소개하고 있는 부분이 몇 군데 확인된다. 예를 들어 'ふじさん(富士山)' 은 하늘로 올라가는 히메가 미카도에게 남긴 'ふじのくすり(不死のくすり)', 즉 불사약을 미카도가 쓰키노 이와가사(調のいはがさ)에게 시켜 가장 높은 산에 올라가 태우게 했는데, 그때 대동한 병사(士)가 많았기 때문에 그 산을 후지산(富士山)이라고 부르게 된 것이다, 라고 설명하고 있다.

　◆ 『다케토리모노가타리』의 특색

　전승 설화를 기초로 하고 있으며, 그 위에 한문 자료나 불전에 관한 지식을 가미하여 각색하고 있다. 구체적으로는 '다케토리노 오키나 전설', '가구야히메 전설' 외에 '처 얻기 다툼 설화', '날개 옷 전설' 등이 바탕을 이루고 있는데, 이들 전설은 이후 민간전승으로 애독되어 각종 문장에 등장하고 있다. 또한 『다케토리모노가타리』는 실재 인물을 모델로 하여 그들을 풍자하는 희극적인 성격과 이별에 따른 비극성 그리고 정치적 성격을 결합하여 엮은 작품으로 평가받는다. 히라가나 문장에 의해 창작된 최고(最古)의 모노가타리 작품으로 '모노가타리의 조상'이라고 불린다.

◆ 구혼담의 난제

- 이시쓰쿠리노 미코(石作の皇子) – ‘부처의 돌 사발(仏の御石の鉢)’
- 구라모치노 미코(くらもちの皇子) – ‘동쪽 바다에 있는 봉래산의, 은을 뿌리로 하고 금을 줄기로 하고 백옥을 열매로 하고 있는 나무의 가지(東の海にある蓬莱の山の、銀を根とし、金を茎とし白玉のを実とする木の枝)’
- 아베노 우다이진(阿部の右大臣) – ‘당토에 있는 불 쥐의 가죽옷(唐土にある火鼠の皮衣)’
- 오토모노 다이나곤(大伴の大納言) – ‘용의 목에 오색으로 빛나는 구슬(竜の頚に五色に光る玉)’
- 이소노가미노 츄나곤(石上の中納言) – ‘제비가 가진 안산 조개(燕の持つ子安貝)’

◆ 전체 줄거리

옛날, 다케토리노 오키나(대나무를 취하는 노인)가 대나무 안에서 밝게 빛나는 아름다운 여자아이를 발견했다. 이를 데려다가 노부부는 ‘가구야히메’라고 이름 붙여 소중하게 키운다. 3개월 만에 아름다운 여인으로 성장한 가구야히메에게 많은 남성들이 구혼해 온다. 모두가 체념하고 최종적으로 5명이 남게 되었는데, 히메는 이시쓰쿠리노 미코(石作の皇子), 구라모치노 미코(くらもちの皇子) 등 5명에게 각각 난제를 부여해 성공하는 사람의 아내가 되기로 약속한다. 난제라 함은 불 쥐의 가죽옷, 용의 목의 구슬 등을 취하여 오라는 식의 황당한 이야기인데, 다섯 명의 귀공자들은 나름대로 궁리에 궁리를 더하여 일을 성사시키려고 갖가지 술책을 써 보지만 모두 실패하고 만다. 미카도(帝)도 가구야히메의 명성

을 전해 듣고 접근해 오지만 부인으로 맞아들이는 데는 실패한다.

그 후 3년이 지난 어느 봄날부터 가구야히메는 달을 우러러보며 시름에 잠기는 일이 많아진다. 노부부는 걱정이 되어 이유를 묻지만 좀처럼 답변을 듣지 못한다. 그런데 8월 15일이 가까워 옴에 따라 히메의 시름과 눈물은 그 정도가 심해지고, 마침내 중추명월 밤에 사신들이 달세계로부터 자신을 맞으러 와서 자신은 달세계로 돌아가지 않으면 안 되는 운명이라는 사연을 털어놓는다. 오키나와 미카도는 병사를 동원해 달세계의 사신들로부터 가구야히메를 지키려고 하지만 결국 실패하여 가구야히메는 달세계로 승천해 간다.

● 『이세모노가타리(伊勢物語)』

작자 미상으로 아리와라노 나리히라(在原業平, 825?~880)를 연상케 하는 남자의 일대기를 나리히라의 노래를 중심으로 그린 우타 모노가타리(歌物語) 작품이다. 전본(伝本)에 따라 약간의 차이는 있지만 일반적으로 125단으로 구성되며, 총 210수의 와카를 포함한다. 대부분의 단이 "옛날 남자…(昔, 男…)"로 시작되며, 연애·유리·우정·이별 등 다기에 걸친 내용을 와카를 중심으로 전개시키고 있다.

성립에 관해서는 몇 단계를 거쳐 완성되었다고 보는 증보과정설이 유력하다. 나리히라작의 와카를 중심으로 쓰인 원이세모노가타리가 10세기 초에 성립되었을 것으로 파악하고, 이후 증보의 과정을 거쳐 11세기 초에 현존하는 형태로 완성되었을 것으로 추정하는 설이다.

풍류남(色好み, 이로고노미)인 주인공은 이상형의 남성으로 그려지고 있으며, 그의 자유분방한 생명력과 미야비(도회지적 세련미) 정신

은 와카와 산문의 조화로운 문장을 통해 헤이안 귀족은 물론 이후의 가인들에게까지 이어져 전통적인 필독서가 되고 있다. 『이세모노가타리』는 우타 모노가타리 작품인 『야마토모노가타리(大和物語)』와 『헤이쥬모노가타리(平中物語)』를 비롯하여 『겐지모노가타리』 등 많은 작품에 영향을 끼쳤으며, 다수의 와카와 지문이 후대의 작품 안에 다양한 형태로 답습・수용되고 있다

　* 우타 모노가타리(歌物語): 모노가타리 장르의 한 형태이다. 와카를 중심으로 그 생성 배경과 후일담을 적은 짧은 이야기를 모아 하나의 작품으로 엮은 것을 말한다. 하나의 단 안에 와카 1수 이상을 포함하고 있다.

○ 六段、あくた河

　むかし、男ありけり。女のえ得まじかりけるを、年を経てよばひわたりけるを、からうじて盗みいでて、いと暗きに来けり。あくたがはといふ河を率ていきければ、草の上に置きたりける露を、「かれは何ぞ」となむ男に問ひける。ゆく先おほく、夜もふけにければ、鬼ある所ともしらで、神さへいといみじう鳴り、雨もいたう降りければ、あばらなる倉に、女をば奥に入れて、男、弓、胡ぐひを負ひて戸口にをり、はや夜も明けなむと思ひつつゐたりけるに、鬼はや一口に食ひてけり。「あなや」といひけれど、神鳴るさわぎに、え聞かざりけり。やうやう夜も明けゆく

に、見れば率て来し女もなし。足ずりをして泣けどもかひなし。

　　白玉か 何ぞと人の 問ひし時 つゆとこたへて 消えなましものを

　これは二条の后の、いとこの女御の御もとに、仕うまつるやうに
てゐたまへりけるを、かたちのいとめでたくおはしければ、盗みて
負ひていでたりけるを、御兄、堀河の大臣、太郎国経の大納言、ま
だ下らふにて、内裏へ参りたまふに、いみじう泣く人あるを聞きつ
けて、とどめてとりかへしたまうてけり。それをかく鬼とはいふな
りけり。まだいと若うて、后のただにおはしける時とや。

　⇒ 옛날, 한 남자가 있었다. 이 남자에게는 여러 해 동안 마음에 두
고 구혼한 여자가 있었는데, 자신의 신분으로는 도저히 얻기 힘든 여
자였기 때문에 결국 훔쳐 내기에 이르렀다. 기회를 틈타 무척 어두운
밤에 보쌈을 하여 도망친 것이다. 남자가 여자를 데리고 아쿠타가와
(芥河)라고 하는 강에 다다랐을 때, 여자가 어둠 속에서 빛나는 이슬
을 보고 "저것은 무엇입니까"하고 물었지만 남자는 정신이 없어 대답
하는 것도 잊고 있었다. 갈 길은 멀지만 밤도 깊은데다가 번개도 격
렬하게 치고 비도 심하게 내리므로, 남자는 도깨비가 있는 곳인지도
모르고 황폐한 곳간에 여자를 안쪽에 밀어 넣고는 활과 전통을 메고
입구를 지키고 있었다. 어서 밤이 새었으면 좋겠다고 생각하고 있는
사이에 곳간 안에 있던 도깨비가 여자를 한입에 삼켜 버렸다. "아아"
하고 여자가 소리쳤지만 번개 치는 소리에 남자는 듣지 못했다. 이윽
고 날이 새어 남자가 곳간 안으로 들어가 보니 데리고 온 여자가 없
다. 발을 구르며 울어보지만 아무런 보람이 없다.

하얀 구슬은 무엇이냐 여자가 물어 봤을 때 이슬이라 답하고 사라
져 버릴 것을

이는 이후의 니조 황후(二条の后)가 사촌인 뇨고(女御)에게 시중드
는 것처럼 계실 때의 일로, 그 자태가 무척 아름다워 한 남자가 약탈
하여 도망가는 것을 오라버니인 호리카와 대신(堀河の大臣)과 장남
구니쓰네 대납언(太郎国経の大納言)이 뒤쫓아 가 구한 일에서 연유한
다. 대신과 대납언이 아직 낮은 관직으로 궁에 입궐할 때 심히 우는
여자가 있다는 소리를 듣고 뒤쫓아 가로막고 되찾아 오신 것이다. 그
것을 이렇게 도깨비라고 말한 것이다. 황후도 아직 무척 젊고 보통
신분으로 계실 때의 일이라고 하더라.

● 『우쓰호모노가타리(宇津保物語)』(10세기 후반)

헤이안 중기에 성립한 전 20권의 장편으로 작가 미상의 모노가타
리 작품이다. 작품명은 기요하라노 도시카게(清原俊蔭)의 딸과 나카
타다(仲忠)가 큰 삼나무의 공동(空洞, うつほ)에 살고 있던 일에서 유
래한다. 그에 더하여 주제가 되고 있는 고토(琴)에 의한 음악의 전수
와 학예 존중 이야기가 풍부한 공상으로 그려지고 있다. 문학사적으로
는 『다케토리모노가타리』와 『겐지모노가타리(源氏物語)』의 중간에
위치하는 작품으로, 많은 이야기를 구혼담에 연결시켜 끼워 넣는 방
법은 『다케토리모노가타리』를 한층 복잡하게 한 느낌이다. 이렇게 각
권의 독자적인 성격 때문에 권의 순서를 엄밀하게 정하기 쉽지 않다.
작자에 대해서는 미나모토노 시타고(源順)라는 설이 예로부터 전해져
내려오고 있으나 확실하지 않다.

○ むかし、式部大輔、左大弁かけて、清原の王、御子腹にをのこ子一人持たり。その子、心のさときこと限りなし。父母、「いとあやしき子なり。生ひいでむやうをみむ」とて、文も読ませず、言ひ教ふることもなくておほしたつるに、年にもあはず、たけ高く、心かしこし。七歳になる年、父が高麗人にあふに、この七歳なる子、父をもどきて、高麗人と文をつくりかはしければ、おほやけ聞こし召して、「あやしうめづらしきことなり。いかで試みむ」とおぼすほどに、十二歳にてかうぶりしつ。

⇒ 옛날 시키부 다이후로 사다이벤을 겸무하고 있는 기요하라노 오키미, 왕녀 출신의 부인에게서 대이닌 사내아이를 하나 두고 있었다. 그 아이의 영리함이란 이루 말할 수 없다. 부모는 "보통 사람과는 다른 아이다. 자라는 모습을 살펴보자"라고 하여 한문 서적도 읽히지 않고 말로 가르치는 일도 없이 양육하고 있는데, 나이에도 걸맞지 않게 키가 크고 생각도 지혜롭다. 일곱 살이 되는 해 아버지가 고구려인과 만나는 일이 있을 때 이 일곱 살 되는 아이가 아버지를 답답하게 생각하여 고구려인과 글을 주고받으니 이 일을 미카도가 들으시고 '특이하고 신기한 일이로다. 어떻게든 시험해 보고 싶구나'라고 생각하고 계신 사이에 그 아이는 열두 살이 되어 관례를 올리고 처음으로 관을 썼다.

● 『오치쿠보모노가타리(落窪物語)』(10세기 후반)

작자 미상으로 전 4권. 성립 연대에 대해서는 몇 가지 설이 있으나 일정하지 않다. 『우쓰호모노가타리』와 마찬가지로 『다케토리모노가

타리』와 『겐지모노가타리』의 중간 지점에 위치한 작품이다. 모노가타리의 주된 내용은 계모에 의한 의붓자식 학대로, 이 같은 소재를 취급한 작품으로는 일본에서 가장 오래된 것이다. 서명은 계모가 주인공인 의붓딸을 '푹 꺼진 곳의 두 칸 되는 방에 살게 하여' '오치쿠보노 기미'라고 부른 것에 연유한다. 그러나 결국 오치쿠보노 기미는 시녀인 아코기(阿漕)와 그의 연인인 다치하키(帯刀)의 도움으로 당대 최고의 귀공자 우콘노 쇼쇼(右近の少将)를 만나 결혼하게 되고, 계모의 손아귀에서 벗어나 쇼쇼의 저택으로 받아들여진다. 작품 속에는 당시의 결혼 제도를 미루어 알 수 있는 내용이 많으며, 일본판 신데렐라 이야기라고 불린다.

○ 今は昔、中納言なる人の、女あまた持たまへるおはしき。大君、中の君には婿どりして、西の対、東の対に、はなばなとして住ませたてまつりたまふに、「三四の君、裳着せたてまつりたまはむ」とて、かしづきそしたまふ。また時々通ひたまふわかうどほり腹の君とて、母もなき御女おはす。北の方、心やいかがおはしけむ、つかうまつる御達の数にだに思さず、寝殿の放出の、また一間なる落窪なる所の、二間なるになむ住ませたまひける。君達とも言はず、御方とはまして言はせたまふべくもあらず。名をつけむとすれば、さすがに、おとどの思す心あるべしとつつみたまひて、「落窪の君と言へ」とのたまへば、人々もさ言ふ。

⇒ 지금으로 보면 옛날 일이나, 츄나곤으로 딸을 많이 두고 계신 분이 계셨다. 첫째와 둘째 아씨에게는 사위를 맞아들여 각각 니시노 다이, 히가시노 다이에 화려하게 살게 해 드리시고 "셋째 딸, 넷째 딸

에게는 모기 식(성인식)을 해 드리자"고 소중하게 돌보신다. 그리고 츄나곤이 때때로 다니시던 왕족 출신의 여자에게서 태어난 분으로 어머니도 없는 따님이 계신다. 츄나곤의 부인은 어떻게 생각하고 계셨던 것일까. 시중드는 뇨보들과도 동일하게 생각지 않으시고, 신덴(본전)의 하나치이데에서도 더 떨어진, 마루가 푹 꺼진 곳의 두 칸 되는 방에 살게 하시고 있다. 아씨라고도 부르게 하지 않고, 하물며 분이라고 부르게 하실 리가 없다. 호칭을 붙이려고 하니 아무래도 츄나곤의 생각도 있을 것이라고 사양하여 "오치쿠보노 기미라고 불러라"라고 말씀하시므로 사람들도 그렇게 부르고 있다.

* 하나치이데(放出): 헤이안 시대, 귀족 주택의 건축 양식인 신데즈쿠리(寢殿造り)의 구조에서 안채와 동떨어져 만들어진 방

● 『겐지모노가타리(源氏物語)』

11세기 초, 무라사키 시키부에 의해 성립한 세계 최고(最古)의 근대적 소설. 당대의 이상적 남성상인 히카루겐지(光源氏)의 출생과 시련, 그리고 영화와 죽음에 이르는 과정을 담고 있다. 많은 여성과의 다채로운 연애와 겐지 사후에 후세들이 경험하는 삶의 갈등을 그리고 있는 모노가타리 문학이다. 헤이안 시대를 대표하는 작품으로 '아와레' 문학의 백미라고 불리며 오랜 세월에 걸쳐 많은 독자들로부터 사랑을 받고 있다.

○　いづれの御時にか、女御、更衣あまたさぶらひたまひけるなかに、いとやむごとなき際にはあらぬが、すぐれて時めきたまふありけ

り。はじめより我はと思ひ上がりたまへる御かたがた、めざましきものにおとしめ嫉みたまふ。同じほど、それよし下らふの更衣たちは、ましてやすからず。朝夕の宮仕へにつけても、人の心をのみ動かし、恨みを負ふ積りにやありけむ、いとあつしくなりゆき、もの心細げに里がちなるを、いよいよあかずあはれなるものに思ぼして、……。

⇒ 어느 덴노의 치세였던가. 뇨고·고이 많이 시중들고 계신 중에 그다지 고귀한 신분은 아니지만 아름다워 특별히 총애를 받는 사람이 있었다. 처음부터 '자신이야말로 사랑받을 만한 여자'라고 자부하고 계신 분들은 어이가 없다 하여 멸시하고 질투하신다. 같은 정도의 고이나 그보다 낮은 신분의 고이들은 더더욱 마음이 편치 않다. 아침 저녁 미카도를 시중들 때마다 그녀들의 마음을 산란하게 하여 원망을 받는 일이 쌓이고 쌓인 탓인가. 매우 병이 깊어져 가엾게 친정에 돌아가는 일이 잦아진 것을, 미카도는 점점 더할 나위 없이 그리운 사람으로 생각하셔, …….

* 뇨고(女御): 중궁의 차위에 위치하여 덴노의 침실에 시중들던 고위의 여관으로, 주로 섭관의 딸이 간택되는 경우가 많았는데 헤이안 중기 이후에는 뇨고 중에서 왕후를 세우는 것이 일반적이었다.

* 고이(更衣): 뇨고의 차위에 해당하는 후궁의 여관으로, 덴노의 옷을 갈아입히는 일을 맡았고 덴노의 침실에도 시중들었다.

◆ 무라사키 시키부(紫式部): 덴엔(天延) 원년(973)~초와(長和) 3년(1014)

헤이안 중기의 여류 문학자로, 『겐지모노가타리』외에 『무라사키 시키부닛키(紫式部日記)』와 가집 『무라사키시키부슈(紫式部集)』등의 작품을 남겼다. 어릴 때부터 한문 서적과 불전, 음악 등을 배웠다. 997, 8년 무렵 후지와라노 노부타카(藤原宣孝)와 결혼하여 1녀를 얻지만 불과 2, 3년 사이에 남편과 사별한다. 『겐지모노가타리』는 남편과 사별한 후 쓰기 시작한 것으로 추정된다. 『겐지모노가타리』로 작자로서의 재능을 인정받아 이치죠 덴노(一条天皇)의 중궁 쇼시(彰子) 곁에서 시중을 들었다.

◆ 내용 구성

전 54권으로 구성되어 있으며 크게 정편과 속편으로 구분한다. 주인공 히카루겐지의 출생에서 연애, 영화, 만년에 이르는 일생을 나루고 있는 「기리쓰보(桐壺)」권에서 「구모가쿠레(雲隠)」권까지를 정편이라 하며, 겐지 사후의 이야기를 속편이라고 한다. 특히 속편 중에서 무대를 우지(宇治)로 옮겨 그의 자식 대인 가오루(薫)와 손자인 니오우미야(匂宮)를 중심으로 그리고 있는 부분을 '우지 쥬죠(宇治十帖)'라고 한다. 그런데 정편을 다시 1, 2부로 나누어 전체를 3부로 구분하는 방법이 일반적이다.

● 제1부 「기리쓰보(桐壺)~후지노우라바(藤裏葉)」

히카루겐지가 고마노 소닌(高麗の相人)의 예언대로 쥰다이죠덴노(准太上天皇)에 올라 최고의 영화를 누리는 약 40년간의 시기로, 후지쓰보(藤壺) 중궁과 무라시키노 우에(紫の上)를 비롯하여 많은 여성과의 교섭이 그려지고 있다.

☞ 桐壺(きりつぼ)-帚木(ははきぎ)-空蟬(うつせみ)-夕顔(ゆうがお)-若紫(わかむらさき)-末摘花(すえつむはな)-紅葉賀(もみじのが)-花宴(はなのえ

ん)ー葵(あおい)ー賢木(さかき)ー須磨(すま)ー明石(あかし)ー澪標(みおつくし)ー蓬生(よもぎう)ー関屋(せきや)ー絵合(えあわせ)ー松風(まつかぜ)ー薄雲(うすぐも)ー朝顔(あさがお)ー乙女(おとめ)ー玉鬘(たまかずら)ー初音(はつね)ー胡蝶(こちょう)ー蛍(まほろし)ー常夏(とこなつ)ー篝火(かがりび)ー野分(のわき)ー行幸(みゆき)ー藤袴(ふじばかま)ー真木柱(まきばしら)ー梅枝(うめがえ)ー藤裏葉(ふじのうらば). 33권

• 제2부 「와카나(若菜)~마보로시(幻) 또는 구모가쿠레(雲隠)」

부나 지위와는 관계없이 인간 내면의 고뇌를 중심으로 히카루겐지의 만년이 그려지고 있다. 「구모가쿠레」권은 권 명만 존재한다.

☞ 若菜上(わかなじょう)ー若菜下(わかなげ)ー柏木(かしわぎ)ー横笛(よこぶえ)ー鈴虫(すずむし)ー夕霧(ゆうぎり)ー御法(みのり)ー幻(まほろし)ー*雲隠(くもがくれ). 일반적으로 「若菜」권을 상, 하로 나누어 8권으로 본다.

• 제3부 「니오우미야(匂宮)~다케카와(竹河)」 포함 「하시히메(橋姫)~유메노우키하시(夢浮橋)」

교토를 떠나 우지를 무대로 히카루겐지의 후대인 가오루와 니오우미야, 그리고 우지의 하치노미야(八の宮)의 딸인 오이키미(大君)・나카노키미(中の君)・우키후네(浮舟)의 남녀관계가 그려지고 있다.

☞ 匂宮(におうみや)ー紅梅(こうばい)ー竹河(たけかわ)ー橋姫(はしひめ)ー

사진) 『겐지모노가타리』 가시와기(柏木)권 출처: 도쿠가와 미술관 겐지모노가타리 에마키

椎本(すいがもと)－総角(あげまき)－早蕨(さわらび)－宿木(やどりぎ)－東屋(あ
ずまや)－浮舟(うきふね)－蜻蛉(かごろう)－手習(てならい)－夢浮橋(ゆめのうき
はし). 13권. 橋姫부터 夢浮橋까지를 우지 쥬죠(宇治十帖)라고 부른다.

◆ 문학사적 평가

4백 자 원고지로 약 2,600장에 이르는 장편이다. 자연과 인간의 심
리를 결합시켜, 헤이안 문학을 대표하는 이념인 '모노노아와레(もの
のあはれ)'의 정서를 자연스럽게 담아내고 있으며, 가나 문장의 모범
적인 문체를 완성시킨 작품으로 인정받는다. 일본 고전의 최고봉답게
이후의 일본 문학에 끼친 영향도 지대하며, 다양한 언이로 번역되어
외국에서도 호평을 받고 있다.

* 모노노아와레: 인생의 무상함이나 자연의 아름다움을 접하여 생
기는 절절한 감동이나 정취를 말한다.

◆ '오카시(をかし)'와 '아와레(あはれ)'

헤이안 시대의 대표적 미의식에는 '오카시(をかし)'와 '아와레(あは
れ)'가 있다. '아와레'는 깊은 공감과 우미한 정감을 말하며 『겐지모
노가타리』가 그 대표적인 작품이다. '오카시'는 강한 흥미를 일으키
는 미적 감각으로 세이 쇼나곤의 『마쿠라노소시』가 대표적이다.

◆ 줄거리

○ 제1부: 「기리쓰보(桐壷)－후지노우라바(藤裏葉)」

어느 분의 치세였던가. 뇨고(女御), 고이(更衣) 등 많은 여인들이 시

중을 들고 계신 중에 그다지 고귀한 집안 출신은 아니지만 아름다
워 미카도(帝)의 총애를 한몸에 받는 사람이 있었다.

가문도 신분도 그다지 높지 않았던 한 고이가 미카도에게 특별히
사랑을 받아 구슬과 같이 아름다운 왕자를 낳지만 주위 여성들로부
터 미움을 받아 죽고 만다. 용모와 재능은 출중했지만 후견인이 없는
왕자는 아버지 기리쓰보테이(桐壺帝)의 의도로 신하에 강등되어 사람
들로부터 '히카루겐지(光源氏)'라고 불리게 된다. 당시 사신으로 와 있
던 고마노소닌(高麗の相人)에게 관상을 보게 했는데 왕의 상을 하고
있다 하여 동궁 측과의 정쟁의 불씨가 될 것이 우려되어 신적으로 강
하시킨 것이다. 앞으로 전개될 히카루겐지의 운명 또한 고마노소닌의
입을 통해서 예언되고 있다.

미카도는 죽은 고이의 영상을 찾아 선왕의 왕녀 후지쓰보(藤壺)를
후궁으로 맞아들이고, 겐지는 어머니와 닮았다고 하는 후지쓰보를 사
모하여 이윽고 사랑의 대상으로 생각하게 된다.

겐지는 성인식과 동시에 당시의 사다이진(左大臣)의 딸 아오이노우
에(葵の上)와 결혼하고, 처남인 도노츄죠(頭中將)를 비롯한 당대의 젊
은 귀족들의 여성론에 촉발되어 중류 귀족 계급의 여인들에게 관심
을 기울이게 된다. 결국 한 늙은 지방관의 후처인 우쓰세미(空蟬)와
얽히게 되고, 출신도 모르는 유가오(夕顔, 실제로는 도노츄죠의 연인)
와 관계를 맺어 그녀의 죽음을 목전에서 경험하기도 한다.

그러나 꿈을 꾸듯 만났던 후지쓰보와의 사건을 잊지 못하고 있는
겐지는 어느 날 가지기도(加持祈禱)를 위해 산사를 찾았다가 후지쓰
보의 조카인 소녀 와카무라사키(若紫)를 발견하여 약탈과도 같은 방

법으로 자신의 집으로 데리고 온다.

후지쓰보는 왕자를 낳아 중궁이 되지만 태어난 왕자는 겐지와의 사이에서 생긴 비밀의 자식이었다. 왕자에게 쏟는 미카도의 애정을 볼 때마다 겐지와 후지쓰보는 함께 떨며 두려워했다.

겐지의 여성 편력은 심화된다. 죽은 히타치노미야(常陸の宮)의 딸인 스에쓰무하나(末摘花)와 만나 그 추한 외모에 실망하고, 궁정의 노녀와 노닥거리다 도노츄죠에게 발견되는 등 광적인 청춘의 나날을 보낸다. 스무 살이 되던 봄날 궁중의 남전(南殿)에서 꽃 연회가 행해지던 밤 예기치 않게 겐지는 당시의 우다이진(右大臣)의 딸 오보로즈키요(朧月夜)와 관계를 맺게 된다. 오보로즈키요는 겐지의 정적관계에 있는 현 동궁(東宮)의 어머니 고키덴노뇨고(弘徽殿の女御)의 여동생이다.

마침내 기리쓰보테이가 양위하고 고키덴노뇨고가 낳은 새로운 미카도 스자쿠(朱雀)가 즉위하여 우다이진 쪽 우세의 정치적 계절을 맞이한다.

사이인(斎院)의 목욕재계가 있던 날 겐지의 애인이었던 죽은 전 동궁의 미망인인 로쿠죠노미야슨도코로(六条の御息所)는, 다른 사람들과 마찬가지로 겐지의 화려하고 멋진 모습을 보러 온 임신 중인 아오이노우에의 수행원들로부터 심한 모욕을 당한 후 생령(生霊)이 되어 아오이노우에를 괴롭힌다. 결국 아오이노우에는 사내아이 유기리(夕霧)를 출산하고 절명한다. 여자의 강한 애집에 지친 겐지는 아직 어린 무라사키노우에(紫の上)와 베개를 함께하고 새로운 사랑을 발견해 간다.

미야슨도코로도 또한 남자와의 사랑에 지쳐 사이구(斎宮)가 된 딸과 함께 이세로 떠난다. 그해 겨울 아버지 상황이 죽고 이듬해 오보로즈키요는 나이시노카미(尚侍)가 되어 입궁하고, 후지쓰보는 계속해서 애정을 갈구하는 겐지를 피하여 출가해 버린다. 우다이진 쪽 권세에 눌려 겐지의 장인인 사다이진은 자리에서 물러나고 겐지 쪽 사람들의 승진도 멈춘다. 이듬해 여름휴가를 얻어 친정에 머물고 있던 나이시노카미와의 밀회가 우다이진에게 발각되고, 고기덴노뇨고는 여러 가지 계략을 궁리하기 시작한다.

(* 사이인(斎院): 가모신사(賀茂神社)에 봉사하던 미혼의 왕녀로, 덴노의 즉위 시에 교체되었다. '이쓰키노미야'라고도 한다.

* 사이구(斎宮): 이세신궁(伊勢神宮)에 봉사하던 미혼의 왕녀로 사이인과 마찬가지로 덴노의 즉위 시마다 교체되었다. '이쓰키노미야'라고도 한다.)

의지할 곳을 모두 잃은 겐지는 스스로 물러나 스마(須磨)의 해변에서 유배의 나날을 보낸다. 그러던 중 아카시(明石)에 사는 몰락 귀족 아카시노뉴도(明石の入道)의 딸인 아카시노키미와 결혼한다. 이후 우다이진이 죽고 고기덴노뇨고가 병상에 눕게 됨에 따라 소환의 어명이 내려져 마침내 중앙 정계에 복귀한 겐지는 곤다이나곤(権大納言)에 임명되어 역경을 벗어나 영화의 길을 향해 거침없이 나아가게 된다.

스자쿠인이 퇴위하여 레이제이(冷泉)가 즉위하자 겐지는 나이다이진(内大臣)이 된다. 미야슨도코로는 딸인 사이구와 함께 귀경하는데, 딸의 뒷일을 겐지에게 맡기고 생을 마감한다. 겐지는 영화를 지속시키기 위한 포석으로 후지쓰보와 모의하여 전 사이구를 레이제이의 부인으로 입궁시킨다. 우메쓰보노뇨고(梅壺の女御) 훗날의 아키코노무츄구(秋好中宮)이다.

여아를 출산한 아카시노키미(明石の君)는 상경은 했지만 자신의 미천한 신분을 꺼려 조용히 오이(大堰)의 산장에 머물고 있다. 그리고

그곳을 방문한 겐지의 요청에 따라 딸을 무라사키노우에의 양녀로 보내기로 하고 자신은 유모가 되어 함께 들어간다.

후지쓰보와 다죠다이진(太政大臣, 이전의 사다이진)이 연이어 죽고 레이제이는 출생의 비밀을 알고 경악하여 겐지에게 양위하려고까지 하지만 겐지는 고사하여 받아들이지 않는다. 다죠다이진이 된 겐지는 로쿠죠인(六条院)의 대저택에 이제까지 관계를 맺었던 많은 여인들을 불러 모아 호화스런 취미생활을 영위하며 살아간다.

자식인 유기리는 성인식을 치른 후 대학에 들어가고 어릴 적부터 사랑하는 관계였던 구모이노카리(雲井雁)와는 잠시 그녀의 아버지 나이다이진(예전의 도노츄죠)의 정치적인 의도 때문에 혼인하지 못한 상태로 있다. 그 무렵 유가오의 남겨진 딸 다마카즈라(玉鬘)가 기구한 청춘의 나날을 보낸 쓰쿠시(筑紫)에서 상경하여 로쿠죠인에 기거하게 된다. 양부가 된 겐지는 다마카즈라에게서 죽은 유가오의 모습을 찾다가 자신도 모르게 마음이 흔들리지만, 결국은 다마카즈라의 많은 구혼자들을 모아 다양한 풍류를 즐긴다.

세월이 흘러 겐지의 나이 39세. 다마카즈라는 이윽고 친아버지인 나이다이진(内大臣)과 재회하고, 풍류를 모르는 저돌적인 성격의 히게쿠로노다이쇼(鬚黒の大将)와 결혼한다. 겐지의 아들 유기리는 구모이노카리와의 사랑을 성취한다. 그리고 아카시노히메기미가 동궁(東宮)의 부인으로 입궁하고, 나이다이진은 다죠다이진, 겐지는 쥰다이죠덴노(準太上天皇)가 되어 영화는 최고조에 달한다.

○ 제2부: 「와카나(若菜上)-마보로시(幻)」
겐지 40세의 봄. 병에 시달리던 스자쿠인(朱雀院)은 출가를 결심하

지만 후견인이 없는 딸 온나산노미야(女三宮)의 장래를 걱정하며 갈등한다. 정월, 겐지의 40세를 축하하는 연회가 다방면에서 준비된다. 2월, 출가한 스자쿠인은 겐지에게 후사를 맡기고 딸 온나산노미야(女三の宮)가 로쿠죠인에 강가(降嫁)해 온다.

어딘가 부족한 성격의 미야지만 그 높은 신분 때문에 아오이노우에가 없는 지금 겐지의 정처이다. 무라사키노우에는 한 발짝 물러서서 질투심을 억누르려고 하지만 겐지에 대한 불신은 더해 갈 뿐이었다. 이듬해 아카시노뇨고(明石の女御)는 왕자(후의 동궁)를 낳고 겐지의 영화는 한층 견고함을 더하지만 조화를 자랑하던 로쿠죠인은 이미 내부 붕괴의 위기에 직면해 있었다.

온나산노미야에게 예전부터 마음을 기울이고 있던 가시와기(柏木)는 로쿠죠인에서 행해진 게마리(蹴鞠)가 한창인 때 예기치 않게 미야를 엿보고는 한층 더 강한 정념에 사로잡힌다.

(* 게마리(蹴鞠): 당시 남성 귀족의 유희 중 하나로, 정원에서 여러 명이 가죽신을 신고 가죽으로 만든 공을 나무 아래에서 위로 높이 차올려 땅에 떨어지지 않게 하는 놀이를 말한다.)

세월이 흘러 레이제이가 양위하고 긴죠(今上)의 치세가 된다. 가시와기의 아버지인 다죠다이진이 사임하고 다마카즈라의 남편 히게쿠로노우다이진(髭黒の右大臣)이 관백(関白, 덴노를 보좌하여 정무를 집행하던 중직)이 된다.

가시와기는 온나산노미야의 이복자매인 오치바노미야(落葉の宮)와 결혼했지만 온나산노미야에 대한 연모의 정은 조금도 사그라지지 않고, 무라사키노우에가 병상에 누워 겐지가 그 간호에 여념이 없는 틈을 타 하룻밤 관계를 맺기에 이른다. 결국 미야는 가시와기의 자식을

잉태하고 겐지는 사건의 진상을 알고, 후지쓰보와의 밀사를 회상하며 죄의 응보에 전율한다.

미야는 가오루(薫)라 불리는 남자아이를 출산한 후 출가하고 가시와기는 겐지를 두려워하여 스스로 멸절을 구하듯 죽어 간다. 화려했던 로쿠죠인에도 서서히 적막이 드리워져 간다.

미망인이 된 오치바노미야를 조문하는 가시와기의 친구이자 겐지의 아들인 유기리는 언제부턴가 미야에 대한 사모의 정이 마음을 지배하게 되고, 마침내 미야와 결혼하여 자택으로 받아들이기에 이른다.

겐지는 벌써 51세. 무라사키노우에는 병이 위중해져 재차 출가를 소원하지만 받아들여지지 않아 법화경 천부의 공양으로 내세로의 염원을 담아 가을 8월 세상을 떠난다. 혼자 남겨진 겐지는 돌아오는 계절과 더불어 상심이 깊어지고 출가 준비를 시작한다.

이렇게 하여 정편 히카루겐지의 생애를 다룬 이야기는 끝이 난다. 권 명만이 전해지며 원래부터 본문이 없는 「구모가쿠레(雲隱)」권에서 죽음이 암시되어 있다.

○ 제3부 「니오우미야(匂宮)－유메노우키하시(夢浮橋)」

겐지 사후의 후일담이 「니오우미야(匂宮)」, 「고바이(紅梅)」, 「다케카와(竹河)」 세 첩에 그려지고, 이야기의 흐름은 잠시 정체를 보이지만 이윽고 「하시히메(橋姬)」 이하 우지쥬죠(宇治十帖)의 이야기로 전개되어 간다.

궁정을 중심으로 한 교토의 이야기는 여기서부터 무대를 우지가와(宇治川) 근방으로 옮겨 간다. 그곳에는 겐지의 이복동생인 하치노미야(八の宮)가 재속(在俗)의 상태로 불도에 정진하며 두 딸과 조용히 살아가고 있다.

자신의 출생에 관련된 어두운 그림자를 막연하게 느끼고 있던 가오루 츄죠(薫る中将, 이후에 츄나곤(中納言), 다이쇼(大将))는 궁정에서의 신분과 승진을 약속받았음에도 불구하고 불도에 마음을 기울인다. 그러던 어느 날 하치노미야의 삶에 매료되어 우지를 방문하게 되는데, 언제부턴가 미야의 큰딸인 오이키미(大君)를 사모의 대상으로 생각하게 된다.

하치노미야는 이전부터 계획한 대로 뒷일을 가오루츄나곤에게 맡기고 산사에 은거하며 생을 마쳤다. 일찍이 어머니를 여읜 오이키미(大君)는 이미 젊지 않은 자신을 되돌아보고, 오히려 동생인 나카노키미(中の君)를 츄나곤과 맺어 주려고 염원하지만 그것을 안 츄나곤은 아카시츄구(明石中宮)가 낳은 니오우미야(匂う宮)를 우지로 불러 나카노키미와의 관계를 주선하여 결혼시킨다.

낙담한 오이키미는 설상가상으로 니오우미야와 우다이진 유기리의 딸의 결혼 사실을 듣고 남성에 대한 불신과 결혼에 대한 부정적인 생각에 시름하다가 병을 얻어 츄나곤의 간병을 받으며 죽어 간다.

니오우미야는 나카노키미를 교토로 맞아들이지만 행복하지만은 않은 나카노키미에게 가오루츄나곤의 마음이 움직여 간다. 이 같은 츄나곤의 마음에 당황하는 나카노키미는 그 무렵 히타치(常陸)에서 상경한 이복동생 우키후네(浮舟)를 츄나곤에게 소개한다. 츄나곤은 마지못해 긴죠(今上) 덴노의 딸인 온나니노미야(女二の宮)와 결혼해 있었지만 오이키미를 꼭 빼닮은 우키후네를 보고 격렬하게 마음이 이끌린다.

나카노키미의 처소에 몸을 맡기고 있던 우키후네는 니오우미야에게 발견되어 구애를 받아 산조(三条)에 숨어 지내던 것을 츄나곤이 알아내어 마침내 우지에 옮겨 와 산다. 니오우미야 또한 우지의 우키후네를 찾아내어 관계를 맺기에 이른다.

츄나곤의 성실함과 니오우미야의 정열 사이에서 처신할 도리를 찾을 수 없던 우키후네는 생각다 못해 우지가와(宇治川)에 몸을 던지려 결심하고 행방을 감춘다.

시체는 발견되지 않았지만 우키후네의 장례식이 거행되고, 니오우미야는 광란하고 츄나곤은 깊은 회한에 빠진다. 우지가와 부근에서 의식을 잃었던 우키후네는 요카와노소즈(横川の僧都)에게 구조되어 소즈의 어머니 그리고 여동생과 함께 오노(小野)의 두메에서 살게 된다. 그곳에는 교토와 우지에서 있었던 남녀의 애집을 떨쳐 버리려고 부처를 섬기고 독경에 힘쓰는 우키후네의 모습이 있었다.

그렇지만 우키후네의 소식은 뜻하지 않게 소즈로부터 아카시노츄구에게 그리고 츄구로부터 츄나곤에게 전해져 사정을 알게 된 츄나곤은 우키후네의 이복동생인 고키미(小君)를 시켜 편지를 보내지만 우키후네는 상대하려고도 하지 않는다.

이야기는 독자의 상상력에 모든 것을 맡기고 여기서 끝이 난다.

3. 일기와 수필

● 『도사닛키(土佐日記)』

935년 이후 기노 쓰라유키(紀貫之)에 의해 가나 문자로 기록된 일본 최초의 일기 문학으로, 남성 작자가 자신을 여성으로 가장해서 쓰고 있다. 도사노 가미(土佐守)의 임기를 마친 쓰라유키가 도사에서 교토까지의 55일간의 여행을 통해 경험한 자연과 인간에 대한 감상을, 와카를 섞어 가며 특유의 날카로운 필치로 기록한 최초의 기행 문학이다.

○ 男もすなる日記といふものを、女もしてみむとて、するなり。

それの年の、十二月の、二十日あまり一日の日の、戌の時に門出す。そのよし、いささかに、ものに書きつく。

或人、県の四年五年はてて、例のことどもみなし終へて、解由など取りて、住む館より出でて、船に乗るべき所へ渡る。かれこれ、

知る知らぬ、送りす。年ごろ、よく比べ
つる人々なむ、別れ難く思ひて、日しき
りに、とかくしつつののしるうちに、夜
ふけぬ。

⇒ 남자도 쓴다고 하는 일기라는 것을
여자인 나도 써 보려고 하여 쓰는 것이다.

그해 12월 21일의 오후 8시에 출발한다.
그 모습을 조금 종이에 적어 둔다.

어떤 사람 지방 근무 4년인가 5년의 임기가 다되어 정해진 사무를
모두 끝내고, 해유장(解由狀, 인계장)을 받아 싣고 있는 관사에서 나
와 배를 타기로 한 곳으로 옮겨 간다. 이 사람 저 사람, 아는 사람 모
르는 사람 함께 배웅한다. 오랫동안 친하게 지냈던 사람들은 헤어지
기 싫다고 생각하여 온종일 이것저것 바쁘게 떠들어 대고 있는 사이
에 밤이 깊어졌다.

◆ 기노 쓰라유키(紀貫之)

생몰년 불명(868경~946경?). 헤이안 시대 전기의 가인으로 36가선
(歌仙) 중의 한 명이며, 『고킨와카슈』 편찬에 중추적인 역할을 한 편
자이기도 하다. 또한 『고킨슈』의 가나 서문을 작성한 일로 비추어 당
대 제일의 가인으로 평가받는다.

◆ 가나 일기

하루의 일과를 기록하는 일기는 본래 남성이 한문으로 기록하는

사진) 기노 쓰라유키(紀貫之). 출처: http://www.city.sado.niigata.jp/sadobunka/denbun/bunkazai/ke

메모일지 같은 종류의 것이었다. 여기에 문학성을 가미하여 가나로 기록했다는 점에 『도사닛키』의 독창성이 인정된다. 가나 문자는 일반적으로 여성을 중심으로 사용되었기 때문에 작자인 쓰라유키가 자신을 여성으로 가장하여 기록한 것으로 추정된다. 일기에는 69수의 와카가 삽입되어 있으며, 작품의 근저에 흐르는 것은 도사 임기 중에 사망한 딸에 대한 추억이다.

◆ 『도사닛키』에 이어진 여성의 일기
- 『가게로닛키(蜻蛉日記)』(974) 후지와라노 미치쓰나의 모(藤原道綱母)
- 『이즈미시키부닛키(和泉式部日記)』(1007) 이즈미 시키부(和泉式部)
- 『무라사키시키부닛키(紫式部日記)』(1010) 무라사키 시키부(紫式部)
- 『사라시나닛키(更級日記)』(1059) 스가와라노 다카스에의 딸(菅原孝標女)

- **『가게로닛키(蜻蛉日記)』(974년경)**

여류 최초의 일기 문학으로 작자는 후지와라노 미치쓰나(藤原道綱)의 어머니이다. 남편 후지와라노 가네이에(藤原兼家)의 구혼으로 시작하여 외아들 미치쓰나가 성인이 되는 모습을 볼 때까지의 약 22년에 걸친 인생사가 명확한 주제 아래, 사실적인 수법으로 통일감 있게 쓰여 있다. 남편의 애정이 희미해져 가는 사실에 대한 고뇌와, 자신의 아들 미치쓰나에 대한 모성애를 기록한 자서전적 일기이다. 한 남자의 측실 신분으로서 감수해야 하는 허무한 신세를 확인하고, 고뇌하는 자신의 영혼을 고백해 가는 부분에 작품의 주체적 정신이 발휘되고 있다. 최초의 자조 문학(自照文学)으로 평가받는다.

○　かくありし時過ぎて、世の中にいともものはかなく、とにもかく
にもつかで、世に経る人ありけり。かたちとても人にも似ず、心魂
もあるにもあらで、かうものの要にもあらであるも、ことわりと思
ひつつ、ただ臥し起き明かし暮らすままに、世の中におほかる古物
語のはしなどを見れば、世におほかるそらごとだにあり、人にもあ
らぬ身の上まで書き日記して、めづらしきさまにもありなむ、天下
の人の品高きやと問はむためすにもせよかし、とおぼゆるも、過ぎ
にし年月ごろのこともおぼつかなかりければ、さてもありぬべきこ
となむおほかりける。

⇒ 이처럼 덧없이 살아온 과거 반평생도 지나 버려, 그야말로 의지
할 곳 없어 이도저도 아닌 모양으로 살고 있는 여자가 있었다. 용모
라고 해도 수준에 미치지 못하고 사려 분별력도 있다고도 못 하여,
이런 쓸모없는 상태로 있는 것도 무리는 아니라고 생각 또 생각하며,
그저 그렇게 단조롭게 살아가면서 세상에 유포되어 있는 옛 모노가
타리의 구석구석을 살펴보았더니, 세상에 흔한 현실성 없이 꾸며 낸
이야기조차 인기가 있는데, 보통도 되지 않는 신세라도 일기로 써 보
면 오히려 신기하게 생각될 것이다. 더할 나위 없는 신분의 사람에게
시집간 여자의 생활은 어떤 것인가 라고 묻는 사람이 있다면 그 대답
의 한 예로라도 삼아 주길 바란다고 생각되지만 지나간 옛날 그 당시
의 일은 기억이 희미해져 확실하지 않아서 이 정도로 괜찮겠지, 하는
정도의 기술이 많아져 버렸다.

● 『마쿠라노소시(枕草子)』

　10세기 말에서 11세기 초에 걸쳐 세이 쇼나곤(清少納言)에 의해 쓰였다. 다양한 장단의 문장으로 약 300단에 이른다. 궁정 생활에서 듣고 본 일이나 감상을 여성의 시각으로 간결한 표현과 가볍고 재치 있는 기지로 묘사하고 있다. 최초의 수필 문학으로 『겐지모노가타리』와 함께 헤이안 시대를 대표하는 작품으로 손꼽히며 후대의 문학에도 많은 영향을 끼쳤다.

　○ 春はあけぼの(一段)
　春はあけぼの。やうやうしろくなりゆく山ぎは、すこしあかりて、紫だちたる雲の、ほそくたなびきたる。
　夏は夜。月のころはさらなり。やみもなほ。蛍の<u>おほく飛び</u>ちがひたる、<u>また、ただ一つ二つなど、ほのかにうち光りて行くも、</u><u>をかし</u>。雨などの降るさへをかし。
　秋は夕暮。夕日花やかにさして山ぎはいと近くなりたるに、烏の寝どころへ行くとて、三つ四つ二つなど、飛び行くさへあはれなり。まして雁などつらねたるが、いと小さく見ゆる、いとをかし。日の入り果てて、風の音、虫の音など。<u>はたいふべきにあらず</u>。
　冬はつとめて。雪の降りたるは言ふべきにもあらず。霜などのいと白く、またさらでもいと寒きに、火などいそぎおこして、炭持てわたるも、いとつきづきし。昼になりて、ぬるくゆるびもて行けば、火櫃、火桶の火も、白き灰がちになりぬるはわろし。
　(*밑줄 부분은 <신일본고전문학대계본>에서 추가)

⇒ 봄은 동틀 녘이 좋다(1단)

봄은 동틀 녘이 좋다. 점점 하얗게 변해 가는 산 능선 조금 밝아지고 자색 구름이 일어 가늘게 깔린다.

여름은 밤이 좋다. 보름 무렵은 더할 나위 없다. 어둠도 마찬가지다. 반딧불이가 여기저기 날아다니는 것 혹은 그저 하나둘, 어렴풋이 반짝이며 나는 것도 좋다. 비가 내리는 것조차도 좋다.

가을은 저녁녘이 좋다. 석양이 찬란하게 비쳐 산 능선이 한층 가까워졌을 때 까마귀가 잠자리로 가려고 셋, 넷, 둘, 이렇게 서둘러 날아가는 모습마저 인상 깊게 느껴진다. 하물며 기러기 등이 줄을 지어 날아기는 모습이 아주 작게 보이는 것은 더더욱 좋다. 헤가 저물고 난 후 들려오는 바람 소리, 벌레 소리 같은 것은 말할 필요도 없다.

겨울은 이른 아침이 좋다. 눈 내리는 모습은 말할 것도 없다. 서리가 아주 하얀 것도 좋지만 또한 그렇지 않아도 아주 추운 날에 서둘러 불을 피워 숯을 들고 오가는 모습도 실로 겨울 아침답다. 낮이 되어 추위가 점점 풀려 가면서 화로의 불도 하얀 재로 바뀌는 것은 좋지 않다.

◆ 작자 세이 쇼나곤(淸少納言)

헤이안 중기의 여류 수필가. 가인으로 유명한 기요하라노 모토스케(淸原元輔)의 딸로 태어났다. 세이 쇼나곤이라는 이름은 기요하라 씨의 기요(淸)와 궁궐에서의 호칭인 쇼나곤(少納言)이 더해져 된 것이다. 다치바나노 노리미쓰(橘則光)와 결혼하여 자식을 하나 얻지만 그후 사별하고 이치죠 덴노(一条天皇)의 중궁인 데이시(定子) 곁에서 시중을 들었다. 『마쿠라노소시』는 10년 정도의 궁정 생활의 체험을 소재로 하여 기록한 것이다. 그 밖에 가집 『세이쇼나곤슈(淸少納言集)』

가 있다.

* 세이 쇼나곤은 무라사키 시키부와 함께 '세이시 니죠(清紫二女)'로 불리며 뛰어난 재능을 인정받았다.

◆ 『마쿠라노소시』 서명의 유래

발문에 따르면, 세이 쇼나곤이 받들던 중궁(中宮) 데이시(定子)가 오빠 고레치카(伊周)에게 받은 많은 종이에 무엇을 쓸까 하여 망설이고 있을 때 세이 쇼나곤은 "베개이지죠(まくらにこそ侍らめ)"라고 제안했다고 한다. 이치죠 덴노(一条天皇)가 『사기(史記)』를 서사(書写)한 일에 빗대어 이야기한 것인데, 『사기』는 일본어로 '시키'라고 발음되며 동음인 '시키(敷き)'는 '아래에 까는 것'을 의미한다. 다시 말해서 '시키'는 침구인 '요'를 뜻하며 세이 쇼나곤이 제안한 'まくら'는 '베개'를 뜻하는 말로, 요에 베개가 더해지면 구색이 갖춰지는 것이므로 데이시는 세이 쇼나곤의 기지에 감동하여 그 종이를 하사했고 그곳에 기록한 글이 『마쿠라노소시(枕草子)』가 된 것이라고 한다. 하지만 'まくら'의 의미에 대해서는 또 다른 견해도 확인된다.

◆ '오카시(をかし)'의 문학

세이 쇼나곤은 자연이나 인간사를 통해 보는 여러 가지 흥미로운 현상을 예민한 감각으로 관찰하여, 여유 있고 지적인 태도로 적확하게 표현하고 있다. 문장은 경쾌하고 짧은 문구가 많으며 방법에 변화가 있어 활기찬 느낌이다. 어떤 일에 얽매여 몰두하거나 집착하지 않는 자세이며 그러한 성격이 『마쿠라노소시』를 '오카시'의 문학이라 일컫는 까닭이다.

◆ 내용 구성

● 동류 열거식 단락(類集的章段)－사물이나 지명의 인상 혹은 감상을 쓴 것으로, '산은(山は)', '봉우리는(峰は)', '벌레는(虫は)' 등의 형태로 시작하거나, '황량한 것(すさまじきもの)', '밉살스러운 것(にくきもの)' 등의 문장으로 글이 시작된다.

● 감상적 단락(隨想的章段)－'봄은 동틀 녘(春はあけぼの)', '그리운 자식을(思はむ子を)', '젊고 괜찮은 남자(若くてよろしき男)' 등의 형태로, 자연이나 인생에 관한 감상을 기술한 것이다.

● 회상적 단락(回想的章段)－궁정생활을 배경으로 특정한 장소나 시각에 작자가 체험한 견문, 감상, 비평 등을 일기 형식으로 쓴 것이다.

● 『이즈미시키부닛키(和泉式部日記)』(1007년경)

레이제이인(冷泉院)의 네 번째 아들로 27세에 죽은 아쓰미치 신노(敦道親王)의 죽음을 애도하여 쓴 일기로, 자신과 신노의 연애를 모노가타리 풍으로 기록하고 있다. 작자 자신을 '온나(女)'로 하고 3인칭의 자전적 이야기 형식을 취하고 있어 『이즈미시키부모노가타리(和泉式部物語)』라고도 불린다.

○ 夢よりもはかなき世の中を、歎きわびつつ明かし暮らすほどに、四月十余日にもなりぬれば、木の下くらがりもてゆく。築土の上の草あをやかなるも、人はことに目もとどめぬを、あはれとながむるほどに、近き透垣のもとに人のけはひすれば、たれならむと思ふほどに、故宮にさぶらひし小舎人童なりけり。

⇒ 꿈보다도 덧없는 세상을 서러워 한탄하면서 밤을 지새우며 생활하고 있는 사이에, 4월 10여 일이 되니 나무 그늘이 점차 진해져 간다. 담 위의 풀이 파랗게 우거져 있어도 남들은 새삼스럽게 시선도 두지 않지만, 공허한 마음으로 바라보고 있으려니 가까운 담의 틈으로 인기척이 나서 누굴까 하고 생각하고 있는데, 나타난 것은 고인된 미야에게 시중들던 고도네리 아이였다.

● 『**무라사키시키부닛키**(紫式部日記)』(1010년경)

『겐지모노가타리』의 작자인 무라사키 시키부(紫式部)가 이치죠 덴노(一条天皇)의 중궁 쇼시(彰子)에게 시중들고 있을 무렵의 궁정 생활을 기록한 일기이다. 일기라고는 해도 매일 기록한 것은 아니며, 작품 안에 소식문이라고 불리는 다른 성격의 문장을 포함한다. 내용의 중심은 쇼시가 낳은 아쓰히라 신노(敦成親王)의 출생을 기뻐하는 미치나가(道長) 가문의 번영에 관한 이야기지만, 한편에는 주위에 융화되지 못하는 작자 자신의 우수에 찬 심경을 그리고 있으며, 세이 쇼나곤(清少納言)이나 이즈미 시키부(和泉式部) 등 당대의 재녀들에 대한 비판도 확인된다.

● 『**사라시나닛키**(更級日記)』(1060년경)

작자는 스가와라노 다카스에(菅原孝標)의 딸로, 꿈 많은 문학소녀 시절로부터 남편과의 사별 후 극락왕생을 기원하는 51, 2세까지의 추억을 기술하고 있는 자서전적 일기이다. 내용은 작자 13세의 가을, 아버지의 임지인 가즈사노 구니(上
総国, 지금의 치바현 일부)를 출
발하여 교토로 향하는 내용을
시작으로, 교토에서의 일상과 궁
정 생활, 결혼 생활 등에 걸쳐
있으며, 남편과 사별할 때까지의 약 40년간의 생활을 회상하고 있다.

○ 上洛の旅

　あづま路の道のはてよりも、なほ奥つかたに生ひ出でたる人、い
かばかりかはあやしかりけるを、いかに思ひはじめけることにか、
世の中に物語といふもののあんなるを、いかで見ばやと思ひつつ、
つれづれなるひるま、よひゐなどに、姉、継母などやうの人々の、
その物語、かの物語、光源氏のあるやうなど、ところどころ語るを
聞くに、いとどゆかしさまされど、わが思ふままに、そらにいかで
かおぼえ語らむ。いみじく心もとなきままに、等身に薬師仏を造り
て、手洗ひなどして、人まにみそかに入りつつ、「京にとくあげたま
ひて、物語の多くさぶらふなる、あるかぎり見せたまへ」と、身をす
てて額をつき祈り申すほどに、十三になる年、のぼらむとて、九月
三日かどでして、いまたちといふ所にうつる。

　⇒ 귀경 여행

　동쪽 지방으로 가는 길의 끝보다도 더 외진 곳에서 자란 사람, 무
척이나 볼품없고 촌스러웠을 텐데 어떻게 그런 생각을 하게 된 것일
까. 세상에는 모노가타리라는 것이 있다고 하는데 그것을 어떻게든

읽고 싶다고 생각하게 되었다. 할 일도 없이 따분한 낮이나 저녁 시간 등에 언니와 새어머니 같은 사람들이 그 모노가타리, 이 모노가타리, 히카루겐지의 생활 모습 등을 군데군데 이야기하는 것을 듣고 있자니 더욱더 나의 모노가타리에 대한 동경은 깊어져 갔다. 어른들은 그 일부의 처음과 끝을 암송하는 정도로, 내가 원하는 만큼 어떻게 이야기해 줄 수 있을까. 더 이상 참을 수 없는 갑갑함에 야쿠시 여래의 등신상을 만들어 손을 씻고 정하게 하여 아무도 보지 않는 틈에 몰래 그 불간에 들어가서는 "한시라도 속히 상경하게 하시어 교토에는 많이 있다고 하는 그 모노가타리를 있는 대로 보게 해 주세요"라고 몸도 생각지 않고 머리를 조아리고 기도를 올리는 것이었다. 그러는 사이 열셋이 되던 해 아버지의 임기가 끝나 상경하게 되어, 9월 3일 출발하여 이마다치라고 하는 곳으로 옮겼다.

4. 설화와 역사 모노가타리

◆ 설화 문학의 발생

일본 최초의 설화집은 헤이안 시대 초기에 성립한 불교 설화집 『니혼료이키(日本靈異記)』이다. 그 후 헤이안 말기가 되어 인세이(院政, 상황에 의한 정치)가 시행되면서 모노가타리 문학이 난관에 봉착하고 역사 모노가타리(歷史物語) 등이 출현했다. 또한 같은 시기에 귀족뿐만 아니라 승려와 무사, 그리고 도시 서민의 생활 등, 세상의 다양한 사건에 대한 왕성한 호기심이 설화 문학을 발생시켰다.

◆ 설화 문학의 발전

헤이안 말기는 쟁란이 이어지는 불안정한 시기였다. 그런 이유로 사람들은 살아야 하는 의미와 난관을 헤치고 나아갈 지혜를 얻기 위해, 그 대상이 무엇이든 적극적으로 수용하려는 강인한 정신과 자신이 취해야 할 도리를 그 어디까지라도 추구하고자 하는 감각으로 설화 문학을 발전시켰다. 특히『곤쟈쿠모노가타리슈』는 천여 편에 달하는 방대한 설화를 수록하고 있는 일본 최대의 설화집이다.

• 『니혼료이키(日本霊異記)』(823년경 완성)

나라 시대 말부터 헤이안 시대 초기에 걸쳐 성립한 불교 설화집으로 원명은『日本国現報善悪霊異記』이다. 상, 중, 하 3권으로 구성되어 있으며, 각각 35, 42, 39, 총 116편의 설화를 수록하고 있다. 785년경부터 기록되기 시작하여 완전한 형태로 편집이 끝나는 시기는 823년 전후로 추정된다.

편찬자는 야쿠시지(薬師寺)의 승려인 교카이(景戒)로, 각지에 전해지는 불교 설화를 채록하고 있다. 일본 최초의 불교 설화집으로 한자와 만요 가나로 기록되어 있으며, 116편의 설화는 대체로 시대순으로 배열되어 있다. 내용은 인과응보 설화가 중심을 이루고 있다.

『니혼료이키』의 문학사적 의의는 최고(最古)의 불교 설화집이라는 점이며,『곤쟈쿠모노가타리슈』와 같이 직접적으로 영향을 받은 작품 이외에도 후세에 미친 영향은 매우 크다.『고지키』,『니혼쇼키』,『후도키』 등에도 설화가 등장하지만 설화집으로 정리되어 편찬된 점은 특기할 만하다.

○ 諾楽の右京の薬師寺の沙門景戒録す

原夫れば、内経・外書の日本に伝はりて興り始めし代には、凡そ二時あり。皆、百済の国より浮べ来れり。軽嶋の豊明の宮に宇御メタマヒシ誉田の天皇のみ代に、外書来れり。磯城嶋の金刺の宮に宇

御めたまひし欽明天皇のみ代に、内典来れり。然れどもす乃ち外を学ぶる者は、仏法を誹れり。内を読む者は、外典軽みせり。愚痴の類は迷執を懐き、罪福を信なりとせず。深智の儔ハ内外を観て、信として因果を恐る。

⇒ 나라 우쿄의 야쿠시지의 샤몬 교카이 기록하다

무릇 오랜 기원을 찾아보면 내전(内典)이나 외전(外典)이 우리나라에 전래되어 널리 보급되기에 이른 시기는 대강 두 번 있었다. 그 도래는 두 번 다 백제국에서 바다를 건너 전래된 것이다. 야마토 가루시마의 도요아키라노 미야에서 천하를 다스리신 오진 덴노 대에 외전이 전해졌디. 야마토 시키시마의 가나사시노 비야에서 천하를 다스리신 긴메이 덴노 대에 내전이 도래했다. 그러나 외전을 믿어 이것을 배우는 자는 즉시 불법을 비방했다. 반대로 내전을 신봉하는 자는 외전을 가벼이 여기고 있다. 어리석은 자들은 갈피를 잡지 못하여 죄와 복의 원리를 신용하지 않는다. 그러나 지혜 깊은 불도 무리들은 내전에도 외전에도 가까이하여 인과응보의 가르침을 굳게 믿고 삼가 두려워하고 있다.

● 『곤쟈쿠모노가타리슈(今昔物語集)』

11세기 후반에 성립한 작자 미상의 설화집. 인도, 중국, 일본의 불교와 세속에 관한 설화를 수집하여 31권(현존 28권)으로 엮고 있다. 한자와 가타카나를 섞어 문장을 작성했다 하여 화한혼효문(和漢混淆文) 또는 화한혼교문(和漢混交文)이라고 한다. 설화의 모두 부분은 『다케토리모노가타리』와 마찬가지로 "今は昔(지금으로부터 보면 이미 옛날 일이다)"로 시작된다.

○ 羅城門登上層見死人盜人語第十八

今昔、摂津ノ国辺ヨリ、盗セムガ為ニ京ニ上ケル男ノ、日ノ未ダ明カリケレバ、羅城門ノ下ニ立隠レテ立テリケルニ、朱雀ノ方ニ人重ク行ケレバ、人ノ静マルマデト思テ、門ノ下ニ待立テリケルニ、山城ノ方ヨリ人共ノ数来タル音ノシケレバ、其レニ不見エジト思テ、門ノ上層ニ和ラ掻ツリ登タリケルニ、見レバ、火髴ニ燃シタリ。

盗人、「怪」ト思テ、連子ヨリ臨ケレバ、若キ女ノ死テ臥タル有リ。其ノ枕上ニ火ヲ燃シテ、年極ク老タル嫗ノ白髪白キガ、其ノ死人ノ枕上ニ居テ、死人ノ髪ヲカナグリ抜キ取ル也ケリ。

盗人此レヲ見ルニ、心モ得ネバ、「此レハ若シ鬼ニヤ有ラム」ト思テ怖ケレドモ、「若シ死人ニテモゾ有ル。恐シテ試ム」ト思テ、和ラ戸ヲ開テ、刀ヲ抜テ、「己ハ、己ハ」ト云テ走リ寄ケレバ、嫗手迷ヒヲシテ、手ヲ摺テ迷ヘバ、盗人、「此ハ何ゾノ嫗ノ此ハシ居タルゾ」ト問ケレバ、嫗、「己ガ主ニテ御おマシツル人ノ失給ヘルヲ、繚フ人ノ無ケレバ、此テ置奉タル也。其ノ御髪ノ長ニ余テ長ケレバ、其トヲ抜取テ鬘ニセムトテ抜ク也。助ケ給ヘ」ト云ケレバ、盗人、死人ノ著タル衣ト嫗ノ著タル衣ト、抜取テアル髪トヲ奪取テ、下走テ逃テ去ニケリ。

然テ其ノ上ノ層ニハ、死人ノ骸骨ゾ多カリケル。死タル人ノ葬ナド否不為ヲバ、此ノ門ノ上ニゾ置ケル。此ノ事ハ其ノ盗人ノ人ニ語ケルヲ聞継テ此ク語リ伝ヘタルトヤ。

⇒ 라쇼몬의 위층에 올라 죽은 사람을 보는 도둑 이야기 제18화
지금으로 보면 옛날 일이다. 셋쓰노 구니 부근에서 도둑질을 하기

위해 교토에 올라온 남자가 날이 아직 밝았던 터라 라쇼몬 아래에 숨어 있는데, 스자쿠 대로 쪽은 아직 사람들의 왕래가 많아, 사람이 뜸해질 때까지 문 아래에 서서 기다리고 있으려니까 야마시로 쪽에서 많은 사람이 몰려오는 소리가 들렸다. 그 사람들에게 들키지 않기 위해 문의 2층에 슬며시 기어 올라갔는데, 보니 등불이 어슴푸레 켜져 있었다.

도둑이 이상한 일이라고 여겨 창틈으로 엿보니 젊은 여자가 죽어 누워 있었다. 그 여자의 머리맡에 등을 밝히고 나이를 알 수 없을 정도로 늙은 백발의 노녀가 앉아 여자의 머리를 거칠게 뽑아내고 있었다.

도둑은 이것을 보고 납득이 가지 않아, 이 노녀는 필시 귀신인가 하여 두려웠지만 어쩌면 귀신이 아니라 필시 망령인 것이다. 위협하여 시험해 보자고 생각하고는 몰래 문을 열고 칼을 뽑아 "이놈" 하고 소리치며 달려갔더니 노녀가 놀라 당황하여 손을 모아 빌며 허둥거리는 것을 보고 도둑은 "이 무슨 노파가 이리하고 있는 것이냐"라고 물었더니 노녀는 "나의 주인이셨던 사람이 돌아가셨는데 조상(弔喪)할 사람이 없어 주검을 이렇게 안치해 드리는 것입니다. 그 머리카락이 키보다 길기에 그것을 뽑아 가발로 하려고 생각하여 뽑는 것입니다. 살려주십시오"라고 말하자 도둑은 죽은 자가 입고 있는 의복과 노녀가 입고 있는 의복 그리고 뽑아 놓은 머리카락을 빼앗아 2층에서 내려와 달아나 버렸다.

그 같은 이유로 라쇼몬의 2층에는 시체의 해골이 많았다. 죽은 사람의 장례를 치를 수 없어 시체를 이 문 위에 둔 것이었다. 이 일은 그 도둑이 남에게 이야기한 것을 듣고 전한 것이라고 하더라.

◉ 아쿠타가와 류노스케(芥川竜之介)와 곤쟈쿠모노가타리

『곤쟈쿠모노가타리슈』는 후대의 문학에 많은 영향을 끼쳤다. 근대 문학의 이지파(理智派) 작가인 아쿠타가와 류노스케는 라쇼몬(羅城門)의 이야기를 소재로 한 소설 『라쇼몬(羅生門)』에서 궁지에 몰린 인간의 추함을 그리고 있다. 그 외, 고전을 소재로 한 아쿠타가와의 작품에 『하나(鼻)』, 『이모가유(芋粥)』, 『야부노나카(藪の中)』 등이 있다.

● 『오카가미(大鏡)』(1119년경)

작자 미상으로, 몬토쿠 덴노(文徳天皇)에서 고이치죠 덴노(後一条天皇)까지의 170여 년 14대에 걸친 이야기를 기록한 역사 모노가타리 작품이다. 후지와라노 미치나가(藤原道長)의 영화에 관한 이야기가 내용의 중심이지만, 단지 칭송하는 데 그치지 않고 비판적인 시각도 나타나 있으며, 문장은 간결하고 힘차다. 『오카가미』, 『이마카가미(今鏡)』, 『미즈카가미(水鏡)』, 『마스카가미(増鏡)』 4권을 총칭하여 '시쿄(四鏡)'라고 부른다. 『이마카가미』는 궁정 귀족의 화려한 행사를, 『미즈카가미』는 진무 덴노(神武天皇) 이후 제54대 닌묘 덴노(仁明天皇)까지의 역사를, 『마스카가미』는 가마쿠라(鎌倉) 시대의 사양화한 궁정 생활을 중심으로 그리고 있다.

○ 序 雲林院の菩提講にて、翁たちの出会い

先つ頃、雲林院の菩提講に詣でて侍りしかば、例の人よりはこなう年老い、うたてげなる翁二人、嫗といきあひて、同じ所に居ぬめり。あはれに、同じやうなるもののさまかなと見はべりしに、これらうち笑ひ、見かはしていふやう、

世継「年頃、昔の人に対面して、いかで世の中の見聞くことをも聞えあはせむ、このただいまの入道殿下の御有様をも申しあはせばやと思ふに、あはれにうれしくも会ひまうしたるかな。今ぞ心やすく黄泉路もまかるべき。おぼしきこといはぬは、げにぞ腹ふくるる心地しける。かかればこそ、昔の人はものいはまほしくなれば、穴を掘りてはいひ入れはべりけめとおぼえはべり。かへすがへすうれしく対面したるかな。さてもいくつにかなりたまひぬる」といへば、いま一人の翁、……。

⇒ 서문, 우린인 보다이코에서의 노인들의 만남

일전에 내가 우린인의 보다이코에 참배하고 그곳에 잠시 머물렀을 때, 보통 노인과 비교하여 각별히 나이를 먹어 특이한 느낌이 드는 남자 노인 두 명과 노녀 한 명을 우연히 만나 같은 장소에 앉아 있었습니다. 감탄할 정도로 비슷한 모습을 한 노인들이라고 생각하며 보고 있으려니까, 이 노인들 서로 웃으며 얼굴을 마주 보고 말하기를,

(요쓰기) "오래전부터 옛 지인과 만나 어떻게든 지금까지 보고 들은 세상의 많은 일도 이야기하고 싶다. 그리고 지금 영화를 누리고 계신 그 뉴도 전하의 모습도 이야기하고 싶다고 생각하고 있었는데, 참으로 기쁘게도 만나게 된 것입니다. 지금이야말로 안심하고 저승에도 갈 수 있을 것입니다. 마음에 생각하는 것을 말하지 않고 그냥 있는 것은 그야말로 배가 부은 느낌이 드는 것입니다. 이런 이유로 옛날 사람은 뭔가 이야기를 하고 싶어지면 구멍을 파서 그 안에 생각하는 것을 말하고 다시 묻어 기분 전환을 했던 것이라고 생각됩니다. 여기서 만난 것은 거듭거듭 기쁜 일입니다. 그런데 당신은 몇 살이 되십니까?" 하고 말하자, 또 한 노인이, …….

칼럼

달세계와 가구야히메의 승천

『다케토리모노가타리』의 후반부, 가구야히메의 승천을 둘러싸고 벌어지는 이야기는 죽음에 대한 인간의 굴복을 '타계＝달세계'로 미화하여 각색한 내용으로 해석된다. 그러나 미화라고 해도 내면세계의 이상향으로서가 아니라 문장상의 미화에 머물고 있는 것을 알 수 있다. 『다케토리모노가타리』는 가상천외의 요소를 도입하고 있으면서도 인간은 현실을 초월할 수 없는 나약한 존재라고 결론짓고 있다. 다양한 민속신앙을 소재로 하고 외래 습속까지 절충하여 허구화하고 있지만, 심층은 허무한 인생을 이야기하고 현실에 대한 직시를 시사하는 세태 풍자의 성격이 강하다.

가구야히메가 궁으로 돌아간 미카도(천황)와 서신을 왕래한 지 3년이 지난 초봄 무렵부터 히메의 심경에 변화가 생기고, 8월 15일의 승천을 앞두고 가구야히메와 두 노인의 눈물의 횟수는 10회를 상회한다. 더욱이 승천 직전의 탄식이 절정에 달하고 있는 내용으로 보아 달은 이별의 슬픔을 상징화한 것으로 이해된다. 즉 『다케토리모노가타리』에 그려지고 있는 달의 이미지는 '덧없음'이며 '무상'의 의식을 응축시킨 상징물이라는 사실이다. 그것은 달을 보는 행위 자체가 불길하다거나 무상하다는 것을 의미하지 않는다. 현상으로서 존재하는 달을 소재로 하고 있는 것이 아니라 이념으로서의 달, 즉 이 세상과 대치하는 타계의 상징물로서 도입한 것이라고 볼 수 있다. 한마디로 말하자면 사후 세계의 변용이다. 저승에서 온 사자라고 하는 무형의 이념에 실존의 유형을 부여하고 있는 것이다.

그렇다면 가구야히메의 승천에 감춰진 죽음의 표현에는 어떤 것이 있을까. 우선 가구야히메가 승천 직전에 거했던 공간을 보면, "嫗、塗籠の内に、かぐや姫を抱かへてをり。翁も、塗籠の戸鎖して戸口にをり。(노파 골방 안에서 가구야히메를 안고 있다. 노인도 골방의 방문을 잠그고 문 앞을 지킨다.)"라는 문장을 통해 '누리고메(塗籠)' 안에서 보호받는 모습을 발견할 수 있다. 누리고메는 사방을 두껍게 벽으로 두르고 작은 들창을 붙이고 두꺼운 판자문을 통해 출입하는 방으로, 밖으로부터 은폐된 공간이며 판자문을 통하지 않고는 출입할 수 없는 방이다. 특히 누리고메는 경우에 따라 제사가 행해지는 공간이기도 했으며, 또한 시체를 안치하는 빈소의 역할을 담당하기도 했다. 즉 본문 중에서 누리고메 안에 들어가 가구야히메를 만날 수 있는 것이 여자에 국한되고 있다는 사실을 알 수 있다. 다시 말해서 누리고메는 여자가 신과 만나는 영역이었던 것이다. 만일 모노가타리의 심층이 가구야히메의 시

신을 누리고메에 안치한 사실을 각색한 것이라고 가정한다면 누리고메 안에 들어가 히메를 보호하는 여자들에게서 무녀의 이미지를 발견할 수 있을 것이다. 그리고 다케토리가 누리고메의 입구를 지키는 모습에서는 밖으로부터 습래하는 악령을 막기 위해 배치된 수호자의 모습과 더불어 사제자의 성격이 엿보인다.

또한 모노가타리 안에는 초혼(招魂) 의식을 암시하는 부분이 있는데 2천 명의 병사가 다케토리의 집 지붕과 담에 올라가 가구야히메를 맞으러 오는 천인(天人)들을 격퇴하기 위해 기다리고 있는 장면이 보인다 병사를 배치하는 것으로 묘사하고 있지만, 진의는 초혼과 악령의 퇴산에 있다고 볼 수 있다. 불사에 대한 염원과 죽음에 대한 철저한 저항이 다양한 민간신앙의 채용으로 나타나고 있는 것이다. 그러나 활을 들고 수호에 나선 병사들은 저항다운 저항도 해 보지 못한 채 무기력하게 굴복하고 만다. 절대적인 힘에 대한 인간의 무기력함이 여실히 드러나고 있는데, 사실 여기서의 절대적인 힘은 죽음을 의미하고 죽음에 대한 굴복을 연상시킨다. 누리고메와 같은 밀폐된 공간도 주술적으로 영력을 자랑하는 활도 하늘에서 내려오는 사자 앞에서는 무용지물이라는 것을 강조하고 있다. 인간의 권력으로 소월할 수 없는 초사연석인 힘과 세계를 가리키고 있는 것이다. 결국 히메는 천인이 상자에서 꺼낸 '불사약과 날개옷'을 통해 인간의 삶을 마감하게 되는데, 불사약을 먹음으로써 속을 정결히 하고 날개옷을 입음으로써 지구 상에서의 모든 기억을 잃게 된다. 다시 말해서 생명의 정지, 영원한 죽음을 역설적으로 표현하고 있는 것이다.

아베 마사미치(阿部正路) 씨는 8월 15일의 달에는 죽음의 세계와 농작물의 풍요라는 상징성이 중첩되어 있다고 말하고 있는데, 가구야히메의 8월 15일 승천에도 농사와 관계된 요소가 내재하고 있을 가능성은 충분하다고 볼 수 있다.

제3장

가마쿠라 · 무로마치 시대
(중세)의 문학

미나모토노 요리토모(源賴朝)가 가마쿠라(鎌倉)에 막부를 열고 나서 남북조, 무로마치(室町), 아즈치(安土)·모모야마(桃山) 시대를 거쳐 도쿠가와 이에야스(德川家康)에 의해 전국이 통일될 때까지의 약 400년간에 걸쳐 성립한 문학을 중세 문학이라고 한다.

● 사회 배경－화려했던 귀족의 시대는 무사가 대두함에 따라 쇠퇴하고 마침내 정치, 경제의 실권을 무사가 장악하게 되었다. 그러나 그 사이 조정과 막부의 싸움, 그리고 무가 세력의 흥망 등 끊임없이 전란이 이어져 사람들의 마음에는 '무상관(無常觀)'이 싹트기 시작했다. 그러한 상황에서 민중은 마음의 지주를 불교에서 구하고, 정토종(淨土宗, 호넨法然), 정토진종(淨土眞宗, 신란親鸞), 니치렌종(日蓮宗, 니치렌日蓮) 등의 새로운 불교가 확산되어 문학에도 큰 영향을 끼쳤다.

* 무상관(無常觀): 이 세상의 모든 것은 시간과 함께 지속적으로 변하고 영구불변한 것은 없다는 의미의 불교 사상.

① 와카(和歌)의 쇠퇴

귀족세력이 몰락해 가는 동안 화려했던 헤이안조 시대에 대한 동경이 『신고킨와카슈(新古今和歌集)』로 결실을 맺었다. 이 와카집은 거친 것을 의도적으로 버리고 회화적이며 온화한 정감을 중시하여 그 아름다움을 '유겐(幽玄)'의 세계에서 찾았다.『신고킨와카슈』를 마지막으로 귀족의 문예로써 번영한 와카는 점차 쇠하여 가지만 유겐의 미는 렌가(連歌)의 세계로 계승되어 갔다.

* 유겐(幽玄): 정적 안에 우염(優艶, 부드러움과 아름다움)을 조화시켜 마음 깊은 곳에서 느끼는 절절한 정취와 멋을 말한다. 헤이안 시대의 대표적 미의식인 '모노노아와레(もののあはれ)'에서 발전하여 에도 시대 바쇼(芭蕉)의 '사비(さび)'로 이어진다.

* 사비: 근세 문학의 중심 이념임과 동시에 바쇼 하이카이의 근본 이념. '와비'와 마찬가지로 한적한 고담(枯淡)의 경지이며 자연과 일체가 되어 세속을 초월한 작자(주체)의 정신이 작품에 반영된 것.

② 군기(軍記＝戰記) 문학

지속되는 전란을 다룬 군기(또는 전기) 모노가타리가 쓰였다. 군기 문학은 전란을 제재로 하고 있는데, 거기에 그려지고 있는 것은 무사의 용맹한 모습보다는 오히려 멸망해 가는 자의 아름다움과 애절함이다. 군기 문학의 대표작인 『헤이케모노가타리(平家物語)』에서도 '제행무상(諸行無常)'을 주제로 멸망해 가는 자의 슬픔이 그려지고 있다. 인자(隱者)의 문학과 마찬가지로 전기 문학에도 그 근저에는 무상관이 흐르고 있으며, 이 사상은 당시의 세태를 반영하고 있다고 할 수 있다.

* 제행무상(諸行無常): 이 세상의 모든 것은 항상 돌고 변하여 잠시도 한 모양으로 머무르지 않음을 이르는 말.

③ 인자(隱者)의 문학

전란이 거듭되는 사회에 무상감을 느끼고 속세에서 벗어나 산야의 암자에 살며 부처의 길을 자신의 길로 여기고 조용히 살아가는 사람

들이 있었다. 그들은 사회에서 일어나는 일을 냉철한 시각으로 바라
보고 귀족문화에 사로잡히지 않는 자유로운 입장에서 걸출한 작품들
을 만들어 냈다. 가모노 쵸메이(鴨長明)의 『호죠키(方丈記)』와 요시다
겐코(吉田兼好)의 『쓰레즈레구사(徒然草)』는 인쟈의 문학을 대표하는
작품이다.

④ 귀족과 무사에서 서민으로

민간 예능이었던 사루가쿠(猿楽)나 덴가쿠(田楽)를 간아미(観阿弥)
와 제아미(世阿弥) 부자가 노가쿠(能楽)로 완성시켰다. 무로마치 막부
3대 장군인 아시카가 요시미쓰(足利義満)의 장려에 힘입어 노가쿠는
대표적인 예능으로 정착해 간다. 한편 렌가(連歌)는 그 이전부터 행해
지고 있었지만 니죠 요시모토(二条良基)에 의하여 와카와 대등한 지
위를 점하게 되고 서민들 사이에서도 유행했다. 그리고 결국 귀족적
인 렌가에서 서민적인 유쾌함을 노래하는 하이카이 렌가(俳諧連歌)로
변해 간다. 그 외에 민간의 설화를 제재로 한 오토기조시(お伽草子)가
다량으로 만들어져 아이들에게 널리 애독되었다.

이처럼 중세 말기가 되면서 그때까지 귀족과 무사들만의 것이었던
문학이 서서히 서민의 손으로 옮겨가기 시작한다. 특히 하이카이 렌
가와 오토기조시 등은 서민문화의 전성 시대로 넘어가는 데 가교 역
할을 한다.

* 렌가: 한 사람이 단의 상구(5・7・5)를 읊으면 또 다른 사람이 하
구(7・7)를 읊어 1수로 한 단렌가(短連歌)가 시발점이 되었다. 이후에
는 구수의 제한 없이 여러 명이 계속해서 읊어가는 쵸렌가(長連歌, 鎖
連歌)가 발전한다. 구수에 따라 가센(歌仙), 고쥬인(五十韻), 햐쿠인(百

韻), 센쿠(千句) 등의 형식이 생겨났다.

  * 하이카이 렌가: 렌가가 와카의 전통을 이어받아 우아한 세계를 읊는 것에 반하여 말의 재미와 익살을 추구한 것을 말한다.

  ※ 중세의 시대 구분

  * 가마쿠라 시대(鎌倉時代, 1192～1333)

  학자에 따라 몇 가지 견해가 있으나 일반적으로 미나모토노 요리토모가 가마쿠라에 막부를 열어 조정으로부터 정이대장군(征夷大将軍)의 칭호를 부여받고 나서 1333년 호조 다카토키(北条高時)가 멸망에 이르는 약 150년간을 말한다.

  * 남북조 시대(南北朝時代, 1336～1392)

  1336년 고다이고 덴노(後醍醐天皇)가 요시노(吉野)로 도주하여 남조를 세워 북조와 대립하던 시기로, 요시노 입성 후 가메야마 덴노(亀山天皇)가 교토로 돌아오기까지의 57년간을 말한다.

  * 무로마치 시대(室町時代, 1338～1573)

  아시카가 다카우지(足利尊氏)가 정권을 장악하고 교토의 무로마치에 막부를 연 시대이다. 경우에 따라 1392년의 남북조 합일에서 1573년 제15대 장군 요시아키(義昭)가 오다 노부나가(織田信長)에게 쫓겨날 때까지의 약 180년간을 가리키기도 한다. 무로마치 후기, 즉 오닌노 란(応仁ノ乱, 1467～1477) 이후 노부나가가 천하 통일의 업을 착수하기까지의 시기를 전국 시대라고도 칭한다. 남북조 시대를 무로마치 전기에 포함시키는 경우도 있다.

* 아즈치・모모야마 시대(安土・桃山時代, 1573~1598)

오다 노부나가, 도요토미 히데요시(豊臣秀吉)가 정권을 잡고 있던 시대. 또는 노부나가가 교토에 입성(1568)하고 나서 세키가하라(関ヶ原) 전투에서 도쿠가와 이에야스가 승리한 1600년까지의 시기를 말하기도 한다. 쇼쿠호(織豊) 시대라고도 칭한다(아즈치－滋賀県蒲生郡の町. 모모야마－京都府伏見区の地名).

1. 와카(和歌)

● 『신고킨와카슈(新古今和歌集)』

겐큐 2년(1205) 고토바 죠코(後鳥羽上皇)의 칙명으로 후지와라노 사다이에 등에 의해 편집된 여덟 번째 칙찬 가집이며, '새로운 고킨 슈를 편집한다'고 하는 의미이다. 20권으로 약 2,000수의 단카를 수록하고 있으며『만요슈(万葉集)』,『고킨와카슈(古今和歌集)』와 함께 3대 와카집의 하나로 평가받는다. 여정(余情)을 중시하는 환상적 회화풍의 정경을 표현하고 있다. 비유, 가케고토바(懸詞), 혼카도리(本歌取り) 등의 다양한 기교를 도입하고 있다.

○ むかし思ふ 草のいほりの 夜の雨に 涙な添へそ 山ほととぎす
　　　　　　　　　　　　　　　　　　藤原俊成(卷三、夏歌、201)
むかしおもふ くさのいほりの よのあめに かみだなそへそ やまほ

ととぎす

(華やかだった昔を思い、山深い草庵の夜の雨に涙を流している
が、お前まで鳴いて涙を誘ってくれるな、山ほとどぎすよ。)

⇒ 옛날 그리는 깊은 산 속 초암에 밤비 오는데 눈물 더하지 마라
산에 우는 두견새

 * 후지와라노 도시나리(藤原俊成): 가마쿠라기의 대표적인 가인이
며 『센자이와카슈(千載和歌集)』의 찬자로 유겐(幽玄)의 미를 중시했다.

○ 駒とめて 袖うちはらふ かげもなし 佐野のわたりの 雪の夕暮

藤原定家(卷六、冬歌、671)

こまとめて そでうちはらふ かげもなし さののわたりの ゆきのゆ
うぐれ

(馬をとめて袖につもった雪を払うための物かげとてない。佐野の
あたり一面に降りしきる雪の夕暮れよ。)

⇒ 말을 멈추고 소매의 눈 털만 한 물건도 없다 사노 주변 일대의
눈 내리는 저녁녘

 * 후지와라노 사다이에(藤原定家): 도시나리의 아들로 많은 가론서
와 고전 연구서를 남겼다. 무로마치기에는 최고의 가인으로 존경받았
다. '후지와라노 데이카'라고도 부른다.

◆ 와카의 수사(修辞, 표현기법)

 ㉠ 가케고토바(掛詞, 懸詞)ー음이 같고 의미가 다른 말(동음이의어)
을 이용하여 하나의 말에 둘 이상의 의미를 부여한 수사법.

 * 命あれば 今年の秋も 月は見つ 別れし人に 会ふよなきかな(『新

古今和歌集』·能因法師)

  ― '夜(よ, 밤)'와 '世(よ, 세상)'를 중첩시켜 '가을밤에는 아름다운 달을 볼 수 있어도 이별한 사람과 만날 수 있는 <u>세상</u>은 없는가'라는 심정을 담고 있다.

  ⓛ 엔고(緣語)―서로 관계되는 말을 사용하여 표현에 흥이나 멋을 더해 효과를 살리는 수사법 또는 서로 관련 있는 말을 가리킨다.

  * 青柳の <u>糸</u>よりかくる 春しもぞ <u>乱れて</u>花の <u>ほころひ</u>にけり

(『古今和歌集』·紀貫之)

  ―버들가지를 '실(糸)'에 비유하여 만든 와카로, 실에 관계가 깊은 'よりかく', '乱る', 'ほころぶ' 등의 말을 나열하며 표현해 간다.

  ⓒ 죠고토바(序詞)―노래 안에서 하나의 어구를 이끌어 내기 위해 그 머리말로 사용하는 2구 이상의 어구이다. 마쿠라고토바(枕詞)와 비슷하나 음수는 정해져 있지 않고 자유롭게 만들어 낼 수 있는 점이 다르다.

  * <u>あしびきの 山鳥の尾の しだり尾の</u> **長長し**夜を ひとりかも寝む

(『万葉集』·柿本人麻呂)

  ―밑줄 친 '아시비키의 산새의 쳐진 꼬리'는 길다는 의미의 '긴긴(長長し)'의 죠고토바가 된다. 또한 'あしびきの'는 'やま'의 마쿠라고토바이기도 하다.

  ⓔ 혼카도리(本歌取り)―잘 알려진 과거의 와카나 한시 그리고 모노가타리와 고사(故事) 속 내용 또는 어휘 등을 채용하여, 자신의 미

묘한 심정이나 정경을 표현하는 기교를 말한다.

  * 혼카 Ⓐ <u>白妙の 袖の別れ</u>は 惜しけども 思ひ乱れて 許しつるかも

(『万葉集』)

  혼카 Ⓑ 吹きくれば <u>身にもしみける</u> 秋風を 色なきものと 思ひけ
るかな

(『古今六帖』)

  → Ⓒ <u>白妙の 袖の別れに</u> 露落ちて <u>身にしむ色の</u> 秋風ぞ吹く

(『新古今集』・藤原定家)

  －Ⓒ는 Ⓐ Ⓑ 2수를 혼카로 하고 있는데, 1수 안에 기누기누(後朝, 만나서 하룻밤을 함께한 다음 날 아침)의 슬픔에 가을의 경치와 정취가 어우러져 복잡한 감정이 잘 표현되고 있다.

● 『**산카슈**(山家集)』

  사이교 법사(西行法師, 1118~1190)의 사가집(私家集)으로 전 3권으로 구성되어 있으며, 편자와 성립 연대는 미상이다. 사이교 법사는 도바인(鳥羽院)이 거처하는 궁궐의 북쪽을 경비하는 무사였으나 22세에 출가하여 여행을 즐기며 와카의 인간미 회복을 추구했다. 주로 이세(伊勢)로 이주할 때까지의 와카를 수록하고 있는데, 불교적 사상을 기초로 자연을 노래하고 인간미 넘치는 노래가 많아 당시부터 많은 사람들에게 애독되었다. 특히 벚꽃과 달을 노래한 와카가 많고, 고이노우타(恋の歌)는 통절한 애조를 띤 노래가 대다수이며 조카(雑歌)에는 자기 체험의 노래가 많다.

  * 사가집(私家集): 개인의 노래를 정리하여 편집한 가집

○ 心なき 身にもあはれは 知られけり 鴫たつ沢の 秋の夕暮

こころなき みにもあはれは しられけり しぎたつさわの あきのゆ

ふぐれ

⇒ 마음이 없는 몸에도 절절함은 느껴지누나 도요 날아오르는 가

을의 저녁녘은

○ 願はくは 花の下にて 春死なん その如月の 望月のころ

ねがはくは はなのしたにて はるしなん そのきさらぎの もちづき

のころ

⇒ 할 수 있다면 봄 벚꽃 아래에서 죽고 싶구나 저 석가가 입멸한

2월 보름 무렵에

● 『긴카이와카슈(金槐和歌集)』

가마쿠라 막부 제3대 정이대장군(征夷大将軍)이었던 미나모토노

사네토모(源実朝, 1192~1219)의 사가집(私家集)으로, 신고킨풍의 노

래도 많이 남기고 있지만 젊은 감정을 힘차게 읊은 만요조의 노래도

확인된다. 이 가집에는 사네토모의 독자적인 세계가 그려져 높이 평

가되고 있다.

○ 大海の 磯もとどろに 寄する波 われて砕けて 裂けて散るかも

おほうみの いそもとどろに よするなみ われてくだけて さけてち

るかも

⇒ 넓은 바다의 해안도 부술 듯이 모이는 파도 부서지고 깨지고 찢

기고 흩어진다

○ 時により 過ぐれば民の 嘆き也 八大竜王 雨やめ給へ

ときにより すぐればたみの なげきなり はちだいりゅうわう あめやめ
たまへ

⇒ 때에 따라서 지나치면 백성의 한탄 거리요 팔대용왕이시여 비
를 멈춰 주소서

● 『오구라햐쿠닌잇슈(小倉百人一首)』

후지와라노 사다이에(藤原定家)가 상대로부터 가마쿠라 시대 초기
까지의 칙찬집 안에서 100명의 가인이 지은 와카를 1수씩 골라 엮은
가집이다. 당초에는 문창호지에 쓸 노래를 수집하기 위해 시작한 것
이라고 전한다. 『오구라햐쿠닌잇슈』라는 서명은 사다이에의 별장이
교토의 오구라산에 있던 이유로 붙여진 것이다. 『고킨와카슈』안에서
채택된 노래가 가장 많고, 내용으로 분류하면 사랑을 노래한 와카가
약 반수를 차지한다.

1235년경에 성립되었다고 전해지며 와카의 모범으로 평가되어 에
도 시대 이후에도 '우타카루타'로서 서민에게 널리 애호되었다.

* 우타카루타(歌加留多): 『오구라햐쿠닌잇슈』의 와카를 적은 카드.
또는 그 카드로 하는 놀이.

2. 렌가(連歌)

고토바인(後鳥羽院)과 사다이에(定家)의 시대에도 귀족적인 우신렌가(有心連歌)와 더불어 서민적이며 해학을 주된 소재로 하는 무신렌가(無心連歌)가 존재했다. 14세기 중엽 니죠 요시모토(二条良基)가 엮은 렌가집 『쓰쿠바슈(菟玖波集)』는 칙찬에 준하는 취급을 받았기 때문에 렌가는 와카와 대등한 지위를 획득했다고 할 수 있다. 요시모토는 그 외에 렌가의 제작방식을 기록한 『오안신시키(応安新式)』와 최초의 체계적인 렌가론서로 평가받는 『쓰쿠바몬도(筑波問答)』를 저술했다. 15세기에 들어 신케이(心敬)는 렌가론서 『사사메고토(ささめごと)』 등을 제작하여 '히에(冷え)', '사비(さび)' 등의 중세적인 렌가 이념의 심화를 역설했다. 신케이에게 렌가를 배운 이오 소기(飯尾宗祇)가 쇼하쿠(肖柏), 소쵸(宗長)와 함께 지은 『미나세산긴햐쿠인(水無瀬三吟百韻)』은 렌가의 모범이 되었다. 또한 소기(宗祇)가 엮은 『신센쓰쿠바슈(新撰菟玖波集)』는 렌가를 와카와 비견되는 예술로서 지위를 향상시켰다.

한편 렌가 본래의 자유로운 유희와 해학을 되찾기 위해 하이카이 렌가(俳諧連歌)가 일어난다. 16세기 전반에 야마자키 소칸(山崎宗鑑)이 편찬한 하이카이 렌가집인『신센이누쓰쿠바슈(新撰犬筑波集)』와 아라키다 모리타케(荒木田守武)의『도쿠긴센쿠(独吟千句)』는 에도 하이카이로 그 맥이 이어지고 있다.

● 『쓰쿠바슈(菟玖波集)』(1356년)

찬자는 니죠 요시모토와 규사이(救済)로, 우아함을 추구하는 우신 렌가(有心連歌)를 채록한 렌가집이다. 서명은 렌가를 다른 말로 '쓰쿠바의 길(筑波の道)'이라고 부른 사실에 기인한다. 기키(記紀)의 전승에 따르면 야마토타케루노 미코토가 동국을 정벌하던 중, 쓰쿠바를 지나 가이노 구니(甲斐国)의 사카오리노 미야(酒折宮)에 도착했을 때, 야마토타케루가 「新治 筑波を過ぎて 幾夜か寝つる(にいはり つくばをすぎて いくよかねつる)」라고 물으니 불 피우는 노인(火焼き翁)이 「日日並べて 夜には九夜 日には十日を(かがなべて よにはここのよ ひにはとおかを)」라고 답했다. 이것은 5·7·7 세 구로 1수(首)를 이루는 가타우타(片歌)의 문답이지만, 중세 사람들이 여기에 렌가의 기원을 발견하여 '쓰쿠바의 길(筑波の道)'이라는 표현을 사용하기 시작한 것이다.

칙찬 와카집의 형식에 준하여 가나서(仮名序)와 마나서(真名序)를 도입하고 부다테(部立)도 칙찬집과 유사하게 분류하고 있다. 수록하고 있는 전 20권 총 2,190구 중 119구가 홋쿠(発句)이다. 이 작품을 계기로 렌가는 와카를 대신하여 가단(歌壇)의 중요한 위치를 점해 간다.

* 부다테(部立): 몇 개의 부류나 부문으로 분류하는 일
* 홋쿠(発句): 렌가와 하이카이에서 제1구를 칭한다. 5·7·5, 17음으로 구성된다. 그것이 독립하여 하나의 시로 만들어진 것이며 하이쿠라고 불리게 된다.

● 『신센이누쓰쿠바슈(新撰犬筑波集)』(1539년)

무로마치 후기 야마자키 소칸(山崎宗鑑)이 중심이 되어 편찬한 해학미 넘치는 하이카이 렌가집이다. 서명에서 보는 바와 같이 『쓰쿠바슈(菟玖波集)』를 풍자하여 붙인 이름이다. 렌가가 점차 와카적인 정취를 추구하게 되면서 그런 풍조에 대한 반동으로 익살과 기지를 추구하는 하이카이 렌가가 유행하게 되었다. 『모리타케센쿠(守武千句)』와 더불어 하이카이가 렌가로부터 독립하는 데 영향을 끼친 작품으로 평가받는다.

당시 널리 유포되어 있던 수구(秀句)를 비롯하여 지방의 무명인의 구에 이르기까지 해학과 기지를 중심으로 하여 읊은 다양한 하이카이 렌가 약 370수를 수록하고 있다. 개개인의 이름은 붙이지 않았지만 소기와 소쵸(宗長), 소칸(宗鑑), 모리타케(守武)의 구(句)도 확인된다.

3. 군기 모노가타리(軍記物語)

전기 모노가타리(戰記物語)라고도 부른다. 12세기 말부터 시작된 내란이 겐지(源氏)와 헤이케(平家)의 패권 다툼으로 이어지고 마침내 겐지의 승리와 가마쿠라 막부의 성립에 의해 일단락되자, 이 역사적 사건을 다룬 작품이 수편 제작되었다. 호겐(保元) 원년(1156)의 난을 다룬『호겐모노가타리』, 헤이지(平治) 원년(1159)의 난을 다룬『헤이지모노가타리』, 지쇼(治承)・쥬에이(寿永)의 합전(1177~85)을 그린『헤이케모노가타리』가 그것이다. 군기 모노가타리에는 헤이안 시대에서 중세로 이행하는 변혁기를 제각각 비극적인 숙명을 짊어지고, 나름대로의 방법으로 살고 또한 죽는 인간의 모습이 선명하게 묘사되고 있다. 이들 작품은 비파 법사(琵琶法師)에 의해 비파를 반주로 낭창하는 형태로 향수되고 성장했다. 한편 이야기 방식과는 별도로 읽을거리로도 널리 유포되어 많은 독자층을 확보함과 동시에 많은 텍스트를 출현시켰다. 역사적 사건에서 비롯된 장엄하고 용맹스러운 이야기와 애절한 일화가 광범한 독자층을 통해서 전국적으로 확산되고, 거기에 국민적인 영웅상이 정착하여 중세의 서사시적인 세계가 형성된 것이다.

<군기 모노가타리의 성립 배경이 된 헤이안 시대 말기의 정세>

○ 호겐노 란(保元の乱, 1156) → 『호겐모노가타리(保元物語)』

덴노(天皇) 측 승리		죠코(上皇) 측 패배
고시라카와 덴노(後白河天皇)	아우↔형	스토쿠 죠코(崇德上皇)
후지와라노 타다미치(藤原忠通)	형↔아우	후지와라노 요리나가(藤原頼長)
미나모토노 요시토모(源義朝)	동생↔형 아버지	미나모토노 타메토모(源為朝) 미나모토노 타메요시(源為義)
다이라노 기요모리(平清盛) 다이라노 시게모리(平重盛)	조카↔숙부	다이라노 타다마사(平忠正)

○ 헤이지노 란(平治の乱, 1159) → 『헤이지모노가타리(平治物語)』

다이라 측 승리		미나모토 측 패배
니조 덴노(二条天皇)	↔	고시라카와 죠코(後白河上皇)
다이라노 기요모리(平清盛)	↔	미나모토노 요시토모(源義朝)

* 미나모토노 요시토모와 장남, 차남은 전사하고, 3남 요리토모(頼朝)는 유배당하고 4남 요시쓰네(義経)는 기요모리의 양자가 된다. 기요모리는 니죠 덴노를 폐하고 다카쿠라 덴노(高倉天皇)를 앉힌다. 그 후 딸을 중궁으로 들여보내 아들을 낳게 하고 3살 된 손자를 덴노로 앉혀 스스로 태정대신이 된다. 안토쿠 덴노(安德天皇) 때이다.

　　그 후 다이라 씨의 횡포가 전국에 걸쳐 극에 달하게 된다. 막대한 장원을 차지하고, 무역으로 엄청난 부를 쌓고 반대 세력을 무차별 제거했다. 그로 인해 반헤이지 움직임이 일어나고 쿠데타가 발발하기에 이른다.

○ 1180년 마나모토노 요리토모를 중심으로 한 반헤이지 세력은 다이라 가문과의 5년간의 싸움에서 승리하여 다이라 가문을 멸족하고 정권을 거머쥐게 된다.
　　→ 『헤이케모노가타리(平家物語)』

● 『호겐모노가타리(保元物語)』

가마쿠라 시대인 13세기 전반 무렵에 성립한 군기 모노가타리로
전 3권으로 구성되어 있으며 작자는 미상이다. 전란의 패자인 스토쿠
인(崇德院)과 후지와라노 요리나가(藤原賴長), 그리고 미나모토노 다
메토모(源爲朝)의 영웅담을 중심으로, 왕조 귀족 시대의 종말을 고하
는 '호겐노 란(1156)'의 전말을 연대기적으로 그리고 있다. 『헤이지모
노가타리(平治物語)』와 함께 일찍부터 비파 법사에 의해 구전되어 많
은 이본이 존재했다.

● 『헤이지모노가타리(平治物語)』

13세기 전반에 성립한 작자 미상의 군기 모노가타리로 '헤이지노
란(1159)'의 전말을 연대기적으로 기술하고 있다. 『호겐모노가타리』와
마찬가지로 전 3권으로 구성되어 있으며 상권에는 '헤이지노 란'의 발
단, 중권에는 합전의 전개, 하권에는 난의 결말이 그려지고 있다. 아쿠
겐타 요시히라(惡源太義平)와 다이라노 시게모리(平重盛) 두 사람을 이
야기의 중심에 놓고 전개해 나간 군기 모노가타리 작품이며, 약동하는
무사의 모습이 역동적인 화한혼효문(和漢混淆文)으로 그려지고 있다.

● 『헤이케모노가타리(平家物語)』

13세기 초에 성립한 작자 미상의 군기모노가타리이다. 무사 계급
으로서 최초로 권력을 장악한 헤이케(平家) 일족의 대두에서 몰락까

지를 그린 작품이다. 번영하는 자는 반드시 멸망한다는 불교 사상에 따라 인간의 덧없음과 인생의 무상함을 묘사하고 있다. 비파 반주에 의한 헤이쿄쿠(平曲)로 널리 보급되었다.

　* 헤이쿄쿠:『헤이케모노가타리』에 가락을 붙여서 비파(琵琶)로 반주하며 이야기하는 것을 말한다. 비파 법사가 이야기를 전하는 사이에『헤이케모노가타리』에 많은 내용이 가미된 것으로 추측된다.

　* 비파 법사:『헤이케모노가타리』는 비파 법사의 헤이쿄쿠에 의해 널리 알려졌다. 비파 법사는 맹인 승려 모습을 한 예능인으로, 교토를 거점으로 각지를 돌며 비파를 연주하면서 신사와 절의 기원이나 역사 이야기를 전했다. 그들에게 있어서 애조를 띤 리듬으로 시작하는 많은 합전 장면과 비극을 포함한『헤이케모노가타리』는 가장 적합한 이야깃거리였다.

　○ 祇園精舎の鐘の声、諸行無常の響きあり。沙羅双樹の花の色、盛者必衰の理をあらはす。おごれる人も久しからず、ただ春の夜の夢のごとし。たけき者も遂にはほろびぬ。ひとへに風の前の塵に同じ。遠く異朝をとぶらへば、秦の趙高、漢の王莽、梁の周伊、唐の禄山、是等は皆旧主先皇の政にもしたがはず、楽しみをきはめ、諫をも思ひいれず、天下の乱れむ事をさとらずして、民間の愁ふる所

を知らざりしかば、久しからずして、亡じにし者どもなり。近く本
朝をうかがふに、承平の将門、天慶の純友、康和の義親、平治の信
頼、此等はおごれる心もたけき事も、皆とりどりにこそありしかど
も、まぢかくは六波羅の入道前太政大臣平朝臣清盛公と申しし人の
有り様、伝へ承るこそ、心も詞も及ばれね。(卷一)

⇒ 석가가 설법했다고 하는 기온 정사의 종소리는 제행무상의 울
림을 담고 있다. 석가 입멸 때 백색으로 변했다고 하는 사라쌍수의
꽃 색깔은 성자도 반드시 쇠한다는 도리를 나타내고 있다. 교만한 사
람도 영원하지는 못하며 단지 춘몽처럼 덧없는 것이다. 용맹한 자도
결국은 멸망한다. 그야말로 바람 앞의 티끌과 마찬가지다. 멀리 외국
에서 유례를 찾아보면 신의 초고, 한의 왕망, 양의 주이, 당의 안녹산,
이들은 모두 자신이 받들고 있던 본디 군주나 황제의 정치에도 복종
하지 않고 한없는 영화와 향락을 누리며, 인간의 간언도 마음에 두지
않고 천하가 문란해지는 것도 깨닫지 못하고 민중의 근심과 고통에
도 무심했기 때문에 그 영화도 오래 지속되지 못하고 멸해 버린 자들
이다. 가까이 일본의 경우를 살펴보면 조헤이의 다이라노 마사카도,
덴교의 후지와라노 스미토모, 헤이지의 후지와라노 노부요리, 이들은
오만불손한 마음도 무용에 날뛰는 행위도 모두 제각각이었지만 최근
에는 로쿠하라의 뉴도인 전 태정대신 다이라노 기요모리공이라고 하
는 사람의 모습은 전해 들으면 상상도 할 수 없고 말로도 표현할 수
없을 정도이다(1권).

○ 橋合戦
橋の両方のつめにうッ立ッて、矢合す。宮御方には、大矢の俊長、

五智円の但馬、渡辺の省、授、続の源
太が射ける矢ぞ、鎧もかけず、楯もた
まらず通りける。源三位入道は、長絹
の鎧直垂に、科皮縅の鎧なり。其日を
最期とや思はれけん、わざと甲は着給
はず。嫡子伊豆守仲綱は、赤地の錦の
直垂に、黒糸縅の鎧なり。弓を強う引
かんとて、これも甲は着ざりけり。ここに五智円の但馬、大長刀の鞘
をはづいて、ただ一騎橋の上にぞ進んだる。平家の方にはこれを見
て、「あれ射とれや者ども」とて、究竟の弓の上手どもが、矢さきをそ
ろへて、差しつめ引きつめ、さんざんに射る。但馬すこしもさわが
ず、上がる矢をばついくぐり、下がる矢をばをどり越え、向かってく
るをば、長刀で切ッて落とす。敵も味方も見物す。それよりしてこそ
矢切の但馬とは言はれけれ。(巻四)

　⇒ 다리 합전

　다리 양쪽의 가장자리에 우뚝 서서 화살을 쏘아 올려 개전을 알린
다. 다카쿠라궁 쪽(宮御方)에서는 오야노 슌초, 고치엔노 다지마, 와
타나베노 하부쿠, 사즈쿠, 쓰즈쿠노 겐타가 쏜 화살이 갑옷에도 멈추
지 않고 방패에도 막히지 않고 관통했다. 겐삼위 뉴도 요리마사는 긴
비단의 전투복(長絹の鎧直垂ひたたれ) 위에 가죽으로 미늘을 얽어맨
(科皮縅しながわおどし) 갑옷을 입고 있었다. 그날을 마지막이라 생각한
것인가, 일부러 투구를 쓰지 않으신다. 적자 이즈노 가미인 나카쓰나

는 붉은 바탕의 비단 전투복에 검은 실로 미늘을 얽어맨(黑糸縅くろいとおどし) 갑옷이다. 활을 강하게 당기려고 나카쓰나도 투구를 쓰지 않았다. 여기에 고치엔의 다지마, 장검의 칼집을 풀어놓고 단지 혼자 다리 위로 말을 달렸다. 헤이케 쪽에서는 이것을 보고 "저것을 쏴서 잡아라, 병사여"라고 말하자 뛰어난 활의 명수들이 활 끝을 모아 활에 시위를 메겨서는 쏘고 메겨서는 쏘고, 간격을 두지 않고 잇달아서 쏜다. 다지마는 조금도 동요치 않고 위로 날아오는 화살을 날래게 몸을 굽혀 피하고 아래로 날아오는 화살을 뛰어넘고 마주 향해 오는 화살을 장검으로 쳐서 떨어뜨렸다. 적도 아군도 보고 있다. 이후 그는 '화살치기 다지마'라고 불린 것이었다.

◉ 해설: 은밀히 진행되고 있던 모반의 계획이 발각되어 기요모리는 모치히토오(以仁王)를 잡으려고 하지만 이것을 눈치 챈 모치히토오는 미이데라(三井寺)로 도주하고 요리마사(賴政)도 얼마간의 병사를 이끌고 미이데라로 들어왔다. 엔랴쿠지(延曆寺)와 고후쿠지(興福寺)에 가세를 의뢰하지만 엔랴쿠지는 거부한다. 그런 이유로 남도의 세력과 합류하려고 하여 요리마사 측과 미이데라의 승병 일행이 우지(宇治)를 빠져나와 나라로 향한다. 이것을 안 헤이케의 토벌군이 우지에서 뒤쫓아와 전투가 시작된 것이다. 기록에 보이는 전투의 규모와 비교하면 『헤이케모노가타리』는 상당히 과장되어 있지만 이 전투가 『헤이케모노가타리』에서의 첫 번째 합전 장면이며, 이 사건이 모노가타리의 전개에 있어서 중요한 의미를 갖는 사실로부터 과장된 허구화가 이루어진 것이며 거기에 모노가타리로서의 묘미가 발견된다.

○ 海道下り

　さる程に、本三位中将をば、鎌倉の前兵衛佐頼朝、頼りに申されければ、「さらば下さるべし」とて、土肥次郎実平が手より、まづ九郎御曹司の宿所へわたし奉る。同三月十日、梶原平三景時に具せられて、鎌倉へこそ下られけれ。西国より生取にせられて都へ帰るだに口惜しきに、いつしか又関の東へおもむかれけん心のうち、おしはかられて哀れなり。

　四宮河原になりぬれば、ここはむかし延喜第四の王子蝉丸の、関の嵐に心をすまし、琵琶をひき給ひしに、博雅の三位と云ッし人、風の吹く日も吹かぬ日も、雨のふる夜もふらぬ夜も、三年が間あゆみをはこび立ち聞きて、彼三曲を伝へけむ、藁屋の床のいにしへも、思ひやられて哀れなり。相坂山をうち越えて、勢田の唐橋駒もとどろにふみならし、雲雀あがれる野路の里、志賀の浦浪春かけて、霞にくもる鏡山、比良の高根を北にして、伊吹の嵩も近づきぬ。心をとむとしなけれども、荒れてなかなかやさしきは、不破の関屋の板庇、いかに鳴海の塩干潟、涙に袖はしをれつつ、彼在原のなにがしの、唐衣着つつなれにしとながめけん、三河国八橋にもなりぬれば、蜘蛛手に物をと哀れなり。浜名の橋を渡り給へば、松の梢に風さへて、入江にさわぐ浪の音、さらでも旅はもの憂きに、心を尽くす夕まぐれ、池田の宿にも着き給ひぬ。(巻十)

　⇒ 가이도(海道)로의 하향

　그러는 사이에 혼삼위중장 시게히라를 가마쿠라의 전 효에노 스케 요리토모가 계속해서 건네주기를 바라므로 "그렇다면 가마쿠라에 내려보내야 한다"고 말하며 도히노 지로 사네히라의 손에서 우선 구로 온조시(요시쓰네)의 숙소로 옮겨 드린다. 동년 3월 10일 가지하라 헤이조 가게토키에게 동반되어 가마쿠라로 향했다. 사이고쿠에서 포로 가 되어 도성으로 돌아오는 것조차 분한데 틈도 없이 또다시 오우사 카 관의 동쪽으로 향하게 된 그 심중이 헤아릴 만하여 애처롭다.

시노미야 가와라(四宮河原)에 이르자 이곳은 옛날 다이고 덴노의 네 번째 황자인 세미마루가, 관(関)의 폭풍에 귀를 기울여 전심으로 비파를 치시니 하쿠가노 삼위라는 자가 바람 부는 날도 불지 않는 날 도, 비 오는 밤도 오지 않는 밤도 3년간 와서 서서 듣고 그 비파의 비 곡인 세 곡을 받아 전했다 하는데, 그 초가집 마루의 옛 모습이 연상 되어 감개에 젖는다. 오우사카산(相坂山)을 넘어 세타의 가라하시(勢 田の唐橋)를 말발굽 소리도 드높게 밟아 울리며, 종다리가 하늘 높이 지저귀는 들길의 시골을 지나간다. 시가(志賀)의 해변에서는 파도가 봄을 기다렸다 받아서 모았다가는 돌려보내고, 가가미산(鏡山)의 주 변은 봄 안개에 흐려 있다. 히라(比良)의 고령을 북으로 바라보며 나 아가는 사이에 이부키산(伊吹山)도 가까워졌다. 마음을 멈춘다는 것 은 아니지만 황폐하여 오히려 정취가 깊은 것은 후와의 관소(不破の 関屋)의 널빤지 행랑이다. 이 내 몸은 어떻게 될 것인가 생각하면서 나루미(鳴海)의 갯벌을 지나, 눈물로 소매를 적시면서 가는 사이에 그 아리와라(在原) 아무개가 "가라고로모 입고서 친숙해진"이라고 읊으 며 바라보았을 미카와노 구니(三河国)의 야쓰하시(八橋)에 이르자 노 래에도 있는 것처럼 구모데(蜘蛛手, 거미손)같이 이것저것 생각하게 하는 것이 슬프다. 하마나(浜名)의 다리를 건너자 소나무 가지 끝에 찬바람 울리고 후미진 해안에 들어왔다가 돌아가는 파도 소리. 단순 한 여행이라 해도 슬픈데 온갖 생각에 마음을 어지럽히는 저녁녘, 이 케다(池田)의 숙소에 도착하셨다.

◉ 해설: 이치노 다니(一谷)의 합전에서 생포된 다이라노 시게히라 (平重衡)는 가마쿠라로 호송되어 가게 된다. 본 장은 그 도카이도(東海道) 하향의 여로에 대해 이야기하는 도행문(道行文)이다. 도행문이란 여행의 과정에서 지나는 지명을 마쿠라고토바(枕詞)와 가케고토바 (掛詞), 엔고(縁語) 등의 수사법에 따라 연결하여 서정적으로 표현하는 시적 문체를 말한다. 본 장의 도행문은 무로마치 시대의 『다이헤이키(太平記)』 2권 "도시모토아손 재차 관동 하향에 대한 일(俊基朝臣 再び関東下向の事)"과 견줄 만한 도행문의 최고 걸작으로 평가된다. 전쟁에 패해 죽음으로 향하여 길을 가는 헤이케 귀공자의 슬픔과 우수를 그리고 있다.

◆ 『헤이케모노가타리』 줄거리

번영하는 자는 언젠가는 반드시 쇠망한다고 하는 성자필쇠(盛者必衰)의 불교 사상을 배경으로 헤이케 일족의 융성과 멸망의 과정을 기술하고 있다. 모노가타리는 주인공인 기요모리의 죽음을 경계로 전, 후반으로 구분된다. 전반은 기요모리를 중심으로 헤이케의 대두와 영화를 그리고 있다. 지방 출신인 다이라노 다다모리(平忠盛)는 귀족 계급의 멸시를 견뎌 내어 그 재능과 재력에 의해 귀족 계급의 무리에 들어간다. 더욱이 아들 기요모리(淸盛)는 태정대신(太政大臣)이 되고 헤이케 일족은 출세하여 일본의 절반을 영지로 취한다. 심지어 '헤이케가 아니면 인간이 아니다'라는 망발을 일삼기에 이른다. 헤이케에 대한 반감은 증오를 불러일으키고 헤이케의 멸절을 도모하려는 계획이 세워진다.

헤이케를 타도한 것은 겐지(源氏) 일족인 기소 요시나카(木曽義仲)

와 미나모토노 요리토모(頼朝)이다. 패퇴하는 헤이케의 남녀, 그리고 승자인 겐지 요시나카(義仲)와 요시쓰네(義経)도 덧없이 슬픈 운명을 맞이한다.

◆ 문체: 화한혼효문(和漢混淆文)

『헤이케모노가타리』는 장면에 따라 기교적인 변화를 보이고 있는데, 합전 장면에서는 간결하고 힘찬 리듬의 문체를, 서정적인 장면에서는 유려한 7 5 조의 일본 고유의 문체로 와카를 배치하여 왕조적인 분위기를 불러일으키고 있다. 회화문에서는 무사의 말이나 방언, 속어 등 당시의 구어를 있는 그대로 가미하여 장면의 묘미를 살리고 있다. 대구표현이나 의성어·의태어가 다용되고 있으며 헤이안 시대와는 다른 어법이 여러 군데에서 확인된다.

● 『다이헤이키(太平記)』

남북조 시대인 1368년에서 1379년 무렵에 성립한 군기 모노가타리로, 작자로는 고지마 법사(小島法師) 설이 가장 유력하며 전 40권으로 구성되어 있다. 고다이고 덴노(後醍醐天皇)의 즉위 이후 호조 다카토키(北条高時) 토벌 계획에서 겐무노 츄코(建武の中興) 등 50년에 걸친 남조와 북조의 대립을 그리고 있다. 역사의 변천을 화한혼효문의 웅장한 스케일로 그리고 있으며 정치에 대한 비판이 섬세하게 표현되고 있다.

◆ 위의 작품들 외에, 다이라노 마사카도(平将門)의 반란, 즉 '덴교노 란(天慶の乱)'의 전말을 그린 헤이안 시대 940년 무렵 성립의 『쇼

몬키(将門記)』와, 미나모토노 요시쓰네(源義経)의 생애를 중심으로 그
린 무로마치 초기 성립의『기케이키(義経記)』, 소가(曽我) 형제의 성
장에서 복수에 이르는 과정을 그린『소가모노가타리(曽我物語)』등이
있다.

　군기 모노가타리의 인물들은 국민적 영웅상으로 정착하여, 민간
전설이나 연극, 소설 속에서 활약하는 경우가 많아 일본인에게 친숙
한 대상이 되어 왔다.

4. 인쟈(隱者)의 문학

● 『**호죠키**(方丈記)』

　가마쿠라 시대 초기인 1212년 가모노 쵸메이(鴨長明)에 의해 성립한 수필 문학으로, 헤이안 시대의 『마쿠라노소시』와 가마쿠라 말기의 『쓰레즈레구사(徒然草)』와 함께 고전을 대표하는 3대 수필 중 하나이며 뛰어난 자조(自照) 문학으로 평가받는다.

　◆ 내용, 구성

　서장에서는 인간 세상의 무상함을 강의 흐름에 비유하여 영탄적인 리듬으로 전개시켜 나간다. 제2장에는 자신이 경험한 대화재・회오리바람・기근・대지진 등 천재지변과 사회적 변화가 극명하게 그려지고 있으며, 특히 후쿠하라(福原) 천도 부분에서는 상세한 견문록의 양상을 띠고 있다. 제3장은 2장의 외적인 시각에서 작자의 신변으로 화제가 이동한다. 자신이 살던 주거의 변천 과정을 기술한 후, 현재의 주거 즉 암자의 모습을 작은 도구에 이르기까지 세세히 언급하며 그 한적한 초암생활의 쾌적함과 가치를 탐미하고 있다. 그러나 종장에서는 일변하여 그 방장의 생활에조차 의문을 품는 자신을 발견하고 그 모순감에 대하여 자문자답하지만 "마음은 한마디도 대답하지 않는다"고 말하며 침묵한다. 작자는 자신의 내면적 모순을 드러내고 나약함을 추궁한다. 염세적 색채가 짙다.

○ 序章
ゆく河の流れは絶えずして、しかももとの水にあらず。よどみに浮ぶうたかたは、かつ消え、かつ結びて、久しくとどまりたるためしなし。世の中にある人と栖と、またかくのごとし。たましきの都のうちに棟を並べ、甍を争へる高き賎しき人の住ひは、世々を経て尽きせぬものなれど、これをまことかと尋ぬれば、昔ありし家は稀なり。或は去年焼けて、今年作れり。或は大家ほろびて小家となる。住む人もこれに同じ。所も変らず、人も多かれど、いにしへ見し人は、二三十人が中にわづかにひとりふたりなり。朝に死に夕に生るるならひ、ただ水の泡にぞ似たりける。

　知らず、生れ死ぬる人いづかたより来たりて、いづかたへか去る。また知らず、仮の宿り、誰がためにか心を悩まし、何によりてか目を喜ばしむる。その主と栖と無常を争ふさま、いはばあさがほの露に異ならず。或は露落ちて、花残れり。残るといへども、朝日に枯れぬ。或は花しぼみて、露なほ消えず。消えずといへども、夕を待つ事なし。
　⇒ 서장
　흘러가는 강의 흐름은 그치는 일이 없고 더욱이 이전에 흐르던 물이 아니다. 고인 물에 떠 있는 거품은 한쪽에서는 사라지고 한쪽에서는 새롭게 생겨 오랫동안 그대로 있는 경우가 없다. 세상 안에 있는 사람과 주거도 또한 이와 마찬가지다. 화려한 도성 안에 용마루를 견주며 기와지붕을 겨루는 귀하고 천한 사람의 주거는 시대를 지나도 없어지지 않을 것 같지만 실제로 그런지 들어 보면 옛날에 있던 집은 드물다. 어떤 집은 작년에 불타서 올해 지은 것이다. 혹은 큰 집이 몰락하여 작은 집이 된 경우도 있다. 사는 사람도 이와 마찬가지다. 장소도 변함이 없고 사람도 많지만 옛날에 보았던 사람은 이삼십 명 중 한두 명에 불과하다. 아침에 죽는 사람이 있는가 하면 저녁에 태어나는 사람이 있다는 세상의 법칙은 그야말로 물거품과 닮았다.

모르겠다. 태어나고 죽는 사람이 어디로부터 와서 어디로 사라져 가는지. 또한 모르겠다. 임시 거처인 이 세상에서 누구를 위해 마음을 어지럽히고 무슨 연유로 호사스러운 생활에 신경을 빼앗기는지. 그 주인과 주거가 쓸데없는 것을 두고 다투는 모습은, 말하자면 박꽃의 이슬과 다를 바 없다. 어떤 경우에는 이슬이 떨어지고 꽃이 남는다. 남는다고 하더라도 아침 햇살에 시든다. 혹은 꽃이 시들어도 이슬은 아직 사라지지 않고 남아 있다.

사라지지 않고 남아 있다고 해도 저녁을 맞이하는 일은 없다.

○ 安元の大火

予ものの心を知れりしより、四十あまりの春秋を送れるあひだに、世の不思議を見る事ややたびたびになりぬ。去安元三年四月廿八日かとよ、風烈しく吹きて、静かならざりし夜、戌の時ばかり、都の東南より火出で来て、西北に至る。はてには朱雀門大極殿大学

寮民部省などまで移りて、一夜のうちに塵灰となりにき。火元は樋口富の小路とかや。舞人を宿せる仮屋より出で来たりけるとなん。

　吹きまよふ風に、とかく移りゆくほどに、扇をひろげたるがごとく末広になりぬ。遠き家は煙にむせび、近きあたりはひたすら焔を、地に吹きつけたり。空には灰を吹き立てたれば、火の光に映じて、あまねく紅なる中に、風に堪へず、吹き切られたる焔飛ぶがごとくして、一二町を超えつつ移りゆく。その中の人現し心あらむや。或は煙にむせびて倒れ伏し、或は焔にまぐれてたちまちに死ぬ。或は身ひとつからうじてのがるるも、資材を取り出づるに及ばず。七珍万宝さながら灰燼となりにき。その費いくそばくぞ。そのたび、公卿の家十六焼けたり。ましてその外数へ知るに及ばず。惣て都のうち三分が一に及べりとぞ。男女死ぬるもの数十人、馬牛のたぐひ辺際を知らず。

　人のいとなみ皆愚かなるなかに、さしも危ふき京中の家を作るとて、宝を費し、心を悩ます事は、すぐれてあぢきなくぞ侍る。

　(현대어 역) 私が少年となって物事がわかりはじめてから四十年あまりの月日がたつうちに、世の中というものは、こんな事も起きるものなのか、と思うような、予想もしない事にぶつかることが重なった。あれは安元三年の四月二十八日だった、ということにしておこう。風が強くて、すごい晩だった。八時ごろ、平安京の東南から火事になって、西北へ焼けていった。しまいには朱雀門・大極殿・大学寮・民部省などにまで火がついて、一晩で、灰になってしまった。火元は樋口冨の小路だとか聞いた。舞を舞う人を泊めた仮屋から失火したのだという。

　風の向きが変わるものだから、燃え移るうちに、扇をひろげたように広がった。遠くの家では煙にむせ、近くは吹きつける風に炎が

地を這って、どうしようもなかった。そう風が空に灰神楽を上げる
と、火の粉が赤く光って、夜空を染める中を、焼け落ちる家の板き
れだろう、風に吹きちぎられて、火がついたままの物が、一町も二
町も空を飛んでは、また、燃え移る。そういう中にいる人が、普通
の気持で、気をたしかに持っていられようか。ある者は煙にむせて
倒れてしまい、ある者は炎に目がくらんで、そのまま死んでしま
う。命からがら逃げた者も、家財道具を持ち出す余裕はない。金銀
珠玉の宝物も、そっくり灰にしてしまった。その被害はどんなに大
きなものか、おそらく、はかりしれまい。公卿の家だけでも、その
ときは、十六軒も焼けた。まして、そのほかの小さな家は数えきれ
はしない。全体で、平安京の三分の一に達する焼失家屋だという。
男女数十人の焼死者。馬や牛などにいたっては、どうしたか、わか
らない。

　人間のやることは、考えてみればみんな愚かなことだが、こんな
あぶない、京の街なかに家を建てるといって、財産を使い、神経を
すりへらすとは、愚かなうちでもとくに愚かな、つまらない話だと
申したい。

　⇒ 안겐의 화재

　내가 소년이 되어 세상 물정을 알기 시작하면서부터 40년 남짓 세
월이 지나는 동안, 세상에는 이런 일도 일어나는 것인가 라고 생각할
만한, 예상치도 못한 사건을 만나는 일이 거듭되었다. 지난 안겐(安
元) 3년 4월 28일이었다고 해두자. 바람이 강하여 굉장한 밤이었다. 8
시경, 헤이안쿄(平安京)의 동남쪽에서 화재가 일어나 서북쪽으로 번
져 갔다. 마침내 스자쿠몬(朱雀門)·다이고쿠덴(大極殿)·다이가쿠료

(大学寮)・민부쇼(民部省) 등에까지 불이 붙어 하룻밤에 재가 되어 버렸다. 불이 시작된 곳은 히구치 도미노 고지(樋口冨の小路)라고 들었다. 춤을 추는 사람을 묵게 한 가옥에서 불이 났다고 한다.

바람의 방향이 변하기 때문에, 옮겨 붙으며 접이식 부채를 편 것처럼 번져 갔다. 멀리 떨어진 집에서는 연기에 숨이 막히고, 근방은 몰아치는 바람에 불길이 땅을 기어 어찌할 도리가 없었다. 그렇게 바람이 하늘로 재가 춤추듯이 피어오르자, 불티가 빨갛게 빛나 밤하늘을 물들이는 사이, 불타서 무너져 내린 집의 판자 조각 같은 것이 바람에 날려 찢겨 불이 붙은 채로 한두 블록이나 하늘을 날아서는 또 옮겨 붙는다. 그런 상황 속에 있는 사람이 평상심으로 정신을 멀쩡하게 갖고 있을 수 있을까. 어떤 자는 연기에 숨이 막혀 쓰러져 버리고, 어떤 자는 불길에 눈이 안 보이게 되어 그대로 죽고 만다. 겨우 목숨만 부지한 사람도 살림 도구를 갖고 나올 여유는 없다. 금은보화도 온통 재가 되어 버렸다. 그 피해가 얼마나 큰지 아마도 계측할 수 없을 것이다. 고위 관직의 집만 그때 16채나 불탔다. 하물며 그 외의 작은 집은 다 셀 수조차 없다. 전체적으로 헤이안쿄(平安京)의 삼분의 일에 달하는 가옥이 소실되었다고 한다. 남녀 수십 명의 소사자(燒死者). 말이나 소 등에 이르러서는 어땠는지조차 알 수 없다.

인간이 하는 일은 생각해 보면 모두 어리석은 일이지만, 이렇게 위험한 교토의 마을 안에 집을 짓는다고 재물을 낭비하고 신경을 소모시키는 것은 어리석은 중에서도 특히 어리석은, 쓸데없는 일이라고 말씀드리고 싶다.

○ 方丈の様子

今日野山の奥に跡を隠して後、東に三尺余りの庇をさして、柴折りくぶるよすがとす。南竹の簀子を敷き、その西に閼伽棚をつくり、北によせて障子をへだてて阿弥陀の絵像を安置し、そばに普賢をかき、前に法花経を置けり。東のきはに蕨のほどろを敷きて、夜の床とす。西南に竹の吊棚を構へて、黒き皮籠三合を置けり。すなはち和哥管絃往生要集ごときの抄物を入れたり。かたはらに琴琵琶おのおの一張を立つ。いはゆる折琴継琵琶これなり。仮の庵のありやうかくのごとし。

その所のさまをいはば、南に懸樋あり、岩を立てて水をためたり。林の木近ければ、爪木をひろふに乏しからず。名を音羽山といふ。まさきのかづら跡埋めり。谷しげけれど西晴れたり。観念のたよりなきにしもあらず。

(현대어　역) この日野山の奥に隠棲してから、方丈の東に三尺ばかりの庇をつけて、土間を造り、そこにかまどを置き、柴を折りくべて火を起こすとき、雨にぬれないですむようにした。南には竹の簀子を敷き、その簀子の西の隅に閼伽棚を作った。方丈内の西北の隅は、衝立で仕切って、仏間とし、阿弥陀の絵像と普賢菩薩の像とを掛け、前の経机には法華経を置いた。東の半分は、蕨のほどろを敷きつめて、夜、寝る場所にした。西南隅には、竹のつり棚を作って黒い皮籠を三箱置いた。和歌の本や、管絃の本や、「往生要集」のような抄物が入れてある。そのそばに琴一つと、琵琶が一つ、立ててある。いわゆる折り琴、継ぎ琵琶－組立て式の琴であり琵琶である。仮の庵の有様は、だいたい、こんなふうだ。

その方丈の周囲を説明すると、南には、岩間の水を引いてくる懸樋があって、石槽に貯水される。林が近いから、薪にする小枝を拾うのに不自由はしない。名を音羽山という。「古今集」にいう「まさきのかづら」が、生い茂っている。谷はあちこちにあるが、西の方は山がなく見晴らしがきく。西方浄土に往生しようという気持を起こさせる端緒とならないものでもない。

⇒ 방장의 모습

이 히노야마(日野山) 깊은 곳에 은둔하고 나서, 방장의 동편에 3척 정도의 차양을 붙이고 땅을 골라, 그곳에 부뚜막을 놓아 잡목을 꺾어 불을 지필 때 비에 젖지 않도록 했다. 남쪽으로는 대나무로 툇마루를 깔고, 그 툇마루의 서쪽 구석에는 알가(閼伽) 선반을 만들었다. 방장 내의 서북쪽 구석은 칸막이를 세워 구분하여 불간으로 하고 아미타의 그림과 보현보살상을 걸고, 앞의 경상에는 법화경을 놓았다. 방의 동쪽 절반은 고사리를 널어놓고 밤에는 자는 장소로 삼았다. 서남쪽 구석에는 대나무로 벽걸이 선반을 만들어 검은 가죽을 씌운 바구니를 놓았다. 와카에 대한 책과 관현에 관한 책,『왕생요집』과 같은 불전의 주석서가 들어 있다. 그 옆에 금(琴) 하나와 비파가 하나 세워져 있다. 이른바 접이식 금과 조립식 비파다. 임시 암자의 모습은 대체로 이러하다.

그 방장의 주위를 설명하면 남쪽에는 바위 사이의 물을 끌어오는 홈통이 있어 석조에 저수된다. 숲이 가까워서 땔감으로 할 잔가지를 줍는 데 불편을 겪지 않는다. 이름을 오토와야마(音羽山)라고 한다. 「고킨슈(古今集)」에서 이야기하는 '사철나무인 덩굴'이 무성하다. 계곡은 여기저기에 있지만 서쪽은 산이 없어 전망이 좋다. 서방정토에

왕생하려고 하는 기분을 일으키는 단서가 되지 않는 것도 아니다.

○ 終章

そもそも一期の月影かたぶきて、余算の山の端に近し。たちまち
に三途の闇に向はんとす。何のわざをかかこたむとする。仏の教へ
給ふおもむきは、事にふれて執心なかれとなり。今、草庵を愛する
も、閑寂に著するも、さばかりなるべし。いかが要なき楽しみを述
べて、あたら時を過さむ。静かなる暁、このことわりを思ひつづけ
て、みづから心に問ひていはく、世を遁れて山林に交るは、心をを
さめて道を行はむとなり、しかるを汝、すがたは聖人にて、心は濁
りに染めり、栖はすなはち浄名居士の跡をけがせりといへども、た
もつところはわづかに周利槃特が行にだに及ばず、もしこれ貧賤の
報のみづから悩ますか、はたまた妄心のいたりて狂せるか。そのと
き心さらに答ふる事なし。ただかたはらに舌根をやとひて、不請阿
弥陀仏三遍申してやみぬ。時に建暦の二年、弥生のつごもりごろ、
桑門の蓮胤、外山の庵にしてこれをしるす。

⇒ 종장

생각해 보면 나의 일생도 달이 기울어 산등성이로 들어가려고 하
는 것과 같다. 머지않아 사람이 죽어서 저세상으로 가는 도중에 걷는
다는 '삼도의 어둠(三途の闇)'으로 향하려고 하고 있다. 이제 와서 이
도저도 아니라고 푸념을 늘어놓는다고 하여 무슨 소용이 있을까. 부
처의 가르침에 따르면 어떤 경우에도 집착은 금물인 것이다. 지금 이
초암의 한적함에 애착을 품고 있지만 애착을 갖고 있다 한들 그저 그
뿐인 것이다. 더 이상 필요 없는 즐거움을 말하여 귀중한 시간을 헛

되이 보내지 않겠다. 조용한 새벽녘 이 도리를 깊이 생각하여 스스로 자신의 마음에 물어보았다. ─속세를 떠나 산중에 들어온 것은 불도 수행을 위함이 아니었는가. 그럴 의도였는데 쵸메이(長明)여, 너는 차림만큼은 청정한데 마음은 세속의 번뇌에 물들어 있다. 은둔처인 초암은 유마(維摩)의 방장을 모방하고 있으면서 지닌 정신의 높이는 주리반특(周利槃特)의 수행에조차 미치지 못한다. 빈천에 대한 앙갚음으로 마음이 병이라도 든 것인가, 아니면 망신이 찾아와 자신을 혼란하게 하는 것인가, 하고.─ 그러나 그에 대해 마음은 한마디도 대답하지 않는다. 말할 수 없는 것이다. 단지 설근을 데리고 와서, 왕림을 바랄 수 없는 아미타불의 이름을 두세 번 외운 것 외에는 아무런 대답도 나오지 않았다. 겐랴쿠(建曆) 2년 3월 그믐 무렵, 사문연윤(沙門蓮胤), 히노의 도야마(日野の外山)의 암자에서 기록한다.

◆ 작자: 가모노 쵸메이(1155~1216)

　가모노 쵸메이는 교토 시모가모 신사(下鴨神社)의 신관 중 두 번째 서열인 네기(禰宜) 신분인 부친 가모노 나가쓰구(鴨長継)의 차남으로 태어났다. 그는 헤이안 시대의 말기에서 가마쿠라 시대 초기의 천재지변과 정치권력에 큰 변화가 있던 시기를 만나 불행감 속에서 생애를 마친 인물이다. 9세에 아버지를 여의고 신직(神職) 승계의 희망을 잃어 이후에는 와카, 관현에 심취하여 일반 가인으로서 활약한다. 그가 지은 와카는 『센자이슈(千載集)』에 1수, 『신고킨와카슈』에 10수가 수록되어 있다. 50여 세에 출가하여 오하라(大原)에서의 은둔 생활을 거쳐 히노야마(日野山)로 옮겨 방장의 암자를 지어 『호조키』, 『무묘쇼(無名抄)』, 『홋신슈(発心集)』를 엮었다.

● 『쓰레즈레구사(徒然草)』

　작자는 요시다 겐코(吉田兼好)로, 1331년경 지금의 형태로 정리되었을 것으로 파악된다. 자연이나 사회에서 경험한 일을 중심으로 인물의 일화와 기담(奇談) 등을 섞어 가며 감상이나 의견을 서술한 수필이다. 불교와 고대 중국의 사상에 일본 고전의 교양을 더하여, 다양하고 자유로운 문체를 구사하고 있다. 『마쿠라노소시』, 『호죠키』와 함께 3대 수필로 불린다.

　◆ 내용, 구성

　전 243단의 내용은 교훈, 고사, 설화, 와카, 정치 사회, 신앙 등 다기에 걸쳐 있으며, 인간 자체에 초점을 맞춘 단이 대부분을 차지한다. 137단의 "꽃은 전성기에, 달은 완전한 것만을 보는 것인가(花はさかり  に、月はくまなきをのみ見るものかは。)"에 보이는 미의식은 근세의 모토오리 노리나가(本居宣長)에 의해 "영리한 체하는 마음이며, 만들어진 풍류"라고 비난을 받았지만 중세적인 발상을 잘 표현한 것이라고 말할 수 있다.

　○ <序段> つれづれなるままに、日くらし、硯にむかひて、心にうつりゆくよしなし事を、そこはかとなく書きつくれば、あやしう

こそものぐるほしけれ。

⇒ <서장> 할 일 없어 무료한 상태로 온종일 벼루를 향하여 계속해서 마음에 떠올랐다가는 사라지는 시시한 일을 아무런 생각 없이 쓰고 있자니 묘하게 마음이 흥분되어 미칠 것 같은 기분이 드는 것이다.

○ これも仁和寺の法師 <53段>

是も仁和寺の法師、童の法師にならんとする名残とて、各あそぶ事ありけるに、酔ひて興に入るあまり、傍なる足鼎(あしがなへ)を取りて、頭にかづきたれば、つまるやうにするを、鼻をおし平めて顔をさし入れて、舞ひ出でたるに、満座興に入る事かぎりなし。

しばしかなでて後、抜かんとするに、大方抜かれず、酒宴ことさめて、いかがはせんと惑ひけり。とかくすれば、頚のまはりかけて血たり、ただ腫れに腫れみちて、息もつまりければ、打ちわらんとすれど、たやすくわれず、響きてたへがたかりければ、かなはで、すべきやうなくて、三足なる角の上に、帷子をうちかけて、手をひき杖をつかせて、京なる医師のがり、率て行きける道すがら、人のあやしみ見る事かぎりなし。医師のもとにさし入りて、向かひゐたりけんありさま、さこそ異様なりけめ。ものを言ふもくぐもり声に響きて聞えず。「かかることは文にも見えず、伝へたる教へもなし」と言へば、又仁和寺へ帰りて、親しき者、老いたる母など、枕上に寄りゐて泣き悲しめども、聞くらんとも覚えず。

かかるほどに、ある者の言ふやう、「たとひ耳鼻こそ切れ失すとも、命ばかりはなどか生きざらん。ただ力を立てて引きに引き給へ」

とて、藁のしべをまはりにさし入れて、かねを隔てて、頚もちぎる
ばかり引きたるに、耳鼻かけうげながら抜けにけり。からき命まう
けて、久しく病みゐたりけり。(第53段)

　⇒ 이것도 닌나지 법사

　이것도 닌나지의 법사 이야기다. 아이가 어엿한 승이 되려는 기념
이라 하여 모두 함께 연회를 마련했을 때, 술에 취해 흥에 겨운 나머
지 옆에 있던 세발솥을 취하여 머리에 뒤집어썼는데, 걸려서 들어가
지 않을 것 같으니까 코를 눌러서 납작하게 하여 얼굴을 끼워 넣고
춤을 추기 시작하자, 자리를 함께한 사람들이 모두 더할 나위 없이
즐거워했다.

　잠시 춤을 춘 후에 세발솥을 빼려고 하자 아무리 해도 빠지지 않는
다. 주연도 흥이 깨지고 어떻게 할까 난감해했다. 이것저것하고 있으
려니까 목 주위가 찢어져 피가 흐르고 그저 부어올라 숨도 막혀 왔기
때문에 솥을 깨보려고 하지만 좀처럼 깨지지 않고, 울려서 참기 힘들
어 깰 수도 없어 하는 수 없이 세발솥의 뿔 위에 얇은 천을 씌워 손을
잡고 지팡이를 짚게 하여 교토에 있는 의사에게 데리고 갔다. 가는
길목 내내 사람들이 무척 수상하게 바라보았다. 의사의 집에 들어가
마주 보고 앉아 있었을 모습은 오죽이나 이상했을까. 말을 하는 것도
우물거리는 소리로 울려 들리지 않는다. 의사가 "이런 일은 의서에도
보이지 않고 구전하는 치료법도 없다"고 말하므로 다시 닌나지로 돌
아와 친한 사람과 연로한 모친 등이 베개 가까이로 다가와 앉아 울며
슬퍼하지만, 본인이 그 목소리를 듣고 있을 것이라고도 생각되지 않
는다.

　이러고 있는 사이에 어떤 자가 말하기를 "설령 귀와 코는 떨어져

나간다 해도 목숨만큼은 구하지 못할 일이 있을까. 그저 힘을 넣어 잡아당기시오"라고 말하므로 새끼줄을 둘레에 끼워 넣어 솥의 입구와 간격을 만들고 목이 떨어져 나갈 정도로 잡아당겼더니 귀도 코도 떨어져 나가 구멍이 생기기는 했지만 겨우 솥은 빠졌다. 법사는 간신히 목숨을 구해 오랫동안 앓고 지냈다고 한다.

○ 高名の木のぼり <109단>

高名の木登りといひしをのこ、人をおきてて、高き木に登せて梢を切らせしに、いと危く見えしほどは言ふ事もなくて、おるる時に、軒長ばかりになりて、「あやまちすな。心しておりよ」と言葉をかけ侍りしを、「かばかりになりては、飛びおるるともおりなん。如何にかく言ふぞ」と申し侍りしかば、「その事に候。目くるめき、枝危きほどは、おのれが恐れ侍れば申さず。あやまちは、やすき所になりて、必ず仕る事に候」といふ。

あやしき下らふなれども、聖人の戒めにかなへり。鞠も、難き所を蹴出して後、安く思へば、必ず落つと侍るやらん。(百九段)

⇒ 평판 높은 나무타기 명수

평판이 높은 나무타기 명수라고 불린 남자가, 사람을 지휘해 높은 나무에 오르게 하여 나무 끝을 자르게 했을 때, 무척 위험하다고 생각될 동안에는 아무런 말도 없다가, 내려올 때 처마 높이 정도가 되어 "실수하지 마라. 조심해서 내려와라"라고 말을 건네는 것을 보고, "저 정도 높이면 뛰어 내려올 수도 있다. 어째서 그렇게 말하는 것인가"라고 내가 묻자, "그것입니다. 눈이 어지럽고 가지가 부러질 것 같아 위험할 때는 본인이 두려워하고 있기 때문에 말하지 않습니다. 실수는 쉬운 곳이 되어 반드시 하는 것입니다"라고 말한다.

　천한 신분의 사람이지만, 성인의 훈계와 합치한다. 게마리(공차기)도 어려운 부분에서 잘 차고 난 후에 방심하면 꼭 떨어지는 것이라고 말한다고 합니다.

　○ 終段 <243단>

　八になりし年、父に問ひて言はく、「仏は如何なるものにか候ふらん」といふ。父が言はく、「仏には人のなりたるなり」と。又問ふ、「人は何として仏には成り候ふやらん」と。父又、「仏の教へによりてなるなり」と答ふ。又問ふ、「教へ候ひける仏をば、なにが教へ候ひける」と。又答ふ、「それも又、さきの仏の教へによりて成り給ふなり」と。又問ふ、「その教へ始め候ひける第一の仏は、如何なる仏にか候ひける」といふ時、父、「空よりやふりけん、土よりやわきけん」といひて、笑ふ。

　「問ひつめられて、え答へずなり侍りつ」と、諸人に語りて興じき。

　⇒ 종단

　여덟 살이 되던 해에 아버지에게 여쭈어 "부처는 어떤 것입니까"라고 말했다. 아버지가 대답하여 "부처는 인간이 되는 것이다"라고 말했다. 다시 여쭈어 "인간은 어떻게 하여 부처가 되는 것입니까"라고 물었다. 아버지는 다시 "부처의 가르침에 의해 되는 것이다"라고 대답했다. 그래서 다시 여쭈어 "그 가르친 부처는 또 어떤 자가 가르쳤습니까"라고 물었다. 아버지는 다시 "그것 또한 앞의 부처의 가르침에 의해 부처가 되신 것이다"라고 대답했다. 거기서 다시 물어 "그 가르치기 시작하신 제일 처음의 부처는 어떤 부처입니까"라고 말할 때 아버지는 "하늘에서 내려왔는지 땅에서 솟아났는지"라고 말하며 웃었다.

"추궁당하여 대답할 수 없게 되었습니다"라고 아버지는 사람들에게 말하며 즐거워했다.

◆ 작자: 요시다 겐코(1283~1350)

본명은 우라베 가네요시(卜部兼好)로 교토 요시다 신사(吉田神社)의 신관의 아들로 태어났다. 고우다(後宇多)·고니죠 덴노(後二条天皇)에 시중들었지만 30대 초반 무렵에 출가하여 닌나지(仁和寺) 근처의 나라비가오카(双が丘)에 살았다. 와카에도 능해 사천왕(四天王)의 1인으로 불렸고 니죠파(二条派)의 가인으로도 활약했다. 박학하여 널리 유학이나 노장 사상에도 조예가 깊었으며 세태를 날카롭게 응시하는 눈과 담담한 필법이 특징적이다.

사진) 요시다 겐코(吉田兼好). 출처: http://jtn.josuikai.net/josuikai/kaiho/0804ns/main.html

5. 일기와 기행

왕조 여류 일기의 계통을 잇는 작품으로 13세기 초엽, 후지와라노 도시나리(藤原俊成)의 딸이 겐슌몬인(建春門院)에게 시중들던 때의 궁정 생활을 회상하며 기록한 『겐쥬고젠닛키(建寿御前日記)』가 있다. 『겐슌몬인츄나곤닛키(建春門院中納言日記)』 또는 『다마키하루(たまきはる)』라고도 불린다. 중엽에는 고후카쿠사인 벤노 나이시(後深草院弁内侍)의 『벤노나이시닛키(弁内侍日記)』, 말엽에는 작품 전반에 걸쳐 무상관이 흐르는 후시미인 나카쓰카사노 나이시(伏見院中務内侍)의 『나카쓰카사노나이시닛키(中務内侍日記)』가 쓰였으며, 특히 고후카쿠사인 니죠(後深草院二条)의 『도와즈가타리(とはずかたり)』는 여류 일기 문학의 걸작으로 평가받는다.

가마쿠라와 교토 사이의 왕복이 빈번해져 13세기에는 화한혼교문(和漢混交文)의 『가이도키(海道紀)』, 『도칸키코(東関紀行)』 등이 성립했다. 그리고 후지와라노 다메이에(藤原為家)의 후처인 아부쓰니(阿

仏尼)가 남편 다메이에 사망 후, 친자식인 다메스케(爲相)와 전처의 자식인 다메우지(爲氏) 사이에서 벌어진 영지 다툼 문제로 교토에서 가마쿠라로 내려갈 때의 경험을 기록한 『이자요이닛키(十六夜日記)』는 여성의 가나 기행문으로 유명하다. 무로마치기에 들어와 렌가시(連歌師)의 여행 일기 등이 나타난다.

6. 설화 문학

　동란과 극심한 변화, 그리고 말법사상 등에 의해 생활에 대한 불안과 세상의 허무함을 체험한 사람들은 자신들의 정신을 지탱해 줄 대상을 갈구했다. 그런 상황 속에서 사실로 인식되거나 또는 사실에 기인한 이야기를 모은 설화집이 그 희망을 성취시켜 준다고 믿어, 헤이안 시대 말기에서 중세에 걸쳐 설화 문학이 유행했다.

● 『우지슈이모노가타리(宇治拾遺物語)』

　작자 미상의 13세기 초기 작품으로 불교와 세속의 전설을 편집한 설화집이다. 197편에 이르는 설화는 '今は昔(지금으로 보면 옛날)' 또는 '昔(옛날)'로 시작되고 있으며, 당시의 생활이나 사고방식이 생생하게 묘사되고 있다. 서명은 『곤쟈쿠모노가타리슈(今昔物語集)』의 원문인 우지다이나곤모노가타리(宇治大納言物語)에서 탈락한 부분(遺)

을 보충한다(拾)는 의미이다. 괴기, 골계, 애상 등 다채로운 이야기가
장르와 관계없이 자유로운 연상대로 잇달아 전개된다. 15권으로 구성
되어 있으며 'こぶとり(혹 떼기)', '舌切り雀(혀 잘린 참새)', 'わらしべ
の長者(새꽤기 장자)' 등과 같이 현대 일본인들에게도 친숙한 설화가
다수 수록되어 있어 문학적 가치가 높다.

○ 田舎の児桜の散るをみて泣く事(巻1 第13)

これも今は昔、田舎の児の比叡の山へ登りたりけるが、桜のめで
たく咲きたりけるに、風のはげしく吹きけるを見て、この児さめざ
めと泣きけるを見て、僧のやはら寄りて、「などかうは泣かせ給ふ
ぞ。この花の散を惜しう覚えさせ給ふか。桜ははかなきものにて、
かく程なくうつろひ候なり。されども、さのみぞ候」と慰めければ、
「桜の散らんは、あながちにいかがせん、苦しからず。我が父の作り
たる麦の花の散りて、実の入らざらん思ふが侘しき」といひて、さく
りあげて、よよと泣きければ、うたてしやな。

⇒ 시골 아이 벚꽃이 지는 것을 보고 우는 이야기

이것도 지금으로서는 옛날이야기. 시골 소년이 히에이산에 올랐는
데 벚꽃이 아름답게 피어 있는 곳에 바람이 심하게 불어오는 것을 보
며 하염없이 우는 것을 보고, 승려가 조용히 다가가서 "왜 그렇게 우
는가? 이 꽃이 지는 것을 애석하게 생각함인가? 벚꽃은 덧없는 것으
로 이처럼 이내 지는 것입니다. 그렇지만 그뿐으로 달라질 것이 없습
니다"라고 위로했더니 소년은 "벚꽃이 지는 것은 절대 어떻게 할 수
없고 아무렇지도 않다. 나의 부친이 짓고 있는 보리 꽃이 져서 알맹
이가 들지 않을까 생각하니 괴로운 것이다"라고 말하며 흐느껴 엉엉

우는 모습을 보니 어이가 없던 것이다.

● 『짓쿤쇼(十訓抄)』(1252)

　가마쿠라 중기의 설화집으로, 작자에 대해서는 이설도 있으나 로쿠하라 지로 자에몬뉴도(六波羅二臈左衛門入道)설이 유력하다. 설화를 인간 생활의 교훈으로 간주하고 도덕 교육의 재료로 삼고 있는 점이 특징적이다. 소년들에게 선을 권하고 악을 경계하는 교훈, 계몽의 의도에 따라 겐초(建長) 4년(1252)에 정리되었다. 10개의 덕목을 설정하고 거기에 걸맞는 약 280개 설화를 수록하고 있는데, 후반부에서는 덕목을 강설하는 것보다 이야기의 재미가 주가 되고 있다. 『짓킨쇼』라고도 한다.

● 『고콘쵸몬쥬(古今著聞集)』(1254)

　헤이안 귀족의 교양이나 생활에 관련하여 개인적인 에피소드를 수록한 설화집으로, 작자는 다치바나노 나리스에(橘成季)이다. 20권 30편으로 구성되어 있으며 형식 면에서 가장 잘 정리된 중세 세속 설화집으로 평가받는다. 실용을 위한 기록뿐 아니라 오락을 위한 읽을거리로서의 성격도 띠고 있어, 30편 안에 수록된 704화에 달하는 이야기는 귀족에서 서민에 이르기까지 폭넓게 읽혔다. 『고콘쵸몬쥬』는 『곤쟈쿠모노가타리슈(今昔物語集)』의 계통으로 『호부쓰슈(宝物集)』나 『샤세키슈(沙石集)』 등의 불교 설화와 대조되는 세속 설화집이다.

● 『샤세키슈(沙石集)』(1283)

전 10권으로 승려 무쥬(無住)가 1279년에 기고하여 1283년에 탈고했다고 전해지는 중세의 대표적인 설화집이다. 불교 교화에 참고가 되는 각지의 설화를 수록하고 있는데, 생활 중에 나타나는 인간 본연의 모습을 엿보게 하는 이야기가 많다. 익살스러운 내용으로 사람들의 흥미에 호소하는 경향이 있으며 후대의 골계소화(滑稽笑話)의 원형이 된 이야기도 적지 않다.

○ 児の飴くひたる事

或山寺坊主、慳貪なりけるが、飴を治して只一人くゐけり。よくしたためて、棚に置き置きしけるを、一人ありける小児にくわせずして、「是は人の食つれば死ぬる物ぞ」と云ひけるを、此児、あわれくはばやばやと思ひけるに、坊主他行の隙に、棚より取をろしける程に、打こぼして、小袖にも髪にも付けたりけり。日来はしと思ければ、二三杯よくよく食て、坊主が秘蔵の水瓶を、あまだりの石に打ちあて、打破てをきつ。坊主帰りたりければ、此児さめほろと泣く。「何事に泣くぞ」と問へば、「大事の御水瓶を、あやまちに打破て候時に、いかなる御勘当かあらむずらむと、口惜覚て、命生てもよしなしと思て、人のくえば死と被仰候物を、一杯食ども不死、二三盃までたべて候へども大方不死。はては小袖に付、髪付て侍れども、未死候わず」とぞ云ひける。飴はくわれて、水瓶はわられぬ。慳貪の坊主所得なし。児の智恵ゆゆしくこそ。学問の器量も、無下にはあらじかし。

⇒ 아이가 엿을 먹는 이야기

한 산사의 중으로 구두쇠이며 욕심쟁이였던 자가 엿을 만들어 자기 혼자 먹고 있었다. 잘 싸서 선반에 자주 놓아두었는데, 하나 있던 어린아이에게는 주지 않고 "이것은 사람이 먹으면 죽는 거야"라고 말했지만, 이 소년은 "아, 먹고 싶다"라고 생각하고 있던 차에 중이 외출한 틈을 타 선반에서 엿을 내리려다가 그만 쏟아 소매에도 머리카락에도 묻혀 버렸다. 평소 먹고 싶었던 터라 두세 잔 제대로 먹고 중이 소중히 하던 물 단지를 낙숫물을 받기 위해 만든 돌에 부딪쳐서 깨 두었다. 중이 돌아오자 이 소년은 눈물을 흘리며 울고 있다. "왜 우는 거냐?"라고 물으니, "소중한 스님의 물 단지를 제 실수로 깨트려서 어떤 책망이 있을 건가 생각하자 억울하고, 살아 있어도 부질없다고 생각하여 사람이 먹으면 죽는다고 말씀하신 것을 한 잔 먹었는데 죽지 않아 두세 잔 더 먹었습니다만 그래도 죽지 않아서 마지막에는 소매에 묻히고 머리에도 묻혔습니다만, 아직 죽지를 않습니다"라고 말하는 것이었다. 엿은 먹히고 물 단지는 깨져 버렸다. 구두쇠 중은 손해를 입었다. 이 아이의 지혜는 뛰어났다고 할 수 있다. 학문의 기량도 평범하지 않았을 것이다.

□ 그 외, 산문 문학

13세기 초에 성립한 모노가타리 평론서인 『무묘조시(無名草子)』는 『겐지모노가타리(源氏物語)』를 비롯하여 많은 모노가타리를 평론하고 있으며, 현존하지 않는 산일 모노가타리의 내용을 알 수 있어 귀중한 자료로 평가받는다. 중세에 들어와서도 왕조 모노가타리를 모방한

『아마노 가루모(海人の苅藻)』와 『와가미니타도루 히메기미(我が身に
たどる姫君)』 같은 기코 모노가타리(擬古物語)가 지속적으로 쓰였지
만 그 작품성을 인정받지 못한다.

무로마치에 들어와서는 『하치카즈키(鉢かづき)』와 『잇슨보시(一寸
法師)』 등 주로 부녀자를 대상으로 한 단편 모노가타리가 속속 만들
어져 이를 총칭하여 '오토기조시(お伽草子)'라고 부른다.

7. 노(能)와 교겐(狂言)

노(能)는 전설이나 고전을 제재로 하는 무대 예술로, 무로마치 시대에 예능으로 완성된 가무극이다. 교겐(狂言)은 대화와 독백을 중심으로 세태를 풍자한 희극이며, 노와 노 사이에 상연된다. 노와 더불어 전통 예능으로서 현재에 이어지고 있다.

□ 노(能)

노는 원래 원숭이 등의 흉내 예능을 중심으로 행하던 사루가쿠(猿樂, 申樂)와 요술이나 곡예를 주로 하던 산가쿠(散樂), 농작의 풍요를 기원하여 행하던 모내기 가무 중심의 덴가쿠(田樂) 등에서 비롯된 것이라고 알려져 있지만, 상세한 성립 사정에 대해서는 전하는 바가 없다. 무로마치 시대가 되면서 야마토(大和, 지금의 나라현)와 오미(近江, 지금의 시가현) 등의 사원에서 성행하게 된다. 이것을 예술적인 경지로 끌어올린 것은 야마토 사루가쿠(大和猿樂)의 간아미(観阿弥)

와 제아미(世阿弥) 부자로, 장
군이었던 아시카가 요시미쓰
(足利義滿)의 지원을 받아 예능
에 연마를 더해 갔다. 노는 전
국 시대에 들어와 쇠퇴했지만
모모야마(桃山) 시대 이후 도요

토미 히데요시와 도쿠가와 막부의 후원에 힘입어 다시 번성했다.

◆ 구성

노는 우타이(謠)와 하야시(囃子) 그리고 쇼사(所作, 舞와 연기)로 구
성된다. 주인공인 시테(シテ)와 시테의 상대역인 와키(ワキ)가 중심이
되어 대본에 가락을 붙인 요쿄쿠(謠曲)를 노래하며 줄거리를 운반한
다. 여기에 합창단 성격의 지우타이(地謠)와 반주 그룹인 하야시(囃
子)가 더해져 무대에 흥을 돋운다.

 * 요쿄쿠(謠曲): 노는 가무극이며 극의 사장(詞章, 성악부분)이 요쿄
쿠이다.

 * 역할 구분: 노 연기자는 여섯 갈래로 전업화(專業化) 되어 있다.
시테는 주역, 와키는 조역, 쓰레(ツレ)는 시테와 와키의 동반역, 아이
(アイ)는 해설 또는 교겐 연기자를 말한다. 그 외에 지우타이와 하야
시가 있다.

 * 지우타이(地謠): 정황 설명이나 심리를 노래하는 그룹을 말한다.

 * 하야시(囃子): 피리, 소고, 대고, 태고를 연주하는 악기 반주 그룹
을 말한다.

사진) 아치 신사(阿智神社)의 노의 무대. 출처: http://hiyasai.kura2.com/e3773.html

◆ 노의 종류와 유파

현실의 인간 세계를 다룬 겐
자이노(現在能)와 영계와의 교
감을 다룬 무겐노(夢幻能)가 있
다. 또한 노의 제재나 특색에

따라 고반다테(五番立)의 분류가 행해진다.

현재 노의 유파는 간제류(観世流) 외에 호쇼류(宝生流), 곤파루류
(金春流), 곤고류(金剛流), 기타류(喜多流)가 있으며, 250곡 정도의 요
쿄쿠를 전하고 있다.

◆ 분류와 내용

■ 벳카쿠(別格)

시키노(式能). 국토의 안온을 기원하는 의식적 가무

■ 쇼반메 모노(初番目物)-가미 모노(神物)

신령이 시테가 되는 무겐노(夢幻能)로, 신이 천하태평과 가내안녕
등의 축복을 부여하는 축하 곡목이다. 대표곡으로 오키나(翁)가 있다.
고반다테(五番立)에서 제일 먼저 상연되는 곡을 와키노(脇能)라 칭한다.

■ 니반메 모노(二番目物)-슈라 모노(修羅物)

전사하여 수라도(修羅道)에 떨어진 무인의 영이 시테로 등장하며
소재의 대부분은 『헤이케모노가타리』에서 얻고 있다. 대표곡으로 아

사진) 노는 피리로 시작되어 하야시(반주자)와 지우타이가 자리에 앉으면서 시작된다.
　　출처: http://www.aizu.or.jp/2006/html

쓰모리(敦盛), 요리마사(賴政), 다다노리(忠度) 등이 있다.

■ 산반메 모노(三番目物－가즈라 모노(鬘物)

여성을 시테로 하는데 우미한 춤이 볼거리다. 고반다테 안에서 중심적 위치를 점한다. 왕조 모노가타리에서 채용한 무겐노가 많다. 대표곡으로는 마쓰카제(松風), 이즈쓰(井筒), 사이교자쿠라(西行桜)가 있다.

■ 요반메 모노(四番目物－조 모노(雜物)

타 분류에 속하지 않는 노 전체를 포함한다. 시테가 광녀인 교쿄 모노(狂女物), 시테가 무사이 히타멘 모노(直面物), 오토코모노구루이 모노(男物狂物), 게이쓰쿠시 모노(芸尽物), 가라 모노(唐物), 시테가 지옥 남녀인 모슈 모노(妄執物)와 같은 무겐노이다. 대표곡으로는 도죠지(道成寺), 스미다가와(隅田川), 아시카리(芦刈), 하치노키(鉢木) 등이 있다.

■ 고반메 모노(五番目物－기치쿠 모노(鬼畜物)

시테는 귀신(鬼), 덴구(天狗), 정령(精霊) 등의 초자연적인 존재로 대부분 무겐노이다. 템포가 빠르고 눈의 즐거움을 목적으로 한다. 대표곡으로는 구라마텐구(鞍馬天狗), 쓰치구모(土蜘蛛), 모미지가리(紅葉狩), 샥쿄(石橋) 등이 있다. 다섯 마당 중에서 마지막으로 공연되는 이유로 기리노(切能)라고 부른다.

● 『후시카덴(風姿花伝)』(1398~1405)

노가쿠의 대성자인 제아미가 처음 집필한 노가쿠 이론의 대표적
저서로, 7권으로 구성되어 있다. 제아미가 36세부터 40세 무렵 사이
에 저술한 것이며 죽은 아버지 간아미의 유훈을 자신의 체험을 통해
확인하며 기록한 구체적 예술론으로『가덴쇼(花伝書)』라고도 부른다.

제1권은, 「넨라이케이코죠죠(年来稽古条々)」라고 제목 붙여, 7세부
터 50여 세에 이르는 제아미 자신의 생애를 일곱 시기로 구분하고,
그 연령에 맞는 연습 방법의 습득을 설명한다.

제2권은, 「모노마네죠죠(物学条々)」라고 제목 붙여, 연습 대상을 여
자, 노인, 가면을 쓰지 않는 맨 얼굴의 역인 히타멘(直面), 모노구루이
(物狂, 광인), 법사, 수라(修羅, 무인의 망령), 신, 귀, 가라고토(唐事, 외국
이야기) 아홉 종류로 정하여 모노마네(物真似, 흉내)의 자세를 논한다.

제3권은, 「몬도조조(問答条々)」라고 칭하고, 아홉의 문답 형식에 따
라 연출의 기교를 전수하려고 한다.

이상의 세 권이 본론에 해당하며 서명『가덴쇼(花伝書)』의 '하나
(花)'라고 하는 것은 무대에서 연출할 때의 매력이라고 할 만하며 이
'花'를 자자손손 전하는 것을 저술의 목적으로 하고 있다.

제4권의 「신기에 대해 말하다(神儀に云ふ)」에서는 노가쿠의 역사
를 신성시하고, 제5권의 「오의에 대해 말하다(奥儀に云ふ)」에서는, 노
의 연기는 유파와 개인에 따라 다양하지만 흥미로운 부분은 모두 공
통적이다. 그 재미있는 부분이 '하나(花)'이며 '花'를 가진 노 연기자
라면 분별력 없는 관객도 감동시킨다. 아무리 나이를 먹어도 '花'를
잃지 않는 연기자는 젊은 자에게 지지 않는다. 오랫동안 '花'를 유지

하기 위해서는 기법상의 연구가 중요한 것이다. 습득의 성과 위에 연구를 더하는 자는 '花'에 씨를 합한 것 같은 것으로 이것을 '수복증장(壽福增長)'의 연기자라고 설명하고 있다. 제6권 「화수에 대해 말하다(花修に云ふ)」에서는 요쿄쿠(謠曲)를 만드는 방법에 대해서 피력하고 있다. 제7권 「별지구전(別紙口伝)」에는 재능이 없는 자에게는 구전의 비법을 전수해서는 안 된다고 훈계하고 있다.

　이 책은 원래 비전서(秘伝書)로서 그 길을 계승하는 자에게만 보일 의도로 기술된 것이기 때문에 거의 일반인의 눈에는 띌 기회가 없었지만, 메이지 말년에 요시다 도고(吉田東伍)가 발견하여 소개한 후 그 가치가 널리 알려졌다.

　○ 序

　それ、申楽延年のことわざ、その源を尋ぬるに、あるは仏所より起り、あるは神代より伝ふといへども、時移り、代隔たりねれば、その風を学ぶ力およびがたし。ちかごろ万人のもてあそぶところは、推古天皇の御宇に、聖徳太子、秦河勝におほせて、かつは天下安全のため、かつは快楽のため、六十六番の優遊宴をなして、申楽と号せしよりこのかた、代々の人、風月の景を仮って、この遊びのなかだちとせり。

　⇒ 서문

　무릇 인생을 풍요롭게 하는 '사루가쿠'라고 하는 예능은 그 기원을 찾아보면, 하나로는 먼 해외 인도에서 전해진 계통이 있고, 또 하나는 우리 신대로부터의 전통을 계승하고 있는 것도 있으나, 시대가 변해 버렸기 때문에 지금은 더 이상 그 원시적인 방법을 알 수 없게 되었

다. 근래 일반인들이 즐기고 있는 예능의 직접적인 발생은 스이코 덴노 때에 쇼토쿠 태자가 하타노 고카쓰에게 명하여 천하가 안전하게 통치되도록, 또한 많은 이들의 오락을 위해서 유연에 적당한 곡을 66곡 만들어 춤춰 보인 것이다. 고카쓰 이후에는 그 자손들이 지속적으로 이 사루가쿠 기예를 계승하여 야마토의 가스가 신사, 오미의 히에이 신사의 신지마쓰리(神事祭り)에 봉사해 왔다. 그리하여 지금도 왕성하게 야마토 사루가쿠, 오미 사루가쿠의 제좌(諸座)의 무리들이 양 신사의 신지 마쓰리에 종사하고 있는 것이다.

◆ 제아미(世阿弥)

12세 때 장군 아시카가 요시미쓰의 눈에 띄어, 이후 간아미, 제아미 부자는 요시미쓰의 후원을 받는다. 제아미는 그 행운에 안주하지 않고 평생 연습에 몰두했다. 그는 간아미나 이누오(犬王) 등 선각들의 장점을 취하고 관객에 대응하는 예풍을 연구하여 유겐(幽玄)의 미를 추구했다. 그는 일본 최초의 시극 작자이자 연기자이자 이론가였다. 그러나 노후, 장군 요시노리(義教)에게 박해를 받아 결국 1434년 사도(佐島)에 유배되었으며 그 후의 소식은 전해지지 않는다. 저서로는 1402년경에 아버지 간아미의 가르침을 골자로 하여 노가쿠의 수행론과 연출 방법 등을 기록한 평론서 『후시카덴(風姿花伝)』과 1418년 무렵 장남 모토마사에게 비전서(秘伝書)로 물려준 『가쿄(花鏡)』가 있는데, 유겐론과 초심을 강조하는 평론 등 제아미 예도(芸道)론의 극치를 보여준다.

□ 교겐(狂言)

노와 노의 막간에 상연되어 노
에 의한 긴장된 기분이나 몸을 부
드럽게 풀어 주는 역할을 하는 것
이 교겐이다. 원래 노 고반(五番)
에 교겐 네 번이 상연되도록 짜여
있었다.

노가 가무 중심의 음악극이며 인간의 정념을 그린 비극인 데 반해
교겐은 대화 상대 없이 대사를 말하는 독백 중심의 대사극이며, 당시
의 일상어를 자유롭게 사용하여 인간의 어리석음을 풍자하는 희극이
다. 또한 노가 정적이며 귀족적인 성향이 강한 데 비해 교겐은 동적
이며 서민의 시각을 가진다.

현재 교겐의 유파에는 오쿠라류(大藏流)와 이즈미류(和泉流)가 있
으며 메이지 유신 무렵까지 사기류(鷺流)가 존재했다. 교겐의 종류에
는 맨 처음 상연되는 축하곡인 와키 교겐(脇狂言)이 있으며, 다이묘
모노(大名物) 혹은 다로가자 모노(太郎冠者物)로 불리는 주종 교겐(主
從狂言), 마이 교겐(舞狂言), 오니 교겐(鬼狂言), 야마부시 교겐(山伏
狂言) 등이 있다.

사진) 도요타시(豊田市) 노가쿠도(能楽堂)에서 상연되는 교겐 (狂言)「萩大名」田舎大名と太郎冠者 薪能.
　　출처: http://www1.t-cn.gr.jp/noh2.html

제4장

에도 시대(근세)의 문학

도쿠가와 이에야스(德川家康)가 에
도(江戸)에 막부를 연 1603년부터 15대
쇼군(将軍) 요시노부(慶喜)가 대정봉
환(大政奉還)하는 1867년까지의 약
260년간을 에도 시대라 하며, 이 시
기에 성립한 문학을 근세 문학이라
고 한다.

O 근세 문학의 배경 – 도쿠가와 막부는 오다 노부나가와 도요토미
히데요시의 천하통일 사업을 계승하고 바쿠한(幕藩) 체제를 정비하여
봉건 제도를 완성시켰다. 이 시대의 문학은 크게 전기의 가미가타(上
方) 문학과 후기의 에도 문학으로 구분되며, 경제력을 손에 쥔 쵸닌
(町人)에 의해 서민 문화가 번성했다.

* 바쿠한(幕藩) 체제: 에도 시대, 막부(幕府)를 중심으로 한(藩)을 통
치한 중앙 집권적인 정치 지배 체제로, 막부는 다이묘(大名)를 파견하
여 영지를 부여하고 한(藩)을 구성하여 통제케 했다. 다이묘들은 백성
들에게 연공(年貢)을 바치게 하여 한(藩)을 경영하고 성립시키는 봉건
사회를 구축했다.

* 쵸닌(町人): 에도 시대의 도시 상인이나 장인 계층의 사람들을 일
컬어 말한다. 에도 시대에는 사농공상(士農工商)의 신분 제도가 정비
되었으나 화폐 제도의 진전에 따라 쵸닌 계급이 부를 축적하고 사회,
문화 전반에 걸쳐 영향력을 행사하며 서민 문화를 주도했다.

---

① 가미가타(上方) 문학(17세기 초엽 ~ 18세기 초엽)

가미가타는 관동 지방에서 볼 때 교토, 오사카 및 그 부근을 가리
킨다. 가미가타 문학은 겐로쿠(元祿, 1688~1703) 시대를 중심으로 최
성기를 구가했으며, 대표 문인으로 바쇼(芭蕉), 사이카쿠(西鶴), 치카
마쓰(近松) 등을 들 수 있다.

무로마치 말기에 서민 문화로서 성행한 '하이카이 렌가(俳諧連歌)'
는 마쓰오 바쇼(松尾芭蕉)에 의해 예술의 경지에까지 도달하여 하이
카이 문학으로서 완성되었다. 이하라 사이카쿠(井原西鶴)는 오토기조
시(お伽草子)의 맥을 잇는 우키요조시(浮世草子)를 저술하여 쵸닌의
모습을 역동적으로 묘사했다. 또한 치카마쓰 몬자에몬(近松門左衛門)
은『소네자키신쥬(曾根崎心中)』에서 봉건 시대 안에서 자유로운 연애
를 추구하는 인간의 비극을 온정 어린 시각으로 그리고 있으며, 이것
을 유행하기 시작한 죠루리(浄瑠璃)와 가부키(歌舞伎) 무대에 올렸다.

그들의 활약으로 상징되는 것처럼 근세 문학은 쵸닌 문학으로서
개화했다. 이것은 상공업이 활발해지고 쵸닌의 경제력과 생활 수준이
향상됨에 따라 그들에게 학문의 기회가 주어졌기 때문이다. 읽기와
쓰기 그리고 주판을 가르치는 데라코야(寺子屋, 서당)가 생기고 교육
의 보급과 함께 문학 작품을 즐기는 독자가 늘어났다. 또한 인쇄 활
동도 번성하여 서적이 다량으로 보급되기에 이르렀다. 이처럼 학문과
예술 분야에도 서민의 진출이 확대되고 점차 그 중심을 점해갔다.

② 에도 문학(18세기 초엽 ~ 19세기 중엽)

에도의 쵸닌이 번창함에 따라 문예의 중심도 가미가타에서 에도로
이동한다. 분카(文化), 분세이(文政) 시대인 1804년에서 1829년 무렵까

지가 그 정점으로 다양한 형태의 문학이 창출되었다.

어린이를 위해 제작되던 그림책 구사조시(草双紙)가 발전하여 성인용 읽을거리인 기뵤시(黃表紙)가 출현했다. 그리고 기뵤시가 장편화한 것이 고칸(合卷)이다. 또한 화류계를 제재로 한 샤레본(洒落本)이나 서민 생활을 익살로 엮은 곳케이본(滑稽本) 등, 일종의 통속 소설류가 널리 서민에게 읽혔다.

또한 이 시기의 대표적인 소설 양식으로 요미혼(読本)이 있다. 이것은 가미가타에서 유행한 『우게쓰모노가타리(雨月物語)』 등의 전기 요미혼 작자인 우에다 아키나리(上田秋成)를 거쳐 『난소사토미핫켄덴(南総里見八犬伝)』 등을 저술한 후기 요미혼 작자 다키자와 바킨(滝沢馬琴)에 의해 완성되었다.

하이카이에서는 덴메이(天明) 시대인 1781년에서 1788년 사이에 요사 부손(与謝蕪村)이 등장해 회화적 묘사로 뛰어난 작품을 남기고, 분카, 분세이 시대에는 고바야시 잇사(小林一茶)가 인정미 넘치는 구를 지었다. 또한 사회의 모순을 풍자와 익살로 표현하는 센류(川柳)와 교카(狂歌)가 유행하여 가라이 센류(柄井川柳)와 요모노 아카라(四方赤良) 등이 활약했다.

가부키는 연극으로서 한층 더 발전하여 각본 작가로서 쓰루야 난보쿠(鶴屋南北) 등이 배출되지만 막부의 풍기 단속이 엄격해짐에 따라 초기의 자유로운 풍조나 창조성은 상실해 갔다.

근세기 동안 무사는 봉건적인 사상에 얽매어 새로운 문화를 창조하지 못했지만 『고지키』, 『만요슈』, 『겐지모노가타리』 같은 고전이 가모노 마부치(賀茂馬淵)와 모토오리 노리나가(本居宣長) 등의 걸출한 학자에 의해 연구되어, 국학이 눈에 띄게 발전했다.

1. 하이카이(俳諧)의 전개

　무로마치 시대 니쇼 요시모토(二条良基) 등에 의해 발전한 렌가는 단카의 상구(5 7 5)와 하구(7 7)를 상호 읊는 형식이었는데, 익살이나 해학을 추구하는 요소가 강해져 이윽고 '하이카이 렌가'라고 불리게 되었다. 하이카이는 원래 해학이라는 의미로 와카 안에서도 찾을 수 있지만 이후에는 하이카이 렌가의 약칭으로 사용된다. 또한 하이카이 는 렌가의 여흥으로써 읊고 버리는 것이었지만, 중세의 야마자키 소 칸(山崎宗鑑)과 아라키 다모리타케(荒木田守武)의 뒤를 이어 근세 초 기에 마쓰나가 데이토쿠(松永貞徳)가 배출되어 하이카이를 독자적인 문학으로 끌어올렸다.

　오늘날 하이카이라고 하면 홋쿠(発句)만을 떠올리기 쉬운데, 에도 시대에 있어서 햐쿠인(百韻)이나 가센(歌仙) 등의 렌쿠(連句)는 홋쿠 와 동등하거나 혹은 그 이상으로 중요시되었다. 데이토쿠는 하이카이 의 본질을 와카나 렌가에서는 사용하지 않는 한어(漢語)나 속어(俗語)

등의 하이곤(俳言)에서 찾았다. 데이토쿠 일파의 하이카이를 데이몬 하이카이(貞門俳諧)라고 부른다. 작풍은 대체로 온화한 해학미를 띠며, 렌쿠에서는 마에쿠(前句)와의 말의 연관성으로 쓰케쿠(付句)를 붙이는 고토바즈케(詞付)와 마에쿠의 내용에 원인과 이유를 붙이는 고코로즈케(心付)가 전부이다.

그 후 하이곤이나 말의 연관에 의지하여 미온적인 웃음으로 일관하는 보수적인 데이몬 하이카이에 만족하지 못한 하이진(俳人)들이 니시야마 소인(西山宗因)을 중심으로 신풍을 일으킨 것이 단린 하이카이(談林俳諧)이다. 새롭고 재미있는 제재, 기발한 착상, 과격한 표현을 특징으로 하는 해학미 강한 작품이다. 그러나 이후 새롭고 기묘한 것을 추구한 나머지 구를 읊는 속도를 다투는 야카즈 하이카이(矢数俳諧) 등으로 흘러갔다.

단린 하이카이가 막다른 골목에 맞닥뜨린 시기에 등장한 것이 바쇼(芭蕉)이다. 바쇼는 속(俗)으로 기운 하이카이를 되돌려 '속(俗)'과 '아(雅)'를 적절히 조화시켜 지양했다. 쇼몬(蕉門)의 하이쇼(俳書)에는 쇼후 하이카이(蕉風俳諧)를 확립한 『후유노히(冬の日)』, 관조적인 '사비', '시오리'의 이념을 구현한 『사루미노(猿蓑)』, 형식적 취향을 떠나 '가루미(軽み)'의 경지를 나타내는 『스미다와라(炭俵)』 등 뛰어난 작품이 많다. 렌쿠에 있어서 바쇼는 '니오이(향기)'나 '우쓰리(옮음)', '히비키(여운)' 등 마에쿠의 여정에 의한 붙임을 중요시했다. 더욱이 바쇼는 하이카이와 문장을 융합시킨 『오쿠노 호소미치(奥の細道)』등의 걸출한 하이카이 기행문을 남기고 있다. 그는 사물의 본질적인 아름다움을 추구하기 위해 만년에는 여행에 나섰다.

바쇼 이후 하이카이는 인간을 제재로 한 인사구(人事句) 중심의 기지 넘치는 도시 하이카이와, 서경구(叙景句) 중심의 평범하고 속된 것을 취지로 하는 시골 하이카이로 나뉘어 함께 침체기로 들어갔다. 18세기 중엽이 되어 속화(俗化)한 하이카이를 바쇼의 정신으로 되돌리기 위해 중흥기 하이카이가 활성화된다. 화가이며 낭만적 작풍으로 회화적인 시구나 단순하고 선명한 시구를 많이 지은 요사 부손(与謝蕪村) 등이 그 주역이다.

중흥기 이후 하이카이는 점차 대중화되어 하이카이 인구는 급증하지만 질적으로는 저조했다. 그 같은 상황하에서 속어와 방언을 다용하여 인간미 넘치는 생활 하이쿠를 지은 고바야시 잇사(小林一茶)의 하이카이는 유명하다.

* 햐쿠인(百韻), 가센(歌仙): 햐쿠인은 렌가와 하이카이의 기본 형식으로 홋쿠(発句, 첫 구)에서 아게쿠(挙句, 끝 구)까지의 1권이 100구인 것이며, 가센은 와카의 36가센에 맞춰 36구로 구성되는 렌가와 하이카이의 형식으로 바쇼 이후 하이카이의 대표적인 형태가 되었다.

* 야카즈 하이카이(矢数俳諧): 궁술에서 제한된 시간에 활을 쏘아 과녁을 관통한 화살의 수를 겨루는 오야카즈(大矢数)를 모방한 하이카이의 형식으로, 하룻밤 혹은 하루 동안 계속해서 다수의 구를 읊어서 그 수를 겨룬다.

* 쇼후(蕉風): 바쇼가 데이몬이나 단린이라는 하이카이의 유파를 거쳐 새롭게 확립한 하이카이의 작풍으로, 그 중심이 되는 이념은 '사비'이다.

* 사비: 렌가와 하이카이 관련 용어로, 바쇼가 특히 중요시한 쇼후 하이카이의 으뜸으로 여겨지는 미의식이다. 화려함이 지난 후의 사물이 가진 본질적 아름다움을 말하며, 단순한 고적함이 아니라 만물을

가엾게 여기는 마음에서 자연스럽게 우러나오는 감정을 말한다.

 * 시오리: 쇼후 하이카이의 근본이념의 하나로, 대상에 대한 작자의 섬세한 감정이 저절로 여정(余情)으로서 시구에 나타난 것을 말한다.

 ◇ 대표 하이진(俳人)

 ● 마쓰오 바쇼(松尾芭蕉, 1644~1694)

 근세 전기의 하이진으로 지금의 미에현(三重県)인 이가(伊賀)의 우에노(上野)에서 태어났다. 한슈(藩主)가 죽은 후 무사 생활을 청산하고 고향을 떠나 교토로 나왔다가 30세에 다시 에도로 터전을 옮긴다. 당시 유행하고 있던 단린후(談林風) 하이카이에 만족하지 못하고 독자적인 하이카이 이념(蕉風)을 만들어 사물이 가진 본질적 아름다움을 추구했다. 인생의 참모습을 노래하기 위해 만년에는 여행에 나섰다.

 ● 요사 부손(与謝蕪村, 1716~1783)

 근세 중기의 하이진으로 바쇼가 죽은 지 23년 되던 해에 지금의 오사카인 셋쓰(摂津)의 농가에서 태어났다. 그는 17, 18세 무렵 에도로 나와 하이카이를 배우고 방랑 생활 속에서 회화(絵画)도 함께 배웠다. 회화적인 시구나 단순하고 선명한 인상의 구가 많은데, 그는 바쇼의 사후 쇠퇴해 가던 쇼후 하이카이의 부흥에 이바지했다. 또한 이케노 타이가(池大雅)와 견줄만한 문인화(文人画)의 대가로서도 유명하다.

 ● 고바야시 잇사(小林一茶, 1763~1827)

 근세 후기의 하이진으로 지금의 나가노현(長野県)인 시나노(信濃)의 농가에서 태어났다. 세 살 때 친모와 사별하여 계모에게 맡겨졌으나 계모에게서 이복동생이 태어나자 14세 때 집을 떠나 에도로 나와 남의 집에서 고용살이를 하면서 하이카이를 접하고 구작(句作)에 힘썼다. 자식과 처가 병사하는 등 불행하고 고독한 만년을 보내다가 65세에 병사했다. 당시의 하이카이는 취미와 사교에 이용되었으나, 잇사의 구에는 역경의 체험을 통해 만들어진 독특한 주관이 강하게 나타나 있고, 기존의 풍류관에 사로잡히지 않는 소재나 속어, 방언을 사용하여 인간미 넘치는 생활 하이카이를 만들었다.

◆ **훗쿠**(発句)

렌가나 하이카이에서 제1구를 칭하는 말로 5 7 5의 17음으로 구성된다. 또한 이것이 독립하여 하나의 시로 만들어진 것을 이르는 말로도 사용된다. 하이쿠(俳句) 또는 '호쿠'라고도 부른다.

○ 花よりも 団子やありて 帰る雁　　　貞徳
はなよりも だんごやありて かえるかり
(雁が帰るのは、諺にいう「花よりも団子」、すなわち桜よりも団子に心ひかれてのことだろうか)
⇒ 벚꽃보다도 경단이 있다 하여 가는 기러기
(기러기가 돌아가는 것은 속담에서 말하는 '꽃보다 떡', 즉 벚꽃보다도 경단에 마음이 끌림일까.)

○ 閑かさや 岩にしみる 蝉の声　　　芭蕉
しづかさや いわにしみいる せみのこゑ

(夏の山寺に蝉が鳴きしきっている。その声は岩に沁み入り、私の心にもしみ入るようで、境内の静かさはいよいよ際だつ)

⇒ 고요함이여 바위에 스며드는 매미의 소리

(여름의 산사에 매미가 울어 제치고 있다. 그 소리는 바위에 스며들고 내 마음에도 스며들듯 경내의 고요함은 더욱더 두드러진다.)

○ 愁ひつつ 岡にのぼれば 花いばら　　蕪村

　うれひつつ おかにのぼれば はないばら

(憂愁を抱きながら岡に登ると、そこには白い野茨が咲いていた。その香りは過去の記憶へと自分を誘い、そこはかとない憂愁は、切ない郷愁となっていよいよ深まる)

⇒ 우수에 잠겨 언덕에 올랐더니 들장미 꽃밭

(우수를 안고 언덕에 오르자 그곳에는 하얀 들장미가 피어 있었다. 그 향기는 과거의 기억으로 나를 부르고 왠지 모를 우수는 애절한 향수가 되어 점점 깊어 간다.)

○ やれ打つな 蝿が手を摺り 足をする　　一茶

　やれうつな はへがてをすり あしをする

(うるさい蝿をたたこうと思ったが、見れば蝿は手をすり足をすり、命乞いしているではないか。たたいてはいけないと、我が心に言い聞かせることだ)

⇒ 치지 마세요 파리가 손 비비고 발을 비빈다

(성가신 파리를 내려치려고 생각했지만, 보아하니 파리는 손을 비비고 발을 비비며 목숨을 구걸하고 있는 게 아닌가. 내리쳐서는 안 된다고 자신의 마음을 타이른다.)

◆ 렌쿠(連句)

'하이카이 렌가'의 별칭으로, 앞사람이 읊은 5 7 5의 장구(長句)에 다른 사람이 7 7의 단구(短句)를 잇는 형식인데 보통 36구를 단위로 한다. 가센(歌仙), 햐쿠인(百韻), 센쿠(千句) 등을 총칭해서 이르는 말이며 다수가 참여한다.

○ 市中は 物のにほひや 夏の月　　凡兆
いちなかは もののにほひや なつのつき
(暑さが残る宵時分、下界の町中にはむっとする様々な匂いが立ち込めているが、天上には涼しげな夏の月がかかっている。)
⇒ 마을의 안은 냄새로 가득하나 여름밤의 달
(더위가 남은 저녁녘, 세상의 마을 안에는 숨이 막힐 것 같은 냄새가 가득하지만, 천상에는 시원한 여름 달이 걸려 있다.)

あつしあつしと 門々の声　　芭蕉
あつしあつしと かどかどのこゑ
(家々はみな門口に出て、暑い暑いといいながら夕涼みをしている。)
⇒ 덥다 더워 되뇌는 문 앞의 목소리들
(집집은 모두 문밖으로 나와 덥다 덥다 이야기하면서 더위를 식히고 있다.)

二番草 取りも果さず 穂に出て　　去來
にばんぐさ とりもはたさず ほにいでて

(今年は稲の育ちが早く、二番草を取り終わらないうちにもう穂が出始めた。)

⇒ 두 번째 김을 매지도 못했는데 이삭이 나와

(올해는 벼의 성장이 빨라 두 번째 김을 매기도 전에 벌써 이삭이 나오기 시작했다.)

灰うちたゝく うるめ一枚　　　兆

はいうちたゝく　うるめいちまい

(炉端であぶったうるめ鰯についた灰をはたき落とし、それだけをおかずにせわしない食事をとっている。)

⇒ 묻은 재 털어내고 눈퉁멸치 한 마리

(화로에서 구운 눈퉁멸에 묻은 재를 털어내고 그것만을 반찬으로 조급한 식사를 하고 있다.)

此筋は 銀も見しらず 不自由さよ　　　蕉

このすぢは　かねもみしらず　ふじゆうさよ

(代金に銀貨を出したが、これは何だと受け取らない。この辺りの田舎では銀を見たこともないらしい。いやはや不便なことよ)

⇒ 이쪽 지방은 은도 분간 못하는 불편함이여

(대금은 은화를 냈지만 이게 무어냐고 받지 않는다. 이 부근의 시골에서는 은을 본 일이 없는 것 같다. 거 참 불편한 일이구나.)

たゞとひやうしに 長き脇指　　　来

たゞとひやうしに　ながきわきざし

(それにしても、あの男の脇差しの度はずれた長さよ)

⇒ 그렇다고는 해도 너무나 긴 허리 칼

(그렇다 쳐도 그 남자 허리칼의 지나친 길이여.)

위의 렌쿠는 1691년에 출간된 『사루미노(猿蓑)』의 「동네 안은'권(市中はの巻)」에 수록되어 있는 6구를 게재한 것이다.

◆ 교카(狂歌)와 센류(川柳)

교카는 단카의 형식을, 센류는 하이쿠의 형식을 띠는 골계 문학이다. 봉건 체제의 제약 아래에서 익살스러운 웃음을 통해 인간의 진실과 세속의 이면을 지적하고 비판·풍자한다. 생활에 뿌리내린 서민의 저항 의식이 엿보인다.

■ 교카(狂歌) - 단카와 동일한 31문자의 형식이지만 '샤레(익살, 재치)'나 '모지리(비꼼, 비틂)'를 사용하며, 해학과 풍자, 야유를 중심으로 한다. 해학적인 내용을 가진 단카는 『만요슈』의 기쇼카(戱笑歌)나 『고킨슈』의 하이카이카(俳諧歌)에서도 확인된다. 교카라는 말은 가마쿠라 말기부터 사용되지만, 소비 경제와 향락 문화가 일어난 에도 후기가 전성기이다.

○ 生醉の 礼者をみれば 大道を 横すぢかひに 春は来にけり

四方赤良(よものあから)

なまゑひの れいしゃをみれば おほみちを よこすぢかひに はるはきにけり

(ぐでんぐでんに 酔っぱらった 年始回りの 人を見ると、大通りを あっちへよろよろこっちへよろよろとして、まるで新春が大道をは

すに横切ってやってきた感じだ。)

⇒ 얼근히 취해 인사 다니는 사람 보고 있자니 큰길을 가로질러 봄
  은 온 듯하구나

(곤드레만드레 취해 새해 인사를 다니는 사람을 보면 큰길을 이쪽
으로 비틀 저쪽으로 비틀, 마치 신춘이 큰길을 비스듬히 가로질러 온
것 같은 느낌이다.)

■ 센류(川柳) - 에도 중기, 하구(下句)의 7 7에 상구(上句) 5 7 5를
붙여서 그 재미를 다투는 놀이가 유행했다. 이 '쓰케쿠'로서의 마에쿠
(前句)가 독립한 것이 센류이다. 센류라는 칭호는 덴자(点者)였던 가
라이 센류(柄井川柳)의 이름에서 유래한다

○ 道問へば 一度に動く 田植笠
みちとへば いちどにうごく たうゑがさ
(道を聞くと、田植えをしている人が、みんな揃って顔をあげ、教えようとする。)
⇒ 길을 물으니 동시에 치켜드는 모내기 삿갓
(길을 물으니 모내기를 하고 있는 사람이 한꺼번에 얼굴을 치켜들
고 가르쳐 주려고 한다.)

● 『오쿠노호소미치(奥の細道)』

바쇼의 하이카이 기행을 정리한 것으로 1694년경에 성립했다. 1689
년 3월 하순 문인 소라(曾良)를 동반하고 에도를 출발한 바쇼는, 간토
(関東)・오슈(奥州)・호쿠리쿠(北陸)를 돌아 8월 하순에 오가키(大垣)

에 도착하여 다시 이세로 향했다. 그 여행을 홋쿠(発句)와 문장으로 엮어 힘차고 간결하게 표현했다. 여행 중의 정경과 심경을 선명하게 그리고 있는, 몇 안 되는 바쇼

의 하이카이 기행문의 대표작으로 뛰어난 홋쿠를 다수 수록하고 있다.

○ 月日は百代の**過客**にして、行きかふ年もまた旅人なり。舟の上に生涯を**浮**かべ、馬の口とらへて老いを迎ふる者は、日々旅にして旅をすみかとす。古人も多く旅に死せるあり。予もいづれの年よりか、片雲の風にさそはれて、漂泊の思ひやまず、海浜にさすらへ、去年の秋、江上の破屋に蜘蛛の古巣を払ひて、やや年も暮れ、春立てる霞の空に、白河の関越えんと、そぞろ神のものにつきて心を狂はせ、道祖神の招きにあひて取るもの手につかず、

(月日は永遠の旅人であり、行く年も来る年もまた旅人である。舟に乗り一生を送り、馬のくつわを取って老いを迎える者は、毎日毎日が旅で、旅を住居とする。古人もたくさん旅の中、亡くなっている。わたしもいつの年からなのか、ちぎれ雲が風に誘われるようにさすらいの望みが止まず、海浜にさまよい、去年の秋、隅田川の辺りのあばら家にかかっている蜘蛛の古巣を払い、やがて年も暮れ、霞の立つ春の空に、白河の関を越えようと思い、旅を誘う神が身辺にとりついて

心を浮き立たせ、旅の守り神の誘いにあってなにも手につかない、)

⇒ 세월은 영원한 나그네이며 가며 오는 해도 또한 나그네이다. 배에 타서 일생을 보내고 말의 재갈을 쥐고 늙음을 맞이하는 자는 매일매일 이 여행으로, 여행을 주거로 한다. 고인(古人)들도 많은 사람이 여행 중에 죽고 있다. 나도 어느 해부턴가 조각구름이 바람에 이끌리는 것처럼 여행에 대한 소망이 그치지 않아, 해변을 헤매어 작년 가을 스미다 강(隅田川) 변의 황폐한 집에 걸려 있는 오래된 거미줄을 쳐내고, 이윽고 해도 저물어 안개가 이는 봄 하늘에 시라카와(白河)의 관소를 넘자고 여행을 부추기는 신에게 이끌려 마음을 설레게 하는데, 여행길을 수호하는 신의 부름을 받아서인지 아무것도 손에 잡히지 않는다.

○ 弥生も末の七日、あけぼのの空朧朧として、月は有明にて光をさまれるものから、富士の峰かすかに見えて、上野・谷中の花のこずゑ、またいつかはと心ぼそし。むつまじきかぎりとは宵よりつどひて、舟に乗りて送る。千住といふところにて舟をあがれば、前途三千里の思ひ胸にふさがりて、幻のちまたに離別の泪をそそぐ。

行く春や 鳥啼き魚の 目は泪

(陰暦三月二十七日、あけぼのの空がぼんやりと曇って、月は有明で光は失せているがすでにうす明りの空なので、富士の峰かすかに見えて、上野・谷中の桜花のこずえ、今度はいつ見ることができるだろうかと思うと心細い。親しい人々はみんな前の晩から集まって、舟に乗って送る。千住というところで舟から上がって、果てしない

これからの旅路への感慨に浸り、はかない世間に別れの涙を流す。

まさに去ろうとしている春を悲しんで鳥は啼き、魚は目に涙を浮かべている。）

⇒ 음력 3월 27일, 새벽하늘이 어렴풋이 흐려, 달은 동틀 녘이라서 빛은 잃었지만 이미 엷은 밝기의 하늘이라서 후지산의 봉우리가 희미하게 보이고, 우에노·야나카의 꽃가지, 다음에는 언제 볼 수 있으려나 생각하니 슬프다. 친한 사람들은 모두 전날 밤부터 모여 배에 타서 환송한다. 센쥬라는 곳에서 배에서 뭍으로 올라와 끝이 없을 지금부터의 행로를 생각하니 감개에 젖고, 덧없는 세상에 이별의 눈물을 흘린다.

봄 간다 하여 새는 울고 물고기 눈엔 눈물이

◉ 해설－『오쿠노호소미치』는 바쇼 자신의 실제 여행을 기반으로 하고 있지만, 여행 도중에 읊은 홋쿠의 손질은 물론이고 새로운 홋쿠를 첨가하는 등, 많은 부분에서 사실을 바꾸고 있으며 때로는 에피소드를 창작하여 포함시키고 있다. 다시 말해서 이 하이카이 기행은 단순한 여행의 기록이 아니라 허구라는 구성 의식하에 재정리된 작품이라고 이해할 수 있을 것이다.

2. 근세의 소설

　근세는 소설의 시대라고 불릴 정도로 3백 년 동안 갖가지 종류의 소설이 흥망을 거듭했다. 근세 초기의 가나조시(仮名草子)는 계몽, 교훈적인 성격을 비롯하여 소설 이외의 요소를 다량 포함하고 있으며 중세 소설의 영향도 크다. 문체에서 테마에 이르기까지 동 시대적인 소설을 확립한 것은 사이카쿠(西鶴)에서 시작되는 우키요조시(浮世草子)이다. 그 후 익살과 풍속을 축으로 하는 우키요조시에 만족하지 못한 지식인에 의해 성립한 것으로 중국 백화 소설의 영향을 받은 전기 요미혼(前期讀本)이 있다.

　이상의 가나조시와 우키요조시, 전기 요미혼은 가미가타(上方)를 중심으로 전개되었으나, 18세기 후반에 이르러 문학과 출판의 중심이 에도로 옮아가자 가미가타와는 다른 에도풍의 기지(機智)와 샤레(洒落, 익살이나 재치)의 정신이 넘치는 소설류가 등장했다. 그림과 문장이 기교적으로 융합된 기보시(黃表紙)와 유녀와 객의 모습을 회화 중심으로 묘사한 샤레본(洒落本)이 그것이다. 더욱이 19세기에 들어서자 소설은 한층 더 대중화되었다. 샤레본에서 파생되어 이해하기 쉽고 익살 일변도인 곳케이본(滑稽本)과 마찬가지로 샤레본을 모태로 하여 성립한 여성 취향의 연애 소설인 닌죠본(人情本), 기뵤시가 장편화하여 기지보다는 내용의 재미에 무게를 둔 고칸(合卷)이 등장한다. 그리고 다소 딱딱하지만 문학성을 지니고 있던 후기 요미혼(後期讀本)이 있는데, 이것도 가미가타의 전기 요미혼에 비하면 사상성이 엷고 스토리 중심이며, 장편 오락 소설의 성격이 강하여 대중화라는 점에서 타 소설과 크게 다르지 않다.

◆ 가나조시(仮名草子)

근세 초기에서 1682년 이하라 사이카쿠(井原西鶴)에 의해 『고쇼쿠이치다이오토코(好色一代男)』가 간행되기 전까지의 소설을 가나조시라고 한다. 가나조시는 한문 서적과 불교 경전이 한자를 다용하는 것에 반해 가나를 중심으로 하는 책이라는 의미이다. 작자는 승려나 낭인 등의 지식층으로, 현재적 시각으로 보면 소설이라기보다 수필이나 교훈서 또는 실용서로서의 성격이 짙은 것을 포함한다. 이러한 경향은 당시의 소설이 대체적으로 계몽성과 교훈성 그리고 실용성을 띠고 있어, 소설과 그 이외의 장르의 구분이 명확하지 않았기 때문이다. 따라서 가나조시는 오락적 요소가 강한 것과 계몽, 교훈을 주된 소재로 하는 것 혹은 실용성에 치중하는 것 등 소재도 다양하다.

주요 작품으로는 고전의 패러디물인 『니세모노가타리(仁勢物語)』, 중세풍의 연애 모노가타리인 『우라미노스케(恨之介)』, 『우스유키모노가타리(薄雪物語)』, 번안 괴담인 『오토기보코(伽婢子)』, 번역물인 『이

소호모노가타리(伊曾保物語)』, 불교의 가르침에 입각한『니닌비쿠니(二人比丘尼)』, 교훈적 수필인『가쇼키(可笑記)』, 세상을 풍자한『우키요모노가타리(浮世物語)』, 군기인『신쵸키(信長記)』, 명소기적인『치쿠사이(竹斎)』,『도카이도메이쇼키(東海道名所記)』등이 있다.

● 『니세모노가타리(仁勢物語)』

작자 미상의 가나조시로 1639년 전후의 성립으로 추정되며, 성립 후 얼마 지나지 않아 간행되었다. 헤이안 문학인『이세모노가타리(伊勢物語)』의 문장을 축어적(逐語的)으로 해석하여 풍자하고 비꼰 패러디 소설로,『이세모노가타리』의 왕조적이며 우아한 세계를 비속하고 익살스러운 세계로 바꿔 웃음을 유도하고 있다.

○ をかし、男ありけり。その男、身を要なき物に思ひなして、「京にはあらじ。東の方に住むべき」とて行きけり。連れとする人、一人二人行きけり。道知れる人もなくて、問ふて行きけり。三河国岡崎といふ所に至りぬ。そこを岡崎とは、茶売あるによりてなむ、岡崎と思ひける。その宿の家に立寄りて、旅籠飯食ひけり。その棚に、柿つ蔕いと多くありけり。それを見て、連れ人、「『かきつへた』といふ五文字を、句の上に据へて、旅の心を詠め」と云ひければ、詠める。

　　徒歩道を昨日も今日も連れ立ちて経巡りまわる旅をしぞ思ふ

と詠めりければ、皆人笑ひにけり。

⇒ 재미있는 남자가 있었다. 그 남자는 자신을 쓸모없는 인간이라고 단정 짓고는 "교토에는 없다. 동쪽으로 가서 살자"고 길을 떠난 것이다. 길벗 한두 사람과 함께 갔다고 한다. 길을 아는 사람도 없어 물어물어 갔다고 한다. 미카와노 구니의 오카자키라는 곳에 도착했다. 그곳을 오카자키라고 하는 것은 차 시장이 있어서 그렇게 부르는 것이라고 생각했다. 여관에 들어가 숙소의 밥을 먹었다. 그곳 선반에 감꼭지(かきつへた)가 상당히 많이 있었다고 한다. 그것을 보고 일행 중 한 사람이 'かきつへた'라는 다섯 글자를 각 구의 머리에 놓아 여행의 심정을 노래로 읊어라"고 하여 남자가 읊었다.

도보의 길을 어제도 또 오늘도 동무들 함께 여기저기 떠도는 여행을 돌아본다

라고 읊었더니 모두가 웃어 댄 것이다.

* 『이세모노가타리(伊勢物語)』 9段
むかし、男ありけり。その男、身を要なき物に思なして、京にはあらじ、東の方に住むべき国求めにとて行きけり。もとより友とする人ひとりふたりして行きけり。道知れる人もなくて、まどひいきけり。三河の国、八橋といふ所にいたりぬ。そこを八橋といひけるは、水ゆく河の蜘蛛手なれば、橋を八つわたせるによりてなむ、八橋といひける。その沢のほとりの木のかげに下りゐて、乾飯食ひけり。その沢にかきつばたいとおもしろく咲きたり。それを見て、ある人のいはく、「かきつばたといふ五文字を句の上にすへて、旅の心をよめ」といひければ、よめる。

からごろも　きつつなれにし　つましあれば　はるばるきぬる　旅をし
ぞ思ふ

とよめりければ、皆人、乾飯のうへに涙落してほどびにけり。

⇒ 옛날 한 남자가 있었다. 그 남자 자신을 쓸모없는 인간이라고
단정 짓고, 교토에는 없다 하여 동쪽으로 살 만한 나라를 찾아 떠났
다고 한다. 원래부터 벗으로 하던 사람 한두 명을 데리고 갔다. 길을
아는 사람도 없어 헤매며 갔다고 한다. 미카와노 쿠니 야쓰하시라는
곳에 이르렀다. 그곳을 야쓰하시라고 부르는 이유는 물이 거미발처럼
여러 갈래로 흐르는 강이므로, 다리를 여덟 걸어놓았다 하여 야쓰하
시라고 칭한 것이다. 그 못 가의 나무 그늘에 앉아 주먹밥을 먹었다.
그 연못에 제비붓꽃이 무척 흥미롭게 피어 있었다고 한다. 그것을 보
고 어느 사람이 말하기를 "'かきつばた'라는 다섯 글자를 구의 머리
에 두고 여행의 심정을 읊어라"고 말하므로 읊었다.

가라고로모 입고서 친숙해진 아내가 있어 멀리멀리 떠나온 여행을
돌아본다

라고 읊자 모두 마른 밥 위에 눈물을 떨어뜨려 불어 버린 것이다.

◉ 해설－이 부분은 헤이안 시대 우타 모노가타리의 대표작인『이
세모노가타리(伊勢物語)』의 9단을 패러디한 것이다. 모두 부분의 "を
かし、男ありけり"는 이세의 "むかし、男ありけり"를 비튼 것으로 'を
かし' 한 낱말이『니세모노가타리』의 전편에 흐르는 패러디의 정신을
정확하게 표현하고 있다고 말할 수 있다. 'をかし' 외에 '八橋를 '岡崎'

로, '乾飯'를 '旅籠飯'로, 'かきつばた'를 'かきつへた'로 바꾸고 있다. '제비붓꽃'이 피는 명소에서 시름과 아픔을 억누르고 울적한 마음으로 주먹밥을 먹고 있는 여행이, 먹고 즐기는 비속한 여행으로 바뀐 것이다. 와카에 있어서도 망향과 이별의 애조가 완전히 사라져 버렸다. 더욱이 노래를 듣고 눈물짓는 일행이나 주먹밥 위에 눈물이 떨어져 불었다는 원문을, 노래를 듣고 모두 웃었다고 바꾼 것은 모두 부분의 'をかし'에 조응시켜 이야기를 맺으려는 의도로 판단된다.

◆ 우키요조시(浮世草子)

동 시대의 세태를 소재로 한 소설로 17세기 후반에서 18세기에 걸쳐 가미가타에서 유행했다. 이하라 사이카쿠(西鶴)에 의해 1682년에 간행된 『고쇼쿠이치다이오토코(好色一代男)』는 근세 소설사에 있어서 획기적인 의의를 가진다. 쵸닌 계층의 요노스케(世之介)를 주인공으로 등장시킨 이 소설은 작자가 하이카이의 소양에 기초를 두고 있어 구어성이 강하고 역동적인 문체가 구사되고 있다. 또한 유곽(遊廓)을 중심으로 한 여색·남색 등의 테마와 향락적이고 현세 긍정적인 인간관 등, 전체적으로 새로운 제재를 채용한 동 시대 소설로서의 의미를 갖는다. 이 해학성을 중심으로 하는 새로운 풍속 소설을 우키요조시라고 부른다.

사이카쿠는 남녀의 연애나 호색적인 풍속을 다룬 『고쇼쿠이치다이오토코』, 『고쇼쿠고닌온나(好色五人女)』, 『고쇼쿠이치다이온나(好色一代女)』 등의 호색물을 비롯하여, 각 지방의 기이한 이야기를 담은 『사이카쿠쇼코쿠바나시(西鶴諸国話)』, 『혼쵸니쥬후코(本朝二十不孝)』 등의 잡화물(雑話物)과 무가 사회의 애환을 다룬 『부도덴라이키(武道伝來記)』,

『부케기리모노가타리(武家義理物語)』 등의 무가물(武家物), 그리고
쵸닌의 경제생활의 만상을 그린『니혼에이다이구라(日本永代藏)』, 『세
켄무네산요(世間胸算用)』 등의 쵸닌물(町人物)을 비롯하여 다채로운 작품
을 남기고 있다.

사이카쿠 이후의 작가로는 니시자와 잇푸(西沢一風), 미야코노 니
시키(都の錦), 에지마 키세키(江島其磧) 등이 있고, 주인공의 성벽을
익살스럽게 과장한 가타기물(気質物)과 죠루리(浄瑠璃)·가부키(歌舞
伎)의 영향을 받아 과거를 배경으로 하고 당시의 세태를 더한 시대물
이 다수 성립했지만, 인간성의 본질을 추구하는 깊이에 있어서는 사
이카쿠의 작품에 미치지 못한다.

●『고쇼쿠이치다이오토코(好色一代男)』

사이카쿠작의 우키요조시로
1682년에 간행되었다. 억만장자
인 플레이보이와 유녀 사이에
서 태어난 요노스케(世之介)라
는 사내의 7세에서 60세까지의
호색 편력을 그린 작품이다. 평

생 관계를 맺은 여자가 3,742명(남자가 725명)이라 하며, 유녀에서 여
염집 여자에 이르기까지 일본 안의 모든 여성을 상대하고 마지막에
는 여자만이 산다는 뇨고(女護)의 섬을 향하여 배를 출항한다는 내용
에서 소설은 끝난다. 『겐지모노가타리』, 『이세모노가타리』를 바탕으

사진) 국회국립도서관 60주년기념귀중서전 출처: http://www.ndl.go.jp/exhibit60/data/R/K3-18r.html

로 하고 있으나, 히카루겐지나 나리히라(業平)라는 왕조의 '이로고노미(色好み)'의 주인공을 '호색'의 히어로로 바꿔 근세에 환생시킨 것이 요노스케다.

　* 이로고노미(色好み): 연애의 정서를 이해하고 터득하여 세련된 정취를 애호하는 일이나 그 사람을 뜻한다.

　○　桜もちるに嘆き、月はかぎりありて入佐山、ここに但馬の国かねほる里の辺に、浮世の事を外になして、色道ふたつに寝ても覚めても夢介と替名よばれて、名古屋三左・加賀の八などと、七つ紋の菱にくみして身は酒にひたし、一条通夜更けて戻り橋、ある時は若衆出立、姿をかへて墨染の長袖、又は立髪かづら、化物が通るとは誠にこれぞかし。それも彦七が顔して、願はくは嚙殺されてもと通へば、なほ見捨て難くて、その頃名高き中にも、かづらき・かをる・三夕、思ひ思ひに身請して、嵯峨に引込み、あるいは東山の片陰、又は藤の森、ひそかに住みなして、契りかさなりて、このうちの腹より生まれて世之介と名によぶ。あらはに書きしるすまでもなし。知る人は知るぞかし。(巻一、一の冒頭)

(桜も美しいが、すぐ散ってしまう。月もまた美しいが、限りがあって山の端に沈んでしまう。そんなはかない美しさよりは、入佐山のある但馬の生野銀山の辺りに、俗事を放り出し、女色・男色の二つに寝ても覚めても身を打ち込んで、夢介とあだ名される男がいた。京都へ出て名古屋三左・加賀の八などのプレイボーイと、七つの菱の紋を仲間のしるしとして徒党を組み、酒に身をひたし、夜が更けて一条通りの戻り橋を通るのに、ある時は少年の姿、姿を変えては

坊主姿、またある時は立髪かずらをかぶって侠客(きょうかく)の姿に
なったりする。鬼女退治の伝説のある戻り橋だけに、化物が通ると
は、まことにこのことである。それでも大森彦七のように動じない
顔をして、たとえかみ殺されてもと遊女のもとに通ったので、遊女
の方もこの男を見捨てがたく、男は、その頃の名高い遊女の中で
も、かづらき・かをる・三夕というとびきり有名な太夫を身請けし
て、嵯峨に引っ込み、あるいは東山のほとりや藤の森に隠棲して、
この遊女らと契りが重なり、その遊女の一人の腹から子供が生まれ
て、世之介と名付けた。こと細かにはっきり書き記すまでもない。
知る人は知っていることである。)

⇒ 벚꽃도 아름답지만 달도 또한 아름답지만 한계가 있어 산등성
이로 잠겨 버린다. 그런 덧없는 아름다움보다는 이루사야마 산이 있
는 다지마(但馬)의 이쿠노긴산(生野銀山) 부근에 속사를 내던지고 자
나 깨나 여색, 남색 두 가지에 몰두하여 유메스케(夢介)라고 불리는
남자가 있었다. 교토로 나와 나고야산자(名古屋三左), 카가노하치(加
賀の八) 등의 플레이보이와 일곱의 마름모 문양을 무리의 상징으로
하여 도당을 만들고, 술에 몸을 담갔다. 밤이 깊어 이치죠 길(一条通
り)의 모도리바시(戻り橋) 다리를 지나는데, 어떤 때는 소년의 모습으
로 어떤 때는 중의 모습으로 또는 어떤 때는 갈기 가발을 쓰고 협객
모습이 되거나 한다. 귀녀 퇴치의 전설이 얽힌 모도리바시에 요괴가
지나다닌다는 것은 그야말로 이를 두고 한 말이다. 그래도 오모리 히
코시치(大森彦七)처럼 꿈쩍 않는 얼굴을 하고 설령 물려 죽는 한이 있
어도, 하고 마음먹고 유녀에게 다녔기 때문에 유녀 쪽도 이 남자를
떨쳐 버릴 수 없었고, 남자는 그 무렵 이름난 유녀 중에서도 가즈라

키, 가오루, 산세키처럼 특히 유명한 유녀를 돈을 주고 빼내어 사가 (嵯峨)에 틀어박히거나 혹은 히가시야마(東山) 산 부근이나 후지노모리(藤の森)에 은거하며 이 유녀들과 관계를 거듭하여, 그 유녀 중 한 명의 몸에서 자식이 태어나 요노스케(世之介)라고 이름 붙였다. 상세하고 확실히 기록할 것까지도 없다. 아는 사람은 알고 있는 일이다.

◉ 해설－모두 부분의 벚꽃과 달을 인간의 성애와 대비시켜 상대화하고 있다. 벚꽃이나 달도 좋지만 한계가 있다는 것을 강조하며, 그런 덧없는 아름다움보다 종래에는 부도덕하게 여겨 죄악시해 왔던 여색과 남색(色道), 즉 인간의 자유로운 성애를 월화의 미에 대치하는 인간의 미로 간주하고, 성애의 미가 오히려 자연미를 능가하는 변치 않는 것이라고 이야기하고 있는 것이다. 전통적인 미의식에 대한 하이카이적이고 근세적인 미의식으로 이해되는데, 여기에는 사이카쿠의 현실긍정적인 자세가 잘 드러나 있다고 볼 수 있다.

● 『세켄무네산요(世間胸算用)』

우키요조시(浮世草子) 중에서 대표적인 쵸닌물로, 5권 25화로 구성된 단편집이다. 모든 이야기가 쵸닌의 경제생활의 수지 결산일인 섣달 그믐날을 배경으로 하여, 빚을 징수하는 자 또는 징수당하는 자, 돈 마련에 동분서주하는 자 등, 중하층 쵸닌의 비애와 애환이 생생하게 묘사되고 있다. 사이카쿠 생전에 간행된 마지막 작품으로 겐로쿠 5년(1692)에 간행되었다.

○ 問屋の寛闊女

世の定めとて大晦日は闇なる事、天の岩戸の神代このかたしれた
る事なるに、人みな常に渡世を油断して、毎年ひとつの胸算用ちが
ひ、節季を仕廻ひかね迷惑するは、面々覚悟あしき故なり。一日千
金に替へがたし。銭銀なくては越されざる冬と春との峠、これ借銭
の山高うしてのぼり兼ねたるほだし。それぞれに子といふものに身
代相応の費、さし当って目には見えねど、年中につもりて、

⇒ 관대한 도매상 여인

세상의 법칙으로 섣달 그믐날이 어둡다는 사실은 아메노 이와토의
신대 이래 잘 알려진 일인데 사람은 모두 평소 세상살이에 방심하여,
매년 마음으로 하는 속셈이 달라 섣달 그믐날에 지불을 하지 못하여
곤란에 처하는 것은 그들의 각오가 옳지 않기 때문이다. 하루 천금과
도 바꾸기 어려운 겨울과 봄의 경계인 섣달 그믐날을 넘기 힘든 것은
빚 때문이지만, 그 빚도 사람마다 각기 아이라는 굴레가 있기 때문으
로, 자식이라는 것은 사람의 자산과 마찬가지로 비용이 드는 것이다.
그것은 당장 눈에는 보이지 않지만 1년간 큰 액수가 된다.

◆ 이하라 사이카쿠(井原西鶴, 1642~1693)

본명은 히라야마 도고(平山藤五)로 오사카의 부유한 쵸닌이었다고
전해진다. 15, 16세 무렵부터 데이몬(貞門) 하이카이를 배우고 21세에
니시야마 소인(西山宗因)의 단린(談林) 하이카이의 덴쟈(点者, 채점자)
가 된다. 30대에 들어와 사이카쿠는 단린 하이카이의 선봉에 서서 눈
부신 활약을 펼치는데, 특히 도쿠긴(独吟)을 기반으로 혼자서 하루 혹
은 하루 밤낮 동안에 지은 구의 수를 겨루는 야카즈(矢数) 하이카이로

전환하여 쵸닌의 현실을 자유분방하게 표현했다. 그 파격적인 작풍은 다른 유파로부터 '오란다류(阿蘭陀流)'라고 공격당할 정도였다고 한다. 1684년 스미요시(住吉)신사에서 흥행한 봉납 야카즈 하이카이에서 하루 주야에 도쿠긴(独吟) 23,500구라는 전인미답의 기록을 세웠다.

40대에 들어와 스승인 소인이 사망한 후 사이카쿠는 우키요조시『고쇼쿠이치다이오토코』를 간행하여 호평을 얻고, 이후 직업 작가로서 10년 남짓 동안 20여 편의 우키요조시를 집필하여 대표 작가가 되었다.

* 도쿠긴(独吟): 료긴(両吟)이 렌가나 하이카이를 두 사람이 붙여 짓는 것에 반하여, 도쿠긴은 1권의 렌가나 하이카이를 혼자서 짓는 것을 말하며 가타긴(片吟)이라고도 부른다.

◆ 요미혼(讀本)

그림을 보는 것이 중심이며 문자가 그림의 이해를 돕는 형식의 소설인 구사조시(草双紙)와 반대로, 문자를 읽는 것이 중심이며 그림은 문자의 독해를 돕는 부속적인 형식의 소설을 말한다. 내용 면에서 중국의 백화 소설의 영향을 받아 성립한 역사, 전기 소설이다. 불교 사상이나 유교 사상을 배경으로 일본이나 중국의 역사와 전설 등을 제재로 도입하고 있으며 교훈과 오락을 겸하는 작품이 많다. 익살적인 부분을 배재한 화한혼교의 문체로 긴밀한 스토리와 역사관, 인간관을 작중에 토로하는 등, 이전까지 소설의 주류였던 우키요조시에 비해 현학적이고 지적인 소설이다.

쓰가 데이쇼(都賀庭鐘)의 『하나부키조시(英草紙)』(1749년)를 요미혼의 시초라고 한다. 1799년 산토 교덴(山東京伝)의『츄신스이코덴(忠臣水滸伝)』을 경계로 그때까지의 작품을 가미가타 중심에 단편집 중심의 전기 요미혼(前期読本)이라고 부르며, 그 이후의 작품을 에도 중심에 장편 중심의 후기 요미혼(後期読本)이라고 한다. 전기 요미혼에는 우에다 아키나리(上田秋成)의 『우게쓰모노가타리(雨月物語)』와 다케베 아야타리(建部綾足)의 『니시야마모노가타리(西山物語)』 등이 있으며, 후기 요미혼에는 교덴(京伝)의 『무카시가타리이나즈마뵤시(昔語稲妻表紙)』와 바킨(馬琴)의 『친세쓰유미하리즈키(椿説弓張月)』, 『난소사토미핫켄덴(南総里見八犬伝)』 등이 있다.

● 『우게쓰모노가타리(雨月物語)』

1776년에 간행된 우에다 아키나리의 요미혼 작품으로, 중국의 백화(白話) 소설을 비롯하여 중국과 일본의 많은 고전을 전거로 창작된 번안 괴담 소설집이다. 9편으로 구성되어 있으며 공통적으로 인간에 대한 강한 집착을 안고 있는 자를 주인공으로 하고 있다. 일상성을 기반으로 숨겨져 있는 인간의 정념을 비

현실적인 설정 안에서 선명하게 그려 내고 있는 곳에 특색이 있다. 문장은 때로는 한어(漢語)를 다용한 화한혼효문(和漢混淆文), 때로는 가어(歌語)를 늘어놓은 화문(和文)으로, 자유자재의 문체를 구사하고 있으며 미문으로 정평이 나 있다.

   * 백화(白話) 소설: 중국 문학사에 있어서 구어로 쓰인 소설을 뜻하

사진) 『우게쓰모노가타리』 시라미네(白峰). 도쿄대학문학부 국문학연구실 소장.
   출처: http://www.um.u-tokyo.ac.jp/DM_CD/DM_TECH/KANJI/HOME.HTM

며, 문어로 기록된 소설에 대응하는 명칭이다. 4대 기서(奇書)로『삼국지연의(三国志演義)』,『서유기(西遊記)』,『수호전(水滸伝)』,『금병매(金瓶梅)』등이 있다.

◆ 전 구성 9편

■ 시라미네(白峰) – 사누키(讃岐)의 시라미네에서 스토쿠인(崇徳院)의 망령이 사이교(西行)에게 헤이케(平家) 멸망을 예언하는 이야기.

■ 기쿠카노 치기리(菊花の約) – 귀향한 의형제 무사가 약속을 지켜 9월 9일 중양(重陽)의 절구에 영혼이 되어 돌아오는 이야기.

■ 아사지가야도(浅茅が宿) – 장사를 하기 위해 상경한 가쓰시카노 마마(葛飾真間)에 사는 가쓰시로(勝四郎)라는 남자가 전란으로 인해 7년 후 겨우 귀향하여 아내인 미야기(宮木)와 재회한다. 그러나 날이 새어 지난밤 나타난 미야기가 망령이었다는 사실을 깨닫는 이야기.

■ 무오노 리교(夢応の鯉魚) – 죽은 승려가 잉어가 되어 비와호(琵琶湖)를 회유하다가 다시 살아나 잉어의 체험을 들려주는 이야기.

■ 붓포소(仏法僧) – 고야산(高野山)에 원한을 남기고 죽은 관백 히데쓰구(関白秀次)의 망령이 나타나는 이야기.

■ 기비쓰노 가마(吉備津の釜) – 여자와 도망친 남편을 원망하며 죽은 아내가 보복하는 이야기.

■ 쟈세이노 인(蛇性の婬) – 뱀의 화신인 미녀와 결혼한 도요오(豊雄)의 괴기와 공포 체험 이야기.

■ 아오즈킨(青頭巾) – 유아의 사체를 먹은 승이 식인귀가 된 것을 가이안선사(快庵禅師)가 성불시키는 이야기.

■ 힌푸쿠론(貧福論) - 황금의 정령이 나타나 도쿠가와 막부의 실현
  을 예언한 이야기.

○ 浅茅が宿(본문은 아내 미야기와 재회한 다음 날 아침의 장면이다.)

　臥したる妻はいづち行きけん見えず。狐などのしわざにやと思え
ば、かく荒れ果てぬれど故住みし家にたがはで、広く造り作せし奥
わたりより、端の方、稲倉まで好みたるままの形なり。

　呆自れて足の踏所さへ失れたるやうなりしが、熟おもふに、妻は
既に死りて、今は狐狸の住みかはりて、かく野らなる宿となりたれ
ば、怪しき鬼の化してありし形を見せつるにてぞあるべき。若し又
我を慕ふ魂のかへり来りてかたりぬるものか。思ひし事の露たがは
ざりしよと、更に涙さへ出ず。我が身ひとつは故の身にしてとあ
ゆみ廻るに、むかし閨房(ふしど)にてありし所の簀子をはらひ、土を
積みて塚とし、雨露をふせぐまうけもあり。夜の霊はここもとより
やと恐ろしくも且なつかし。

　水向の具物せし中に、木の端を冊(けづ)りたるに、那須野紙のいた
う古びて、文字もむら消して所々見定めがたき、正しく妻の筆の跡
なり。法名といふものも年月もしるさで、三十一字に末期の心を哀
れにも展(のべ)たり。

　　さりともと思ふ心にはかられて世にもけふまでいける命か

　(현대어 역) 共寝した妻はどこに行ったやら姿も見えぬ。狐に誑(た
ぶら)かされたかと思ってみれば、こんなに荒れ果てていても、昔住

んでいたわが家には違いなく、広く造りなした奥の間あたりから、端の方、稲倉まで、気にいっていた造りがそのまま残っている。

　勝四郎あきれ果て、足を踏み出すのも忘れて突っ立っていたが、よくよく考えてみれば、思い当たる。「妻は疾(と)うに死んで、この家は今や狐・狸の栖家になり、野原同然の廃屋になって、昨夜、怪しい物怪が、生前の妻の姿で現れたのであろう。それとも、もし自分を慕う妻の亡魂が還って来て、一夜を共にしたのであろうか。どちらにしても、予想した事は少しも違わなかった」と思うと、あらためて涙も出ぬ。「昔のままなのは、生き残った自分だけなのか」と、荒屋の中を見めぐって行くと、以前は寝所であった部屋の床板(すのこ)を取り払って、土を盛り上げて作った土墓(つか)があり、雨露を防ぐ仕掛けもしてあった。昨夜の亡魂はここから訪れたのかと思えば、恐ろしくもあり、慕わしくもある。

　置いてあった手向け(たむけ)水の器の間に、墓標がわりに木片の端を削って、古びた那須野紙(なすのがみ)を貼り付けたものが見え、文字もところどころ薄れ消えて読み取りにくいそれを、よくよく見れば正しく妻宮木筆跡であった。戒名(かいみょう)のようなものも、死去の年月も書いてあるわけでなく、一首の歌に末期(まつご)の心が悲しく述べてある。

　　それでも、いつかはきっと帰ってくると待ちわびる、そのわが心に欺
　　(あざむ)かれて、よくも今日という日まで生き永らえてきたものよ。
　⇒ 황폐한 집
　함께 잔 아내는 어디로 갔는지 모습도 보이지 않는다. 여우에 홀린 것인가 생각하니 이렇게 황폐해도 옛날에 살던 내 집임에는 틀림없고, 넓게 지은 안방에서 곳간 끝까지 마음에 들었던 구조가 그대로 남아 있다.

가쓰시로(勝四郎)는 어이가 없어 발을 내딛는 것도 잊고 멈춰서 있었는데 잘 생각해 보니 짐작 가는 것이 있다. '아내는 이미 죽어 이 집은 지금 여우, 너구리가 사는 집이 되고 들판과 다를 바 없는 폐가가 되어, 어젯밤 괴이한 귀신이 살아 있을 적 아내의 모습으로 나타난 것이리라. 아니면 만일 자신을 그리는 아내의 망령이 돌아와서 하룻밤 같이 지낸 것인가. 어느 쪽이든 예상한 것은 조금도 틀리지 않았다'고 생각하자 새삼 눈물도 나지 않는다. '옛날 그대로인 것은 살아남은 자신뿐인가' 하고 폐가 안을 돌아보자 이전에는 침소였던 방의 마루를 걷어 없애고 흙을 쌓아 올려 만든 무덤이 있고 우로를 막을 장치도 있었다. 어젯밤의 망령은 여기에서 찾아온 것인가 하고 생각하자 두렵기도 하고 그립기도 하다.

놓아둔 정화수 그릇 사이에 묘표 대신에 나무 조각의 한쪽을 깎아 오래된 나스노종이(那須野紙)를 붙인 것이 보이고, 문자도 군데군데 흐려 지워져 읽기 어려운 것을 유심히 살펴보자 틀림없이 아내 미야기(宮木)의 필적이었다. 법명 같은 것이나 죽은 연월이 쓰여 있는 것도 아니고 1수의 노래에 임종 시의 마음이 슬프게 읊어져 있다.

さりともと思ふ心にはかられて世にもけふまでいける命か
그렇다 해도 꼭 돌아오리라는 생각에 속아 참으로 오늘까지
오래도 살았구나
(그렇지만 언젠가는 반드시 돌아오리라 애타게 기다리는, 이 내 마음에 속아 참으로 오늘까지 오랫동안 살아왔구나.)

◉ 해설 – 장사를 하기 위해 상경한 가쓰시카(葛飾)의 마마(真間)에 사는 가쓰시로(勝四郎)라는 남자가 전란으로 인해 7년 후 겨우 귀향하여 아내인 미야기(宮木)와 재회한다. 그러나 날이 새어 보니 미야기는 보이지 않고 집은 폐허가 되어 침소가 있던 곳에는 그녀의 것으로 보이는 무덤이 있었고, 묘표 대신 가쓰시로를 그리워하는 노래가 적힌 종이가 붙은 나무 조각이 놓여 있었다. 그녀의 필적이었다. 지난밤에 함께 잔 여자는 미야기의 망령이었던 것이다.

◆ 우에다 아키나리(上田秋成, 1734~1809)

근세 중기의 국학자이며 요미혼 작가이다. 4세 때 오사카 도지마(堂島)의 종이와 기름 상인인 우에다 씨 집안의 양자가 된다. 하이카이와 와카, 국학, 한학을 배우고, 우키요조시와 요미혼 작가가 된다. 모토오리 노리나가와의 국학에 대한 논쟁은 유명하다. 병약했으며 만년에는 처자의 죽음과 화재, 실명 등으로 불우하고 고독한 생활을 보냈다. 주요 작품으로는 요미혼으로『하루사메모노가타리(春雨物語)』, 수필로『단다이쇼신로쿠(胆大小心録)』와『구세모노가타리(癇癖談)』, 가문집(歌文集)으로『쓰즈라부미(藤簍冊子)』등이 있다.

■ 구사조시(草双紙) – 기뵤시(黃表紙), 고칸(合卷)

아카혼(赤本), 구로혼(黑本), 아오혼(青本), 기뵤시(黃表紙), 고칸(合卷) 등 그림의 비중이 큰 소설을 구사조시(草双紙)라고 한다. 원칙적으로 모든 페이지에 그림이 있고 그림의 여백에 줄거리나 회화가 기술되어 있다. 고칸을 제외하고는 표지의 색상에 따른 명칭이다. 아카혼은 1670년대부터 1730년대 무렵까지 유행했는데, 동화나 같은 종류

의 것을 열거하여 부르기 쉽게 한 '모노즈쿠시(物尽くし)'·가부키·죠루리·역사·전기물의 줄거리와 같은 것이 많고, 주로 어린이가 독자층을 형성했다. 1740년대에 발생한 구로혼과 밝은 녹색 표지의 아오혼은 아카혼과 제재는 유사하나 내용면에서 복잡해진다.

기뵤시는 1775년의 고이카와 하루마치(恋川春町)의 『긴킨센세이에이가노유메(金々先生栄華の夢)』를 최초의 작품으로 한다. 요쿄쿠(謡曲) 『간탄(邯鄲)』을 바탕으로 주인공인 가네무라야 긴베에(金村屋金兵衛)의 덧없는 꿈을, 당시의 세태 풍속을 묘사한 그림이나 샤레본(洒落本)에 통하는 재치 있는 문장으로 표현하고 있다. 아오혼, 구로혼을 성인의 감상 욕구에 걸맞는 익살과 기지의 소설로 재생산한 작품이라고 평가된다. 1권을 10페이지로 하며 대체로 3권으로 엮어 기뵤시의 정형이 확립되고, 이후 산토 쿄덴(山東京田)의 『에도우마레우와키노카바야키(江戸生艶気樺焼)』 같은 명작이 연속적으로 간행되었다. 고칸은 기뵤시의 주류가 원수를 갚는 내용(敵討ち物) 등으로 바뀌어 스토리가 복잡해지는 시기인 1804년 이후에 나타난 형식으로, 기뵤시 수권을 1권으로 엮어 상중하 등으로 장편화한 것이며, 통속성과 전기성이 짙다.

* 간탄(邯鄲): 간탄은 중국 전국 시대의 죠(趙)나라 수도로, 로생(盧生)이 도사려옹(道士呂翁)으로부터 생각하는 그대로의 영달을 가져다준다는 베개를 빌려 낮잠을 잔다. 말 그대로 수년 동안 영화를 누리는 꿈을 꾸지만 잠에서 깨어 보니 삶고 있던 조가 아직 익지 않았다는 고사에서 비롯된 이야기로, 영고성쇠(榮枯盛衰)의 덧없음을 비유한 말이다.

- 『에도우마레우와키노카바야키(江戸生艶気樺焼)』

산토 교덴(山東京田)의 기뵤시(黄表紙)로 3권으로 구성되어 있으며 1785년에 간행되었다. 연애 죠루리의 원작 등을 보면서 호색가를 동경하던 추남 아다키야 엔지로(仇気屋艶二郎)는 세간에 염문을 퍼뜨리기 위해 돈을 들여 갖가지 어리석은 짓을 거듭한다. 첩을 거느리고 다니며 질투를 유발시키려 하고, 플레이보이는 원래 두들겨 맞기 십상이라 하여 허세로 부탁해서 두들겨 맞고, 부모에게 간원하여 75일 동안 한정해서 부자의 연을 끊는다. 그러나 세간의 비웃음을 살 뿐이며 염문은 좀처럼 퍼지지 않는다. 동반자살이야말로 염문을 일으키는 데 최고라 하여 낙적한 유녀와 위장 자살극을 벌이려 할 때 우연히 나타난 도적에게 몸에 걸치고 있던 것을 모두 빼앗기고 만다.

○ [三]艶二郎はまづ彫り物がうわきの始まりなりと、両ほうの腕、指のまたまで、二三十ほどあてもなき彫り物をし、痛いのをこらへて、ここが命だとよろこびけり。

喜之助「中にちと消へたのもなくてはわるいから、あとでまた灸をすへやせう」

艶二郎「色男になるもとんだつらいものだ」

[四]艶二郎は役者のうちへ美しき娘などの駆けこむを、うわきなこ

ととうらやましく思ひ、近所の評判の芸者おゑんといふ踊子を、五十両にてやとい、駆けこませるつもりにて、わるい志庵たのみきたる。

志庵「これが頼みの、ともかくも、おあやかり申て、ちと出世のすじさ」

おゑん「かけこむばかりなら随分承知さ」

⇒ [三] 엔지로는 우선 문신이 플레이보이가 되는 첫걸음이라 하여 양쪽 팔과 손가락 사이에까지 2, 30 정도, 실제로는 상대가 없는 문신을 하며 아픈 것을 참고 여기가 가장 중요한 부분이라 하여 기뻐했다.

기노스케 "문신 중에는 조금 지워진 것이 없어서는 모양새가 좋지 않으니 나중에 다시 뜸을 뜨지요."

엔지로 "플레이보이가 되는 것도 뜻밖에 고통스러운 일이다."

[四] 엔지로는 가부키 연기자의 집으로 예쁜 여자가 뛰어들어가는 것을 세련된 일이라고 부럽게 여겨 근처의 소문난 기생 오엔이라는 여자를 50량으로 고용하여 자신의 집에 불러들이려는 심산으로, (엔지로의 뜻을 듣고) 아첨꾼 의사 시안이 여자가 있는 곳으로 부탁하러 왔다.

시안 "이런 부탁이다. 그리고 어쨌든 그대의 행운에 힘입어 나도 출세의 실마리를 찾자는 것이다."

오엔 "뛰어들어가는 것뿐이라면 물론 좋다."

◉ 해설─본 작품에는 등장인물의 모델이 있었을 것으로 추정되며, 황당무계한 줄거리와 그림, 그리고 세태나 인간의 심리를 절묘하게 간파하고 있는 문장이 돋보인다. 또한 거기에 더하여 사실적인 묘사 등이 병존하고 있어 기보시의 독특한 해학미가 느껴진다.

* 산토 교덴(山東京田, 1761~1816)

근세 중기의 게사쿠(戲作, 통속소설) 작가로, 처음에는 주로 화류계 여성이나 가부키 배우를 소재로 그림을 그리는 우키요에(浮世絵) 화가였지만 기뵤시와 샤레본 등에서 뛰어난 기지와 풍자, 화류계를 꿰뚫어 보는 재치로 인기를 모았다. 그러나 막부의 개혁에 의한 금령으로 처벌을 받은 이후에는 주로 요미혼에 힘을 기울이다가 만년에는 풍속 고증 연구에 몰두했다.

◆ 샤레본(洒落本)

유곽 등을 무대로 하여 기생과 객의 관계를 회화 중심으로 묘사한 사실적 필치의 소설이다. 한문체의 유리견문기(遊里見聞記)를 기원으로 하고 있지만, 샤레본 융성의 계기가 되고 정형을 만든 것은 1770년의 『유시호겐(遊子方言)』이다. 화류계의 사정에 밝은 체하는 한카쓰(半可通)와 어리석은 아들이 등장하는데 이 한카쓰는 이후의 샤레본에서도 전형적인 캐릭터가 되고 있다. 샤레본의 주된 발상을 '우가치(うがち)'라고 하는데, 우가치는 표출하고 싶지 않은 속사정을 짓궂게 지적하는 것으로, 샤레본은 이 발상과 방법에 맞춰 에도적인 '쓰(通)' 의식을 해학적으로 표현하고 있다. 주요 작품에는 산토 교덴(山東京伝)의 『게이세이카이시쥬핫테(傾城買四十八手)』 등이 있다.

* 쓰(通): 인간의 애정이나 화류계의 사정에 밝은 것. 또는 그런 사람을 말한다.

◆ 곳케이본(滑稽本)

샤레본의 '쓰(通)' 의식을 버리고 샤레본이 원래부터 갖고 있던 해학적이고 익살스러운 요소를 통속화하고 비대화시킨 해학 소설이다. 샤레본은 오로지 유곽을 그리고 있지만 곳케이본은 평범한 서민의 일상생활에서 소재를 찾고 있다. 1802년부터 간행이 시작된 짓펜샤 잇쿠(十返舍一九)의 『도카이도츄히자쿠리게(東海道中膝栗毛)』와 1809 년에서 1813년 사이에 간행된 시키테이 산바(式亭三馬)의 『우키요부 로(浮世風呂)』, 『우키요도코(浮世床)』(1814~1815)가 대표작이다. 회화 중심이라는 점에서 샤레본과 유사하나 산바의 곳케이본 등은 교덴의 샤레본 이상으로 회화 중의 정밀한 발음 묘사에 주의를 기울이고 있다.

◆ 닌죠본(人情本)

샤레본에서 해학적인 요소를 제거하고 후기 샤레본의 감상적인 진정 묘사를 젊은 서민 남녀의 연애로 그린 소설이다. 샤레본과 마찬가지로 회화 중심의 소설이지만 줄거리도 매우 탄탄한 일면을 보여주고 있다. 한 호색남을 둘러싸고 2, 3명의 여성이 벌이는 갈등이 스토리의 정형이 되고 있다. 샤레본과는 달리 여성을 주된 독자층으로 상정한 소설이며 나키혼(泣本)이라고도 불렸다. 1819년에 초편이 간행된 짓펜샤 잇쿠의 『세이단미네노하쓰하나(淸談峯初花)』를 닌죠본의 효시라고 하며, 대표작으로는 다메나가 슌스이(爲永春水)의 『슌쇼쿠우메고요미(春色梅児誉美)』(1832~1833)와 『하루쓰게도리(春告鳥)』(1836) 등이 있다.

3. 닌교 죠루리(人形浄瑠璃)와 가부키 (歌舞伎)

죠루리는 샤미센(三味線)을 반주로 상연되는 인형극이며, 가부키는 연기자(役者)의 가무와 연기를 중심으로 상연되는 연극이다. 무가에게 지지를 얻은 노가쿠와 달리 죠루리와 가부키는 서민의 연극으로 발전했다. 역사적 사실과 세태를 제재로 하면서도 각본가의 자유로운 각색에 의해 서민들의 취향이나 염원을 담고 있다.

◆ 닌교 죠루리(人形浄瑠璃)

■ 변천사

무로마치 시대, 우시와카마루(牛若丸)와 죠루리히메(浄瑠璃姫)의 허무한 연애담에 맹인 법사가 리듬을 붙여 비파를 반주로 낭창하고 있었다. 이것을 죠루리라 불렀는데 무로마치 말기가 되자 당시 일본에 도래한 샤미센(三味線)을 반주 도구로 사용하게 되었고, 에도 시대

에 들어와 인형을 도입하여 무
대에 올린 것이 닌교 죠루리이
다. 처음에는 노(能)나 오토기
조시(お伽草子) 등 전 시대에
성립한 문예의 내용을 빌리는
정도였지만, 다케모토 기다유

(竹本義太夫)의 기다유부시(義太夫節)와 치카마쓰 몬자에몬(近松門左
衛門)의 각본에 의해 『소네자키신쥬(曾根崎心中)』가 상연된 무렵부터
독자적인 영역을 점하게 되었고 예술성 높은 극으로 변모해 갔다.

■ 구성 요소

사장(詞章)・음악(音楽)・인형(人形) 세 가지가 일체가 되는 입체 예술
로, 사장은 원작 그대로의 대본(床本)이지만 음악은 내레이터의 역할을
담당하는 다유(太夫)와 샤미센(三味線)이 호흡을 맞춰 '깊은 정취를
이야기하는' 표현을 추구한다. 치카마쓰(近松)의 시대에는 인형을 조종
하는 닌교 쓰카이(人形遣い)가 1인(一人遣い)이었지만 마침내 3인(三人
遣い)으로 발전하고, 연기도 복잡 미묘한 양상을 띠어 갔다. 단, 단역인
쓰메닌교(つめ人形)는 지금도 1인이 조종한다. 극적인 효과를 높이기
위해 여행 중의 정경을 보여주는 도행(道行) 장면 등에서 반주자인 하
야시(囃子)를 사용하는 경우도 많다. 닌교 죠루리의 다른 이름인 분라쿠
(文楽)라는 칭호는 근세 후기의 분라쿠좌(文楽座)라는 극장 이름에서
유래한 것이다.

사진) 人形浄瑠璃文楽の舞台『冥途の飛脚』吉田玉男の忠兵衛 3代目吉田簑助の梅川 1993年2月 国立劇
場. 출처: http://www2.ntj.jac.go.jp/dglib/edc_dic/dictionary/dic_na/

■ 종류와 작품

죠루리의 종류에는 에도 시대 이
전의 무가 사회에서 제재를 채용한
지다이 모노(時代物)와 주로 에도
시대의 사건과 인물 등을 소재로
한 세와 모노(世話物)가 있으며, 주
요 작품으로는 지다이 모노에 2대 다케다 이즈모(二代竹田出雲)의 『요
시쓰네센본자쿠라(義経千本桜)』와 『가나데혼츄신구라(仮名手本忠臣蔵)』
등이 있으며, 세와 모노에는 치카마쓰 몬자에몬(近松門佐衞門)의 『소
네자키신쥬(曾根崎心中)』와 기노 가이온(紀海音)의 『야오야오시치(八
百屋お七)』 등이 있다.

　＊ 기다유부시(義太夫節): 다케모토 기다유(竹本義太夫)가 창시한 죠
루리의 일파로 샤미센을 반주로 하여 이야기를 엮어 나가는데, 이 역
할을 하는 사람을 기다유(義太夫) 혹은 다유(太夫)라고 한다.

　＊ 닌교 쓰카이(人形遣い): 분라쿠에서 주요 인형은 3인이 조종한다.
얼굴을 가리기 위해 즈킨(頭巾)과 구로고(黒衣)를 입지만, 주조종자인
오모 즈카이(主遣い)는 즈킨을 쓰지 않으며 의상도 가문(家紋)이 표시
된 몬쓰키(紋付)와 하의인 하카마(袴)를 입는다.

● 『소네자키신쥬(曾根崎心中)』

　치카마쓰 몬자에몬 작으로 1단 3장으로 구성되어 있다. 1703년 다

사진) 도쿠시마시하타쵸(德島市八多町)에 있는 이누카이 농촌무대(犬飼農村舞台).
　　출처: http://www.jrt.co.jp/tv/ohayo/furusato/021105/htm

케모토좌(竹本座)에서 처음으로 상연되었는데, 실제로 있었던 동반 자살 사건을 소재로 한 작품이다. 오사카의 간장 상인인 도쿠베에(德兵衛)는 유녀인 오하쓰(お初)와 장래를 약속했으나 숙부인 주인은 처의 조카와 도쿠베에를 결혼시키려 한다. 도쿠베에는 혼담을 거절하지만 주인에게 변제할 결혼 준비금을 기름 상인인 친구 구헤이지(九平次)에게 사기당하고 만다. 설상가상으로 악한으로 몰리게 되자 남자의 체면을 세우기 위해 오하쓰와 함께 소네자키 덴진(天神)의 숲에서 동반 자살한다. 치카마쓰의 세와 죠루리의 데뷔작으로 흥행에서도 대성공을 거두었다.

○ 「もしも道にて追手のかかりわれわれになるとても。うき名は捨てじと心がけ剃刀用意いたせしが。望のとほり一所で死ねるこの嬉しさ」といひければ。「オオ神妙頼しし。さほどに心落着くからは最期も案ずることはなし。さりながら今はの時苦患にて。死姿見苦しといはれんも口惜しし。此の二本の連理の木に体をきっと結ひつけ。いさぎよう死ぬまいか世にたぐひなき死様の。手本とならん。」「いかにも」と浅ましや浅黄染。かかれとてやは抱帯両方へ引張りて。剃刀とってさらさらと。「帯は裂けても主様と私が間はよも裂けじ」と。どうど座を組み二重三重。ゆるがねやうにしっかとしめ。(中略)「いつまでいうて詮もなし。はやはや殺して殺して」と最期を急げば。「心得たり」と。脇差するりと抜放し。「サァ只今ぞ南無阿弥陀南無阿弥陀」と。いへどもさすが此の年月いとしかはいとしめて寝し。肌に刃があてられうかと。眼もくらみ手もふるひ弱る心を引直し。取直してもなほふるひ突くとはすれど切先は。あなたへはづれこな

たへそれ。二三度ひらめく劍の刃。あっとばかりに咽笛に。ぐっと通るか南無阿弥陀。南無阿弥陀南無阿弥陀と。剔りとほし剔りとほす腕先も。弱るを見れば両手を延べ。断末魔の四苦八苦。

⇒ "만일 뒤에서 쫓아오는 자에게 잡혀 생이별을 하게 되더라도 정분이라는 이름은 버리지 않겠다고 마음에 새기고 면도칼을 준비했습니다. 바라는 대로 한곳에서 죽을 수 있는 기쁨"이라고 말하자, "암, 마음 든든하다. 이만큼 마음이 안정되니 마지막도 걱정할 것이 없다. 그러나 임종 시의 고통으로 죽는 모습이 보기 힘들다는 말을 듣는 것도 유감스러운 일이다. 두 그루가 하나로 붙어 있는 나무에 몸을 꼭 묶어, 깨끗하게 죽지 않으려나. 세상에 유례가 없는 죽음의 본보기가 될 것이다." "지당하신 말씀"이라며, 너무나도 엷은 황색 천, 이처럼 사용하려 준비해 둔 것이 아닌 허리띠를 양쪽으로 잡아당겨 면도칼로 솔기(이음새)를 트자, "허리띠는 타져도 당신과 나 사이는 갈라지지 않겠지요"라고 말한다. 털썩 주저앉아 이중삼중으로 풀리지 않도록 힘껏 조인다. (중략) "언제까지 말해 봐야 소용없어. 어서어서 죽여 줘 죽여 줘"라고 말하며 최후를 재촉하자 "잘 알겠다"고 말하며, 허리에 찬 작은 칼을 스르르 뽑는다. "자아 지금이야말로 나무아미타불 나무아미타불"이라고 말하지만 역시 이 세월 사랑하여 꼭 껴안고 잤는데, 살에 칼날이 닿을까 눈도 흐리고 손도 떨려 약해지는 마음을 고쳐먹고 다시 해봐도 계속해서 떨려 찌르려고 해도 칼끝은 저쪽으로 빗나가고 이쪽으로 삐친다. 두세 번 번뜩이는 칼날 순식간에 숨통에 깊이 박히는구나 나무아미타불. 나무아미타불 나무아미타불. 깊이 깊이 찌른 힘센 팔도 죽어 가는 것을 보자 양손을 뻗어 단말마의 고통.

◆ 가부키(歌舞伎)

중세 말기에서 에도 초기 무렵에 이즈
모타이샤(出雲大社)의 무녀인 오쿠니(阿
国)가 교토에서 '가부키오도리(歌舞伎踊)'
를 피로한 것이 시초이다. '가부키(傾き)'
라는 말은 원래 기묘한 차림을 하고 이
상한 몸짓을 하는 것을 의미한다. 이것이 전국적으로 유행하여 '온나
가부키(女歌舞伎)'를 탄생시켰으나 풍기 문란을 이유로 몇 번의 단속
을 거쳐 결국 금지되었다. 그 대신 미소년이 등장하는 '와카슈 가부키
(若衆歌舞伎)'가 행해졌으나 이것도 풍속을 헤친다 하여 금지되고, 미소
년의 상징인 앞머리의 삭발(野郞額, 야로히타이)을 조건으로 허가를 얻
어 '야로 가부키(野郞歌舞伎)'가 시작되었고 이것이 현재에 이르고 있다.

이러한 변천을 통해서 무용 위주였던 가부키는 대사 중심의 연극
으로 탈바꿈했다. 겐로쿠기(元禄, 1688~1704) 작가인 치카마쓰와 명
배우인 이치카와 단쥬로(市川団十郞), 사카타 도쥬로(坂田藤十郞)의
출현에 의해 최성기를 맞이한다. 서민에게 있어 이들의 연극을 관람
하는 것은 꿈의 세계를 엿보는 최고의 사치였다.

죠루리에는 사장을 기록한 각본(院本 또는 丸本)이 있지만 가부키
는 초기에 관한 정확한 기록이 없어 교겐본(狂言本)에 의해 대략적인
상황을 알 수 있다. 치카마쓰의 작품조차 명확한 것은 발견되지 않는
다. 따라서 그 후의 가부키는 대부분 죠루리의 각본을 사용했으며, 근
세 중기에 각본이 제작되고 나서도 죠루리와의 긴밀한 교류가 지속

되었다. 쇠퇴한 가부키의 인기를 한순간에 만회하여 닌교 죠루리를 앞지른 것은 나미키 쇼자(並木正三) 때이다. 회전 무대(廻り舞台)와 세리(セリ), 하나미치(花道), 아게마쿠(揚幕) 등 무대 장치와 대도구에 독자적인 발상을 살려 현재의 화려한 가부키의 기반을 만든 것이다.

  * 세리: 극장에서 무대의 마루 일부를 뚫어 배우나 대도구를 밑으로부터 밀어 올리거나 끌어내리는 장치로, 영적인 존재의 등장이나 퇴장 등에 이용된다.

  * 하나미치(花道): 배우가 출입하는 길로 무대의 연장으로 객석을 종단하여 설치하는데, 원래 배우에게 선사할 꽃을 가지고 가기 위해 마련되었다고 한다. 이름의 유래에 관해서는 몇 가지 설이 있으나 무대를 정면으로 왼편에 설치하는 것을 모토하나미치(本花道), 오른편에 설치하는 것을 가리하나미치(仮花道)라고 한다.

  * 와고토(和事): 남녀의 연애와 정사의 연출 양식 혹은 그 장면을 말하며 가미가타 가부키에서 발달했다.

  * 아라고토(荒事): 초인적인 무인이나 귀신의 활약을 거칠게 과장하여 표현하는 것을 말한다. 초대 이치카와 단쥬로가 창출하여 에도 가부키의 특색이 되었다.

  * 구마도리(隈取り): 아라고토에서 파생한 화장법으로 안면의 표정을 과장하기 위해 홍색과 남색으로 근육의 융기(隆起)를 그린

사진) 구마도리(隈取) 가부키의 독특한 화장법으로 역할에 따라 사용하는 색이 결정된다. 적색은 아라고토(荒事)의 기본이다. 용기, 정의, 강한 역할에 사용된다. 남색은 스케일이 큰 적의 역할에 사용된다. 차색은 귀신이나 요괴 등 인간 이외의 역할에 사용된다. 가부키사전
출처: http://www2.ntj.jac.go.jp/dglib/edc_dic/dictionary/dic_ka/

다. 홍색은 정의나 힘을 나타내며 남색이나 차색 등의 어두운 색은 사악한 것을 가리킨다.

◆ 치카마쓰 몬자에몬(近松門佐衞門, 1653～1724)

근세 전기의 죠루리와 가부키 각본 작가로, 근세 연극의 기초를 확립하여 국민적인 극시인으로 평가받고 있다.

치카마쓰는 에치젠(越前) 후쿠이(福井)의 무가 가문에서 태어나 일자리를 잃고 낭인의 신분으로 교토에 이주한다. 이치죠 아키라(一条昭良)를 섬기며 한편 야마오카 겐린(山岡元隣)을 통해서 데이몬 하이카이를 배웠다. 30대에 들어와 연극의 각본 작가로 활약하기 시작한다.

그는 처음에는 가부키의 교겐 제작에 주력했으나 쓰마다유좌(都万太夫座)의 명배우인 사카타 도쥬로(坂田藤十郎)와 제휴하여 그를 위하여『게이세이호토케노하라(傾城仏の原)』등 30여 편의 작품을 썼다. 그러나 도쥬로가 죽은 후 가부키로부터 멀어졌다.

죠루리 작가로서의 활동은 다케모토 기다유(竹本義太夫)가 오사카에 다케모토좌(竹本座)의 깃발을 내걸었을 때 여기에 참가하면서부터다.

□ 고전 극예술 정리

극예술의 태동기는 주술적인 무용에 의한 제례 의식과 천민 예능의 형태로 존재했다. 그 후 고대기에 가면을 쓰고 음악에 맞춰 연기

사진) 치카마쓰 몬자에몬(近松門左衞門). 출처: http://www.igp-eizou.co.jp/vd_elm_04_0240.html

하는 무용극인 기악(伎楽)이 인도와 티베트에서 발생하여 백제를 거쳐 일본으로 도래했다.

헤이안 시대에 들어와 궁정과 귀족들 사이에서는 9세기 무렵에 수입된 세련된 양식의 무악(舞楽)이 궁정과 대사원의 예악(禮楽)으로 보호 전승되어 현재에 이르고 있다. 무악은 좌우 양무제(左右兩舞制)로 진행된다. 한편 대중 오락적인 곡예와 요술, 인형극, 동물 부리기 등 산가쿠(散楽)로 총칭하는 예능이 서민들 사이에서 유행했다. 산가쿠는 노와 교겐, 닌교 죠루리 등의 성립에 영향을 끼쳤다.

사루가쿠(猿楽)를 귀족의 무악에 대응하는 산가쿠에 포함시키기도 히는데 사루가쿠는 노래와 춤 그리고 촌극과 곡예를 포함한 다면적인 예능이며 주로 예능을 생업으로 하는 떠돌이 승에 의해 연기되었다. 한편 덴가쿠(田楽)는 토지의 신을 향한 기도 예능에서 시작되었다. 헤이안 시대 말기에 사루가쿠와 덴가쿠는 극단을 만들어 정착하고 중세에 걸쳐 사원에 얽힌 전설이나 설화 등을 채용하여 극적 내용을 띠기 시작하면서 사루가쿠노(猿楽能), 덴가쿠노(田楽能)라고 불렸다. 대화와 줄거리를 가진 희곡이 성립하여 연극으로서의 형태를 갖추었다.

겐페이 합전(源平合戰)이 끝나고 무가 정권이 확립된 남북조 시대에 고다이고 덴노(後醍醐天皇)가 요시노(吉野)에 세운 남조와 아시카가 다카우지(足利尊氏)가 교토에 세운 북조가 대립하던 시기(1336~1392)에 극단과 무가 세력의 유대 관계가 깊어지고, 간아미와 제아미 부자가 사루가쿠노를 세련된 가면 가무극으로 발전시켜 노(能)로서의 지위를 굳혔다. 제례성을 기반으로 하여 사루가쿠와 덴가쿠를 완전히 융합하고 지양하여 유겐의 양식을 정비하는 한편 『겐지모노가타리』를 비롯하여 서사시적인 이야기를 채용하고 이것이 불교의 이념을 중시하는 무가적 감각에 의해 집대성되면서 순일본적인 무대 예술로 성장한다. 에도 시대 이후 노, 교겐(狂言)은 막부 또는 다이묘 등의 예악으로 고정된다.

무로마치 시대, 서민 사이에서는 비파 반주에 맞춰 우시와카마루(牛若丸)와 죠루리히메(浄瑠璃姫)의 연애담 등을 낭창하던 죠루리(浄瑠璃)가 유행했으나, 여기에 중세 말에 중국에서 도래하여 일본화한 샤미센(三味線)이라는 악기와 예로부터 민간 신앙과 함께 전승되고 있던 닌교 쓰카이(人形遣い)가 결합하여 닌교 죠루리(人形浄瑠璃)가 성립했다. 겐로쿠(元禄, 1688~1704)년간에는 치카마쓰 몬자에몬(近松門左衛門)과 다케모토 기다유(竹本義太夫)에 의해 극문학으로 발전했다. 길이 130센티미터 정도의 인형과 닌교 쓰카이(人形遣い), 다유(太夫), 샤미센 연주자(三味線引き)로 구성되며 분라쿠(文楽)라고도 불린다.

가부키(歌舞伎)는 중세 서민들 사이에서 성행하고 있던 풍류춤(風流踊り)의 명수 이즈모타이샤(出雲大社)의 무녀인 오쿠니(阿国)를 대표로 하는 여성 예능 집단의 가무에서 시작된다. 풍기를 문란케 한다 하여 와카슈(若衆), 야로(野郎) 가부키로의 과정을 거쳐 17세기 후반부터 순수 연극으로서 독특한 연기와 무대 장치를 갖춰 대표적인 고전극으로 발전한다.

4. 국학(国学)

　전통적인 가학(歌学)은 근세에 들어와 게이츄(契冲)의 『만요다이쇼키(万葉代匠記)』 등에서 보는 것처럼 실증적인 학문으로서 새로운 전개 양상을 띠었다. 게이츄의 학문은 가다노 아즈마마로(荷田春満)에게 계승되고 더욱이 가모노 마부치(賀茂真淵)와 모토오리 노리나가(本居宣長)에 이르러 고전 연구를 통해 일본의 고대 정신을 명확히 다지려고 하는 국학으로서 대성했다. 마부치의 저서로는 『만요코(万葉考)』 등이 있으며, 노리나가에게는 『겐지모노가타리 다마노오구시(源氏物語玉の小櫛)』, 『고지키덴(古事記伝)』 등의 저서가 있다. 노리나가의 사후, 국학은 마침내 모토오리 하루니와(本居春庭), 반 노부토모(伴信友) 등에 의한 실증적인 국어학과 문헌학, 그리고 히라타 아쓰타네(平田篤胤) 등의 사상론으로 분류되어 갔다.

● 『다마카쓰마(玉勝間)』

모토오리 노리나가(本居宣長)의 수필집으로 1793년부터 그가 사망한 1801년 사이에 성립했다. 내용은 고증, 견문, 담화, 초기서류(抄記書留), 견해 등으로, 노리나가의 사고방식이 잘 드러나 있다. 목록을 포함하여 15권으로 구성되어 있다.

○ めずらしき書をえたらむには
めずらしき書をえたらむには、したしきもうときも、同じこころざしならむ人には、かたみにやすく借して、見せもし写させもして、世にひろくせまほしきわざなるを、人には見せず、おのれひとり見て、ほこらむとするは、いといと心ぎたなく、物まなぶ人のあるまじきこと也、ただしえがたきふみを、遠くたよりあしき国などへかしやりたるに、あるは道のほどにてはふれうせ、あるは其人にはかになくなりなどもして、つひにその書かへらずなる事あるは、いと心うきわざ也、

⇒ 진기한 서적을 손에 넣었을 때는 친한 사람이라도 친하지 않은 사람이라도 같은 목적을 마음에 가지고 있는 사람에게는 서로 마음 편하게 빌려주고, 보여주거나 베끼게 하거나 하여 세상에 유포시키고 싶은 것이지만, 다른 사람에게는 보여주지 않고 자기 혼자서 보고 자랑하려고 하는 것은 대단히 생각이 천박하고 학문을 배우는 자에게는 있어서는 안 될 일이다. 다만 손에 넣기 어려운 서적을 멀리 교통이 불편한 지방 등으로 빌려 줬더니 어떤 자는 도중에 분실하고 어떤 경우는 빌려 간 자가 갑자기 죽거나 하여 결국 책이 돌아오지 않는 일이 있는 것은 심히 견디기 힘든 일이다.

칼럼

일본 문학의 대중성과 그 유래

　주지하는 것처럼 국내에서 일본 소설은 이미 오래전부터 터를 닦고 꾸준한 인기를 누려 왔다. 이러한 배경에 대해서 평론가들은 한국의 시대적 분위기로 봤을 때 국내 작가들이 다루는 무겁고 진지한 소재보다는 가볍고 쉽게 읽을 수 있는 일본 소설이 특히 젊은 층의 기호에 딱 들어맞은 결과라고 말한다. 그런데 가볍고 쉽게 읽을 수 있다는 것이 내용의 부재나 빈약함을 의미하지는 않는다. 말하자면 베스트셀러가 된 일본 소설은 대중성과 예술성이 적절히 조화를 이룬 '읽히는 소설'이라는 뜻이다. 독서 대상에 관계없이 고민하거나 무리하지 않아도 술술 읽어지고 독후감도 만족스럽다는 점이 호재로 작용한 것 같다.

　일본문화의 특색 중의 하나가 독특하면서도 누구나가 공유할 수 있는 강한 대중성을 간직하고 있다는 점인데, 그 특색은 이미 오랜 세월을 통해 계승, 발전되어 왔다고 볼 수 있다. 일본의 서민층이 문학을 포함한 문화 활동의 주변인에 머물지 않고 주역으로서 전면에 나서기 시작한 지 벌써 400년이란 세월이 흘렀다. 1603년 도쿠가와 이에야스에 의해 전국이 통일되어 안정적인 사회세태 속에서 상공업이 발달하고, 이른바 쵸닌(町人)이라 불리는 도시의 서민 계급이 부상하여 부를 축적하고 경제력을 손에 넣었다. 이에 따라 그들은 중세 시대까지 공가(公家)나 무가, 그리고 승려 등 대체로 지배 계층이 독점하고 있던 문학의 향수자 대열에 가세하게 되었고, 인쇄기술의 발달과 더불어 출판문화가 급성장하면서 많은 쵸닌들에게 독서의 기회가 주어졌다. 그런데 이들의 욕구는 여기에서 그치지 않고 스스로 문학의 주체가 되어 집필 활동에 나섰고, 마침내 문학의 주체와 객체의 역할을 겸하게 되었다. 또한 서민이라는 다수의 독자를 확보한 문학의 신흥 세력들은 그들의 기대에 부응하여 작품의 주제와 소재에 있어서도 해학적이고 통속적인 소설을 쓰기에 이른 것이다. 그야말로 대중에 의한 대중을 위한 대중의 문학이었던 셈이다.

　일본의 전철을 타 본 사람이라면 다 아는 사실이지만 많은 일본인이 차내에서 만화를 읽고 있는 광경을 어렵지 않게 목격할 수 있다. 그 소재도 다양하여 개중에는 극도로 퇴폐적이어서 풍기문란을 야기할 만한 것도 적지 않다. 그런데 흥미로운 점은 그들의 일반에 만연한 만화문화가 실제로는 에도 시대 1704년경에 이미 존재했으며 그 10년 후인 1716년경에는 성행하고 있었다는 사실이다. 그림을 중심으로 한 소설류를 총칭해서 구사조시(草双紙)라고 부르는데 책 표지의 색깔에 따라 주로 옛날이야기를 담은 아카혼(赤本), 가부키나 인형극·역사·전기물의 줄거리를 제재로 삼은 구로본(黑本)과 아오본(靑本)이 있으며 이들은 대체로 어린이를 독자로 한 그림책이었다. 그 후 화류계의 이야기를 제재로 익살과 풍자를 곁들인 성인 대상의 기뵤시(黃表紙), 그리고 에도 후기에는 고칸(合卷)이라 하여 종래의 것과는 차별화된 다양한 소재의 장편 구사조시가 간행되었다.

이처럼 일본에서는 이미 만화가 서민의 일상이었으며 시각적 자극을 추구하는 독자의 요청에 맞춰, 다양한 소재를 만화로 보는 소설책이 대량으로 간행되고 있었던 것이다. 다시 말해서 오늘날 만화를 좋아하는 일본인의 취향은 어느 날 하루아침에 형성된 것이 아니라 오랜 세월에 걸쳐 답습된 문화라는 사실이다. 한국영화나 드라마 중에 일본만화를 원작으로 하여 제작된 작품이 적지 않다는 사실을 통해서도 다양한 소재로 독자의 감각과 취향을 꿰뚫고 있는 일본만화의 대중성을 엿볼 수 있다.

그런데 일본문화의 대중성은 만화소설에 그치지 않는다. 구사조시가 성행하기에 앞서 이미 에도 초기에는 문장 중심의 소설인 계몽 교훈적이고 오락적인 가나조시(仮名草子)를 시작으로, 쵸닌 생활의 만상을 다룬 우키요조시(浮世草子), 그리고 작품성을 강조한 요미혼(讀本)과 유희적(滑稽本)이거나 서민의 연애 생활을 그린 닌죠본(人情本) 등이 막부에 의한 수차례의 탄압 속에서 명멸을 거듭하며 쵸닌 출신의 작가들에 의해 제작되어 서민의 독서 의욕을 자탱했다. 또한 이와 같은 각종 소설류는 도쿠가와 막부가 붕괴되고 메이지유신과 더불어 시작된 근대기의 초기소설 속에 작법이 전수되어 여전히 국민들의 사랑을 모으고 있다. 특히 일본 개국 이래 최고의 작가로 추앙받는 나쓰메 소세키의 소설에도 요미혼의 도입 흔적이 곳곳에 남아 있다. 최근 서점의 소설베스트에 올라있는 『이 몸은 고양이로다』와 『봇짱』은 그의 메이지 시대 대표작이다.

소설이 아니라도 현대에 계승된 고전은 특정 부분에 국한되지 않고 광범위한 분야에서 영향력을 발휘하고 있다. 세계에서 가장 짧은 시라 일컬어지며 해학적인 내용을 골자로 하는 17자의 하이쿠(俳句) 역시 고전 문학인 렌가(連歌)의 발구(発句) 형식을 계승 발전시킨 것으로, 일본 국내는 물론 해외에서도 많은 향수지층을 확보하고 있으며, 각종 단체나 대회를 중심으로 그 명맥을 보전해 가고 있다. 또 한 가지 빠뜨릴 수 없는 것이 애니메이션 영화에서 확인되는 고전주의 경향이다. 특히 미야자키 하야오 감독 작품의 〈원령공주〉나 〈센과 치히로의 행방불명〉은 대부분의 소재를 고전에서 수집하고 있으면서도 남녀노소 할 것 없이 누구나가 쉽게 접근할 수 있도록 관객들의 흥미를 유도해 간다.

이처럼 어느 한 방향만을 응시하는 것이 아니라 다양하고 다채로운 제재로 독자의 감성을 간질이고 긁어 주는 것이 일본문학의 장점이며, 대중의 마음을 사로잡은 비결일 것이다. 또한 그와 같은 성향은 10세기 초엽의 순수 가나 소설인 모노가타리(物語)문학에서 움을 틔워 오랜 세월을 통해 전통이 된 것이라고 말할 수 있겠다.

제5장

메이지·다이쇼·쇼와 시대
(근현대)의 문학

메이지 이후의 근대 문학은, 봉건 체제의 붕괴에서 이어진 근대 시민사회 안에서 전통적인 문학의 계승과 아울러 외국 문학의 영향을 받으면서, 개성이 존중되는 인간, 즉 존엄한 인간 추구에 목적을 두고 있다. 소설이 문학의 중심이 되고 종래의 단카와 하이쿠에 시와 평론이 더해졌다.

① 메이지 초기에는 아직 에도 시대의 게사쿠(戲作) 문학이나 전통적인 하이카이(俳諧), 그리고 와카가 잔존하고 있어, 소수의 번역 문학과 정치 소설에 신문학의 서광이 비치는 정도였다. 그러나 메이지 18년(1885)에 쓰보우치 쇼요(坪内逍遥)의 『쇼세쓰신즈이(小説神髄)』가 발표되고 나서 메이지 38년에 이르는 약 20년간은 근대 문학의 발흥기로, 소설·하이쿠·단카·신체시·문예평론 등이 획기적인 발전을 이루었다.

후타바테이 시메이(二葉亭四迷)가 구어체 소설 『우키구모(浮雲)』를 발표하여 근대 문학의 출발점이 되었고, 마사오카 시키(正岡子規)는 하이쿠 잡지인 <호토토기스(ホトトギス)>를 주재하고 네기시 단카회(根岸短歌会)를 결성했다. 시마자키 도손(島崎藤村)은 시집 『와카나슈(若菜集)』를 통하여 서정시를 완성했으며, 모리 오가이(森鴎外)는 평론 잡지인 <시가라미 소시(しがらみ草紙)>를 발간하여 문예평론 장르를 개척하고, 쇼요의 영국 문학과 후타바테이의 러시아 문학의 번역에 대응하여 독일 문학 및 서구 문학의 번역과 소개에 기여했다. 한편 연극계에서는 가부키의 변형인 신파극이 생겨나고, 청일 전쟁 후에는 일시적으로 소시 시바이(壮士芝居)가 유행하기도 했다.

* 소시 시바이(壮士芝居): 남성 청장년 지식층이 자유 민권 사상을

고취시키고 확산시킬 목적으로 시작한 아마추어 연극으로, 스도 데이켄(角藤定憲)이 메이지 21년(1888) 오사카에서 발족한 신연극이며, 가와카미 오토지로(川上音次郎) 극단 등을 거쳐 일시적인 융성을 보였다. 쇼세이 시바이(書生芝居)라고도 한다.

② 메이지 39년(1906)경부터 다이쇼 시대를 거쳐 쇼와 10년(1935) 전후에 이르는 약 30년간은 근대 문학의 개화기로, 자연주의·탐미주의·이상주의·신현실주의·프롤레타리아 문학·신감각파·신흥예술파 등 다양한 계통의 문학이 발현했다. 또한 구어체의 자유시가 마침내 일반적으로 행해지게 되고, 근대극이 상연되면서 신극 운동이 활발하게 전개되었다. 시마자키 도손, 나쓰메 소세키, 모리 오가이, 기타하라 하쿠슈(北原白秋), 다카하마 교시(高浜虛子), 시가 나오야(志賀直哉), 아쿠타가와 류노스케(芥川竜之介) 등이 지도적 역할을 담당한 것도 이 시기이다.

③ 쇼와 10년 전후부터 20년에 이르는 약 10년간, 문학은 군국주의 사상에 억압당했지만 패전 후 재차 활기를 되찾았다. 나카노 시게하루(中野重治) 등은 신일본문학회를 통해 민주주의 문학의 육성에 착수했으며, 시가 나오야, 다니자키 준이치로(谷崎潤一郎) 등 기성 작가가 재기하고 이노우에 야스시(井上靖), 미시마 유키오(三島由紀夫) 등의 전후 작가가 화려하게 소설계에 등장했다. 시단도 전쟁 후 급속하게 부흥했지만 소설에 비하면 일반적으로 고답적인 경향을 띠었다. 단카, 하이쿠 방면에서는 전통적인 것과 신흥적인 것의 교착이 있었지만 결국 분리되어 재출발했다.

1. 개화기의 문학

메이지 초기는 에도 시대로부터 시작된 게사쿠 문학(요미혼·곳케이본·닌죠본 등의 소설류)이 지속적으로 발표되고 있었다. 작품 안에는 문명개화의 세태가 그려지고 있어 새로운 시대의 도래를 예감하게 했지만, 근대 문학의 출발까지는 아직 시간이 필요했다.

후쿠자와 유키치(福沢諭吉)는 『가쿠몬노스스메(学問ノススメ)』에서 "지금부터 세상은 신분과 관계없이 실력에 의해 좌우되므로 학문을 하는 것이 제일"이라고 주장했다. 이처럼 서양 문명을 소개하고 무지한 사람을 일깨워 바르게 인도하는 일이라는 의미의 계몽사상 안에서 번역 문학이 문예의 중심이 되고 마침내 이것이 정치 소설로 발전했다.

◆ 번역 소설

메이지 10년(1877년 이후)대, 어학에 능통한 신문 기자와 정론가 등에 의해 영국, 프랑스의 명작이 일본어로 번역되었다. 단바 준이치로

(丹羽純一郎)의 『가류슌와(花柳春話)』는 리턴의 『아네스말쓰바라스』를 번역한 작품이며, 미야지마 슌쇼(宮島春松)의 『데레마크가후쿠모노가타리(哲烈禍福譚)』는 페늘롱의 『텔레마크의 모험』을 번역한 작품이다. 각각 독특한 번역 문체를 선보였다.

번역은 시에도 영향을 미쳐 서양시를 모방하여 새로운 시, 즉 신체시를 만들려고 하는 움직임이 도야마 마사카즈(外山正一) 등의 번역 시집에 의해 시작되었다.

* 리턴(Edward Bulwer Lytton, 1803~1873): 영국의 소설가이며 정치가로, 역사 소설 『폼페이의 마지막 날』로 알려져 있지만 그 외에도 많은 통속 소설을 남겼다. 메이지 초에 일본에 소개되었다.

* 페늘롱(François de Salignac de La Mothe-Fénelon, 1651~1715): 프랑스의 종교가이자 문학자로 루이 14세의 손자의 교사다. 저서 『텔레마크의 모험』은 정치 비판적인 내용 때문에 왕의 노여움을 샀다.

◆ 정치 소설

메이지 초기에 자유 민권 운동이 활발히 일어남에 따라, 15년(1882)부터 23년(1890)의 국회 개설 시기에 걸쳐 정치사상을 문학에 도입하여 표현한 소설류가 등장했다. 이 일련의 소설류를 정치 소설이라고 한다.

야노 류케이(矢野竜渓)의 『게이코구비단(傾国美談)』, 도카이 산시(東海散士)의 『가진노기구(佳人之奇遇)』, 스에히로 데쓰초(末広鉄腸)의 『셋쥬바이(雪中梅)』, 『가칸노우구이스(花間鶯)』 등이 그 대표작이다.

◆ 사실 소설

쓰보우치 쇼요의 『쇼세쓰신즈이』에 소개된 근대 서구 문학의 주류였던 사실주의 이론과 후타바테이 시메이의 일본 최초의 언문일치체에 의한 사실 소설『우키구모(浮雲)』가 그 핵심이지만, 사실상 이미 메이지 16년(1883) 나카에 아쓰스케(中江篤介)의 『유씨미학(維氏美学)』에 리얼리즘이나 짓세키파(実跡派) 등의 용어가 사용되고 있는 것을 알 수 있다.

  * 언문일치(言文一致): 문장체와 회화체를 일치시키는 것으로, 그때까지 문장에는 문어를 사용해 왔지만 메이지 초기에 언문일치 운동이 일어나 회화체에 가까운 문장이 시도되고 점차 보급되어 오늘날의 구어문에 이르렀다.

● 쓰보우치 쇼요(坪内逍遥, 1859~1935)

본명은 유소(雄藏)로 『쇼세쓰신즈이(小説神髄)』를 써서 사실주의 이론을 소개하고, 이어서『도세이쇼세이카타기(当世書生気質)』를 저술하여 사실 소설의 선구자가 되었다. 또한 극작이나 근대극의 지도에도 활약했다.

  *『쇼세쓰신즈이(小説神髄)』: 1885년에서 1886년 사이에 쓰였으며 2권으로 구성되어 있다. 상권은 문학 이론, 하권은 방법론을 담고 있다. 권선징악주의를 배척하고 심리적 사실주의에 의해, 소설에 독립된 예술적 가치를 부여하려고 한 일본 최초의 체계적 문학 이론서이다. 세태와 인정에 대해 "소설의 주안은 인정이다. 세태 풍속 이것에 뒤따른다(小説の首脳は人情也。世態風俗これにつぐ)"라고 논한 획기적인 문학론이다.

● 후타바테이 시메이(二葉亭四迷, 1864~1909)

도쿄 출신으로 본명은 하세가와 다쓰노스케(長谷川辰之助). 언문일
치체에 의한 사실 소설『우키구모(浮雲)』를 발표하여 근대 소설의 선
구가 되고, 계속해서 투르게네프의 번역으로 명성을 높였다. 작품에
『소노 오모카게(其面影)』,『헤이본(平凡)』 등이 있다.

* 투르게네프(Ivan S. Turgenev, 1818~1883): 러시아의 소설가로 인
도적 심정과 시적 감수성이 풍부하다.『그 전야』,『아버지와 아들』 등
시대의 동향을 담은 작품이 많고『첫사랑』 등 실연을 서정시처럼 묘
사하는 데에 뛰어나다.

● 『우키구모(浮雲)』

1887년에서 1889년 사이에 쓰였으며 3편으로 구성되어 있다. 수재
이지만 처세가 미숙한 청년 우쓰미 분조(內海文三)라는 하급 관리와
오세이(お勢)의 사랑을 중심으로, 지식 계급의 고뇌와 소시민의 생활
을 신선한 언문일치의 구어체로 리얼하게 표현하고 있다. 일본 근대
소설의 출발점이 된 작품으로 평가된다.

○ 千早振る神無月も最早跡二日の余波となった廿八日の午後三時
頃に、神田見附けの内より、塗渡る蟻、散る蜘蛛の子とうようよぞ
よぞよ沸出でて来るのは、孰れも顋を気にし給ふ方々。しかし熟々
見て篤と点検すると、是れにも種々種類のあるもので、まづ髭から
書立てれば、口髭、頬髯、顋の髭、暴に興起した拿破崙髭に、狆の
口めいた比斯馬克髭、そのほか矮鶏髭、貉髭、ありやなしやの幻の

髭と、濃くも淡くもいろいろに生分る。髭に続いて差ひのあるのは服飾。……。

⇒ 10월도 어느덧 이틀밖에 남지 않은 28일 오후 3시경에 간다 미쓰케 안에서, 길 건너는 개미, 흩어지는 새끼 거미가 득실득실 솟아 나오듯 하는 것은, 하나같이 아래턱을 신경 쓰시는 분들이다. 그런데 유심히 보고 꼼꼼히 점검하면 이것에도 여러 가지 종류가 있는 것으로, 우선 수염부터 써 나가면 콧수염, 구레나룻, 턱수염, 마구 기른 나폴레옹수염, 친(털이 긴 애완용 개)의 입같이 생긴 비스마르크 수염, 그 밖에 땅딸보 수염, 오소리 수염, 있는지 없는지 모를 환상의 수염과 짙거나 옅거나 가지가지로 나 있다. 수염에 이어서 차이가 있는 것은 행색. …….

2. 겐유샤(硯友社) 시대

◆ 겐유샤

메이지 18년(1885) 대학 예비교의 학생이었던 오자키 고요(尾崎紅葉), 야마다 비묘(山田美妙) 등에 의해 결성된 문학 단체로, 동인잡지 <가라쿠타 분코(我楽多文庫)>를 발간하여 고요가 사망하는 36년(1903)까지 약 15년간 지속되었다.

이와야 사자나미(巖谷小波), 가와카미 비산(川上眉山)이 참여하고 거기에 고요의 문하에서 이즈미 교카(泉鏡花)와 도쿠다 슈세이(德田秋声)가 가세하면서 메이지 20년대부터 30년대에 걸쳐 문단의 주류가 되었다.

● 오자키 고요(尾崎紅葉, 1867~1903)

에도 출생으로 본명은 도쿠타로(德太郎)다. 모노가타리의 기교와 화려하고 아름다운 문장으로 압도적인 인기를 획득했다. 출판 저널리

즘과 연계하여 문단을 지배하고 문하에서 이즈미 교카(泉鏡花)와 도쿠타 슈세이(德田秋声) 등이 배출되었다. 출세작인『니닌비쿠니 이로잔게(二人比丘尼色懺悔)』로 등단하여, 이하라 사이카쿠(井原西鶴)의 영향을 받아 사실적 경향을 강화한다. 한편 야마다 비묘(山田美妙)의 언문일치(言文一致「です」)에 대항한 가조쿠셋츄타이(雅俗折衷体)로『갸라마쿠라(伽羅枕)』와『산닌즈마(三人妻)』를 발표하여 의고전주의(擬古典主義)의 대표 작가로 주목받았다. 1896년 사실주의의 최고 걸작이라고 불리는『다죠다칸(多情多恨)』을 발표하여 언문일치체의 도달점으로서「である」체를 창안한다. 만년에는 심혈을 기울여 집필한 대작『곤지키야샤(金色夜叉)』가 <요미우리(読売)>에 연재되지만 완결시키지 못하고 위암으로 사망했다.

*『곤지키야샤(金色夜叉)』: 오자키 미완의 대표작으로 1897년 이후 요미우리신문에 연재되고 1903년 속편이 <신쇼세쓰(新小説)>에 게재되었다. 일찍이 부모를 잃고 시기사와(鴫沢) 가문에 기숙하고 있던 주인공 하자마 간이치(間貫一)는 시기사와 가문의 딸 미야(宮)와 약혼한다. 그러나 시기사와 미야(鴫沢宮)는 자산가인 도야마 다다쓰구(富山唯継)의 재산에 마음을 빼앗겨 도야마와 결혼한다. 약혼자를 빼앗긴 하자마 간이치(間貫一)는 고리대금업자가 되어 금력으로 미야와 세상에 복수하려고 한다. 실연으로 인해 고뇌하는 간이치의 인생과 후회하는 미야의 양심적 고통을 그려, 사랑과 물욕 사이에서 갈등하는 인간 세상의 비극을 엮어내고 있다. 메이지 이후 남녀노소를 막론하고 많은 사람들에게 사랑을 받은 작품이다. 이후에 각색되어 신파(新派)의 각본이 되었다.

3. 낭만주의

메이지 27, 28년(1894~5)의 청일 전쟁을 계기로 자본주의가 대두하고 개인주의와 자유주의 사상이 고양됨에 따라 문학에서도 개인의 의식이 강해져, 감정과 의지를 존중하고 자기 생명의 자연스러운 해방을 추구하는 낭만주의 운동이 활발해졌다.

종래의 의고전주의(擬古典主義)의 표면적인 사실 소설을 대신하여, 자본주의 체제하의 개인의 알력과 갈등 그리고 사회의 모순과 죄악 등을 추급한 가와카미 비산(川上眉山)의 『우라오모테(うらおもて)』, 이즈미 교카(泉鏡花)의 『야코쥰사(夜行巡査)』, 『게카시쓰(外科室)』 등의 관념 소설과 더욱이 이것을 심화시킨 히로쓰 류로(広津柳浪)의 『헤메덴(変目伝)』, 『구로 도카게(黒蜥蜴)』 등의 심각 소설(深刻小説) 또는 도쿠토미 로카(德富蘆花)의 『호토토기스(不如帰)』, 기쿠치 유호(菊地幽芳)의 『오노가 쓰미(己が罪)』 등의 가정 소설(家庭小説), 기노시타 나오에(木下尚江)의 『히노 하시라(火の柱)』, 『료진노지하쿠(良人の自白)』 등

사회 소설이 등장하고, 마침내 본격적인 낭만주의 소설인 이즈미 교카의 『유시마모우데(湯島詣)』, 『우타안돈(歌行灯)』이 발표되기에 이른다.

  * 관념 소설(観念小説): 작자의 관념을 노골적으로 표명하고 인생의 이면을 즐겨 묘사한 소설로 청일 전쟁 후의 문단을 풍미했다.

  * 심각 소설(深刻小説): 비참한 사회 모습에서 소재를 얻은 소설로, 관념 소설과 함께 청일 전쟁 후의 소설의 한 양상이며 비참 소설이라고도 부른다.

  ● 이즈미 교가(泉鏡花, 1873~1939)
  이시가와현 가나자와(石川県金沢) 출신으로 본명은 교타로(鏡太郎). 오자키 고요의 문하생으로 관념 소설에서 방향을 돌려 메이지, 다이쇼, 쇼와에 걸쳐 낭만주의 문학의 독자적인 경지를 열었다. 교가조(鏡花調)라고 불리는 독특한 문체는 이후 나가이 가후(永井荷風), 다니자키 준이치로(谷崎潤一郎) 등의 탐미파(耽美派) 작가들에게 영향을 끼쳤다. 작품에 『야코준사(夜行巡査)』, 『고야히지리(高野聖)』, 『우타안돈(歌行灯)』 등이 있으며, 『온나케이즈(女系図)』 등은 종종 신파극(新派劇)으로 상연되었다.

● 『고야히지리(高野聖)』

  1900년 <신쇼세쓰(新小説)>에 게재된 작품으로, 고야(高野)의 여행승의 행각 이야기에서 소재를 얻어, 행각승이 히다(飛弾) 산중에서 만난 괴이한 일을 환상적으로 그리고 있다.

어느 날 밤 '나'는 호쿠리쿠 쓰루가(北陸敦賀)의 숙소에서 고야의 행각승으로부터 승이 젊었을 때 경험한 괴이한 이야기를 듣는다. 그것은 히다(飛弾)의 깊은 산길을 헤매다가 다다른 외딴집에 사는 아름다운 마성의 여인에 얽힌 이야기였다. 자유분방한 환상 속에 미적 세계를 표현한 작품이다.

○ 「参謀本部編纂の地図を又繰開いて見るでもなからう、と思ったけれども、余りの道ぢゃから、手を触るさへ暑くるしい、旅の法衣の袖をかかげて、表紙を附けた折本になってるのを引張り出した。

飛弾から信州へ越える深山の間道で、丁度立休らはうといふ一本の樹立も無い、右も左も山ばかりぢゃ、手を伸ばすと達きさうな峰があると、其の峰へ峰が乗り、巓が被さって、飛ぶ鳥も見えず、雲の形も見えぬ。

道と空との間に唯一我ばかり、凡そ正午と覚しい極熱の太陽の色も白いほどに冴え返った光線を、深々と戴いた一重の桧笠に凌いで、恁う図面を見た。」……。

⇒ "참모 본부 편찬의 지도를 다시 펼쳐볼 필요도 없겠지, 하고 생각했지만 몹시 험한 길이라서 도리가 없다. 손을 만지는 것조차 몹시 무덥다. 여행을 위해 입은 법의의 소매를 걷어 올리고 표지를 붙인 접책으로 된 것을 끄집어냈다.

히다에서 신슈로 넘어가는 깊은 산의 샛길에는 때맞춰 잠시 멈춰 쉬어갈 만한 한 그루의 나무조차 없다. 오른쪽도 왼쪽도 산뿐으로 손을 뻗으면 닿을 것 같은 봉우리가 있어도 그 봉우리에 봉우리가 올라타 꼭대기가 포개어지고, 나는 새도 보이지 않고 구름의 그림자도 보이지 않는다.

길과 하늘과 오직 나뿐, 대체로 정오로 느껴지는 극열의 태양 빛도 하얄 정도로 유난히 맑게 비치는 광선을, 깊숙이 받고 있는 한 겹의 노송나무 껍질 삿갓으로 견디며 이렇게 지도를 봤다." …….

◆ <분가쿠카이(文学界)>

메이지 26년(1893)부터 31년(1898)에 걸쳐서 기타무라 도코쿠(北村透谷)와 시마자키 도손(島崎藤村), 우에다 빈(上田敏), 도가와 슈코쓰(戸川秋骨) 등이 발간한 문예 잡지로, 낭만주의 정신에 충만한 시론이나 창작을 게재하여 이 시기의 문예 부흥에 공헌했다(* 1933년 하야시 후사오(林房雄), 다케다 린타로(武田麟太郎), 고바야시 히데오(小林秀雄), 가와바타 야스나리(川端康成) 등이 편집 동인이 되어 창간한 문예 잡지인 <분가쿠카이>와는 다른 것이다).

4. 자연주의(自然主義)

　메이지 37년, 38년(1904~5)의 러일 전쟁에서 메이지 말년에 걸쳐 자본주의 경제 기구는 산업계의 급격한 발전과 팽창을 배경으로 완성된 모습을 보이고, 한층 높아진 국민적 자각과 개인의식의 향상은 전기의 낭만주의를 부정하고 사회와 개인의 심각한 현실을 직시하는 자연주의적 경향을 성장 발전시켰다.

　원래 자연주의는 19세기 조라(Emile zola, 1840~1920), Guy de Maupassant(1850~1893), 곤쿠르(Edmond de Goncourt, 1822~1896)와 그의 동생 줄(Jules de Goncourt, 1830~1870) 등의 작가에 의해 프랑스를 중심으로 일어난 문예 사조로, 인생의 아름다운 면을 찬미하고 동경하는 낭만주의에 대응하여, 인생의 추악함과 어둠에서 시선을 피하는 일 없이, 있는 그대로의 현실을 아무런 감정도 가미하지 않고 추구하려고 했다.

　일본의 자연주의 시대는 서구보다 10여 년 늦게 도래했는데, 그 선구로 볼 수 있는 것은 조라이즘의 영향을 직접 받은 고스기 덴가이 (小杉天外)의 『하쓰스가타(はつ姿)』, 나가이 가후(永井荷風)의 『지고 쿠노하나(地獄の花)』 등이며, 이외에 시마자키 도손이 『하카이(破戒)』, 『하루(春)』, 『이에(家)』를, 다야마 가다이(田山花袋)가 『후톤(蒲団)』, 『이 나카 교시(田舎教師)』를, 마사무네 하쿠쵸(正宗白鳥)가 『도코에(何処 へ)』, 『도로닌교(泥人形)』를, 도쿠다 슈세이(德田秋声)가 『신죠타이(新 世帶)』, 『가비(黴)』, 『다다래(爛)』를 발표하기에 이른다. 그렇게 자연주 의는 전성기를 맞이했다.

한편 시마무라 호게쓰(島村抱月), 하세가와 덴케이(長谷川天渓), 이 와노 호메이(岩野泡鳴) 등은 주로 이론적 입장에서 그 발전에 기여했 다. 그러나 객관적이거나 과학적인 방법에 근거하여 사회적 확산의 성격을 가지고 있던 서구의 근대적인 자연주의도 일단 일본의 풍토 에 이식되면 어느 틈엔가 개인의 경험에 국한된 시야가 좁은 것으로 변질되어, 결국 이러한 경향을 불만으로 여기는 신낭만주의와 신이상 주의를 야기하게 된다.

◆ 시마자키 도손(島崎藤村, 1872~1943)

본명은 하루키(春樹)이며 나가노(長野)에 서 태어났다. 시집 『와카나슈(若菜集)』 등은 낭만주의적 시풍을 띠었다. 시집 『라쿠바이 슈(落梅集)』 이후 산문 작가로 전향하여 소 설 『센쿄쿠가와의 스케치(千曲川のスケッ

사진) 시마자키 도손(島崎藤村).
　　출처: http://jinbutsukan.net/person/3i02.html?abc30(千代田区麹町出張所地区連合町会・地域コミュ
　　ニティ活性化事業実行委員会)

チ)』를 비롯하여 수편을 시작(試作)했다. 그 후 자비로 출판한 최초의 자연주의 소설 『하카이(破戒)』로 작가의 지위를 확립했다. 계속해서 『하루(春)』, 『이에(家)』를 낸 후 프랑스로 건너갔다 귀국하여 『사쿠라 노미노 쥬쿠스루토키(桜の実の熟する時)』, 『신세이(新生)』, 『아라시(嵐)』 등 자전적 작품을 발표했다. 『요아케마에(夜明け前)』는 필생의 대작이 되었다. 그 밖에 『오사나키모노니(幼きものに)』, 『후루사토(ふるさと)』 등의 동화가 있다.

● 『하카이(破戒)』

1906년 간행된 장편소설로, 피차별 부락 출신의 초등학교 교사인 청년 세가와 우시마쓰(瀬川丑松)가 아버지의 훈계를 저버리고 자신의 출신을 고백하여 주의의 인습과 싸우며 고뇌하는 인권 사회 문제를 그리고 있다. 일본 자연주의 문학의 선구적인 역할을 했다.

○ 蓮華寺では下宿を重ねた。瀬川丑松が急に転宿を思い立って借りることにした部屋というのは、其蔵裏つづきにある二階の角のところ。寺は信州下水内郡飯山町二十何ヶ寺の一つ、真宗に附属する古刹で、丁度其二階の窓に倚凭って眺めると、銀杏の大木を経てて飯山の町の一部分も見える。さすが信州第一の仏教の地、古代を眼の前に見るような小都会、奇異な北国風の屋造、板葺の屋根、または冬期の雪除として使用する特別の軒庇から、ところどころに高く顕れた寺院と樹木の梢まで—すべて旧めかしい町の光景が香の烟の中に包まれて見える。ただ一際目立って此窓から望まれるものと言えば、現に

丑松が奉職して居る其小学校の白く塗った建物であった。

⇒ 렌게지 절에서는 하숙을 되풀이했다. 세가와 우시마쓰가 갑자기 거처를 옮기기로 결심하고 빌리기로 한 방은 그 절의 주지 가족이 거처하는 곳에 붙어 있는 2층의 모퉁이. 절은 신슈 시모미노치군 이이야마초 스물 몇 개 절 중의 하나, 죠도신슈에 속한 오래된 절로, 때마침 그 2층의 창에 기대어 바라보니 큰 은행나무를 사이에 두고 이이야마 마을의 일부도 보인다. 역시 신슈 제일의 불교의 땅, 고대를 눈앞에서 보는 것 같은 작은 도회지, 기이한 북국풍의 건물양식, 판자지붕 또는 겨울철 제설에 사용하는 특별한 처마의 차양에서부터 군데군데 높이 솟아 있는 사원과 수목의 우듬지까지, ─ 모두 고풍스러운 마을의 풍경이 향의 연기 속에 싸여 보인다. 다만, 이 창에서 유달리 눈에 띄게 바라보이는 것을 들자면, 현재 우시마쓰가 봉직하고 있는 그 초등학교의 하얗게 칠한 건물이었다.

5. 오가이(鴎外)와 소세키(漱石)

메이지 후반기부터 다이쇼(大正) 초기에 걸쳐 문단의 시류를 초월하여 독자적인 행보를 지속한 작가에 모리 오가이(森鴎外)와 나쓰메 소세키(夏目漱石) 두 거장이 있다.

◆ 모리 오가이(森鴎外, 1862~1922)

시마네현(島根県) 출신으로 본명은 린타로(林太郎)이며 육군 군의총감 제실박물관 총장을 역임했다. 오가이는 메이지 22년(1889)에 번역 시집 『오모카게(於母影)』를 발표하고 평론 잡지 <시가라미소시(しがらみ草紙)>를 창간했다. 독일 유학에서 돌아와 2년

사진) 모리 오가이(森鴎外), 출처: 島根県津和野町[森鴎外記念館].
http://www.town.tsuwano.lg.jp/shisetsu/ougai.html

뒤인 1890년에는 『마이히메(舞姫)』와 『우타카타노 기(うたかたの記)』, 1891년에는 『후미즈카이(文づかひ)』를 발표했다. 이 세 작품은 유학 시절의 체험을 담은 연애 소설로, 유학으로부터의 선물 3부작이라고 불린다. 낭만적인 분위기와 아문체(雅文体)의 전통적 문장이 잘 어우러져 근대 소설의 초석이 되었다. 27, 28년(1894~1895) 청일 전쟁 이후 평론 잡지 <메자마시구사(めざまし草)>를 발간하여 번역 소설 『즉흥시인(即興詩人)』을 연재했다. 주재한 <시가라미소시>와 <메자마시구사> 등에 보이는 오가이의 전투적인 계몽 평론활동도 두드러졌다. 쓰보우치 쇼요와의 사이에서 벌어진 문학에 있어서의 현실주의와 이상주의의 대립에 관한 소위 '보쓰리소론소(没理想論争)'는 특히 유명하다. 이렇게 메이지 20년대부터 평론, 창작, 번역 등 각 방면에 필력을 떨치고, 러일 전쟁 후에는 자연주의 시류의 권 밖에 서서 희곡 『이쿠타가와(生田川)』 등을 발표하며 신극 운동에까지 손을 뻗쳐 근대 문학의 추진에 기여했다. 또한 나쓰메 소세키의 활약에 주목하며 문제작 『위타세쿠스아리스(ヰタ·セクスアリス)』를 비롯하여 『간(雁)』 등을 창작했다. 메이지 말기에서 다이쇼 초기에 걸쳐서는 성행을 보인 자연주의 문학에 등을 돌려 역사 소설 등의 주지주의적(主知主義的)인 작품을 발표하며 이채를 띠었다. 『아베이치조쿠(阿部一族)』, 『다카세부네(高瀬舟)』 등의 역사 소설이나 『시부에츄사이(渋江抽斎)』 등의 역사와 전기물을 통해 타의 추종을 불허하는 독자적인 작품을 견지했다. 나쓰메 소세키(夏目漱石)와 더불어 근대 문학의 거봉으로 불린다.

● 『마이히메(舞姬)』

일본의 한 성에서 베를린으로 파견된 수재 오타 도요타로(太田豊
太郎)와 아버지의 죽음으로 비탄에 빠져 있는 무희(舞姬) 엘리스의 불
타는 사랑과 파국을 그리고 있다. 절박한 상황에 빠져 있던 엘리스를
도와 친밀한 관계로 발전하게 된 두 사람은 동거 생활에 들어가게 되
는데, 예기치 않은 일로 마침내 파국을 맞게 된다. 엘리스의 연정을
뿌리치고 관리의 길을 선택한 도요타로의 젊은 날의 낭만을 아름답
고 우아한 문체와 이국적인 내용으로 그리고 있다.

근대 지식인의 자아에 대한 인식과 좌절을 오가이(鷗外) 자신의 청
춘에 비추어 그린 단편 명작으로 소설상의 처녀작이다.

○　石炭をば早や積み果てつ。中等室の卓のほとりはいと静にて、
熾熱灯の光の晴れがましきも徒なり。今宵は夜毎にここに集ひ来る骨
牌仲間も「ホテル」に宿りて、舟に残れるは余一人のみなれば。

五年前の事なりしが、平生の望足りて、洋行の官命を蒙り、このセ
イゴンの港まで来し頃は、目に見るもの、耳に聞くもの、一つとして
新ならぬはなく、筆に任せて書き記しつる紀行文日ごとに幾千言をか
なしけむ。当時の新聞に載せられて、世の人にもてはやされしかど、
今日になりておもへば、稚き思想、身の程知らぬ放言、……。

⇒ 석탄을 서둘러 다 실었다. 중등실의 책상 주위는 무척 고요하여
치열등 빛의 화려함도 쓸모없다. 오늘 밤은 밤마다 여기에 모이는 카
드놀이 멤버도 '호텔'에 묵어, 배에 남아 있는 것은 나 한 사람뿐이다.

5년 전의 일인데, 평생의 소원이 이루어져 구미(歐美)로의 관명을

받아 이 세이곤 항구까지 왔을 때는 눈에 보이는 것, 귀에 들리는 것이 하나같이 새롭지 않은 것이 없어, 붓에 맡겨 기록하는 기행문에 날마다 몇천의 말을 적었다. 당시 신문에 실려 세상 사람에게 칭송을 받았지만 오늘이 되어 생각해 보면 철없는 사상, 분수도 모르는 망언, ……

● 『다카세부네(高瀬舟)』

1916년에 <츄오코론(中央公論)>에 발표한 단편소설. 자살을 감행하여 고통스러워하고 있는 동생을 도와 죽게 한 기스케(喜助)는 살인죄를 추궁당해 섬으로 유배되는 처지가 된다. 그를 호송해 가는 도신 쇼베에(同心庄兵衛)에게 기스케는 자신의 심경을 이야기한다. 무욕과 안락사의 문제를 제기하고 있는 역사 소설이다.

○ 高瀬舟は京都の高瀬川を上下する小舟である。徳川時代に京都の罪人が遠島を申し渡されると、本人の親類が牢屋敷へ呼び出されて、そこで暇乞をすることを許された。それから罪人は高瀬舟に載せられて、大阪へ廻されることであった。それを護送するのは、京都町奉行の配下にいる同心で、此同心は罪人の親類の中で、主立った一人を大阪まで同船させることを許す慣例であった。これは上へ通った事ではないが、所謂大目に見るのであった。黙許であった。

当時遠島を申し渡された罪人は、勿論重い科を犯したものと認められた人ではあるが、決して盗みをするために、人を殺し火を放ったと云うやうな、獰悪な人物が多数を占めていたわけではない……。

⇒ 다카세부네(高瀬舟)는 교토의 다카세가와를 오르내리는 작은 배

다. 도쿠가와 시대에 교토의 죄인이 먼 섬으로의 유배를 선고받으면 친척이 감옥에 호출되고 그곳에서 작별 인사가 허락되었다. 그리고 죄인은 다카세부네에 실려 오사카로 넘겨졌다. 그것을 호송하는 것은 교토 마치부교의 수하에 있는 도신이라는 하급 관리로, 이 도신은 죄인의 친척 중의 주요 인물로 오사카까지 동선시키는 일을 허락하는 것이 관례였다. 이것은 정부가 허가한 일은 아니었지만, 말하자면 너그러운 눈으로 봐주는 것이었다. 묵인이었다.

당시 먼 섬으로 유배를 선고받은 죄인은, 물론 무거운 죄를 범했다고 낙인찍힌 사람들이긴 하지만, 결코 도둑질을 하기 위해 사람을 죽이거나 불을 내는 등의 흉악한 인물이 다수를 점하고 있던 것은 아니다……

◆ 나쓰메 소세키(夏目漱石, 1867~1916)

에도 출신으로 본명은 긴노스케(金之助). 우시고메(牛込) 집안의 5남 3녀의 막내로 태어났지만, 다른 집에 수양아들로 맡겨졌다가 다시 생가로 받아들여진다. 하지만 또다시 양자로 보내지는 등 소세키의 유소년기는 불행했다. 그러나 소세키는 일찍이 한적(漢籍)에 친숙하여 한학교(漢学校)에 다니는 등 소세키 문학의 골격이 된 유교적 논리와 동양적 미의식은 청소년 시대를 통해서 육성된 것이다. 23살에 도쿄대학 영문과에 입학하지만 이 무렵부터 염세주의에 빠지게 되고 대학원에 진학했을 당시에는 강도의 신경쇠약에 시달리기 시작했다. 이후 도쿄고등사범학교, 마쓰야마중학(松

사진) 나쓰메 소세키(夏目漱石). 출처: http://ja.wikipedia.org/wiki

山中学), 제5고등학교(五高) 교수를 거쳐 문부성의 유학생으로 선발되어 런던에서 유학했다. 귀국 후 일고와 도쿄대학 교단에 서서 문학론 등을 강의하는 한편 『와가하이와 네코데아루(吾輩は猫である)』를 발표하여 호평을 얻고, 『론돈토(倫敦搭)』, 『봇짱(坊ちゃん)』, 『구사마쿠라(草枕)』, 『니햐쿠토카(二百十日)』, 『노와키(野分)』를 발표하며 문단에 진출했다. 그 후 소세키는 메이지 40년(1907) 도쿄대학 교수직을 마다하고 아사히신문사(朝日新聞社)의 전속 집필자로 입사하여 『산시로(三四郎)』, 『몬(門)』, 『고진(行人)』, 『고코로(こころ)』, 『미치쿠사(道草)』, 『메이안(明暗)』을 연재했다. 『산시로』와 『몬』은 『소레카라(それから)』와 함께 3부작(三部作)이라고 불린다.

소세키도 오가이와 마찬가지로 무거운 자연주의 문학에 대항해, 여유롭고 유연하게 인생을 바라보고 사색하며 거니는 취미를 발휘하여 여유파(余裕派)로 평가되었다. '여유가 있는 소설, 여유가 없는 소설'이라는 소세키의 말에 유래한다. 이 같은 문학 정신은 마사오카 시키(正岡子規)의 사생문(写生文)에서 시작되어 소세키에 이르러 완성된다. 다이쇼 5년 절필이 된 『메이안(明暗)』에 이르러서는 종교적 체관과도 같은 '소쿠텐쿄시(則天去私)'의 심경에 도달하고 있다.

그는 소설 외에도 소품 수필, 문학평론, 하이쿠(俳句), 한시 그리고 그림에도 재능이 있었다. 소세키의 주변에는 데라다 도라히코(寺田寅彦)를 비롯하여 스즈키 미에키치(鈴木三重吉), 모리타 소헤이(森田草平), 고미야 도요타카(小宮豊雄), 노가미 도요이치로(野上豊一郎) 등의 문하생이 모였고, 이 모임은 이후에 목요회(木曜会)라고 불렸다. 이 문하에서 많은 학자와 작가, 평론가가 배출되었다. 전후 혼다 아키라(本田顕彰)는 이 제자들을 '소세키 산맥(漱石山脈)'이라고 불렀다.

●『와가하이와 네코데아루(吾輩は猫である)』

메이지 38년(1905)부터 1906년 사이에 잡지 <호토토기스>에 발표된 소설. 중학교 영어 교사인 구샤미(苦沙弥) 선생의 집에서 길러지게 된 한 마리의 고양이를 주인공으로 하여 인간 사회를 관찰한다는 구상 아래 쓰였다. 선생과 그의 가족 그리고 집에 드나드는 메이지 시대 지식인의 생활 태도나 사고방식을 고양이의 눈으로 바라보고, 사정없는 비판과 풍자를 가하여 유머러스한 문체로 표현하고 있는 소세키의 처녀작이다.

○ 吾輩は猫である。 名前はまだ無い。

どこで生まれたか頓と見当がつかぬ。何でも薄暗いじめじめした所で、ニャーニャー泣いて居た事丈は記憶して居る。吾輩はここで始めて人間というものを見た。然もあとで聞くとそれは書生という人間中で一番獰悪な種族であったそうだ。此書生というのは時々我々を捕えて煮て食うという話である。然し其当時は何という考もなかったから別段恐しいとも思わなかった。但彼の掌に載せられてスーと持ち上げられた時何だかフワフワした感じが有った許りである。掌の上で少し落ち付いて書生の顔を見たのが所謂人間というものの見始であろう。此時妙なものだと思った感じが今でも残って居る。……。

사진) 『와가하이와 네코데아루(吾輩は猫である)』.
　　출처: http://www.meijikotenkai.com/2008/book_detail.php?book_id=4908

⇒ 이 몸은 고양이다. 이름은 아직 없다.

어디서 태어났는지 전혀 짐작이 가지 않는다. 어쨌든 어슴푸레하고 축축한 곳에서 야옹야옹 울고 있던 일만큼은 기억하고 있다. 이 몸은 여기서 처음으로 인간이라고 하는 것을 봤다. 게다가 이후에 들자니 그것은 서생이라고 하는 인간 중에서 가장 영악한 종족이었다고 한다. 이 서생이라고 하는 것은 때때로 우리를 잡아 삶아 먹는다고 한다. 하지만 그 당시는 아무런 생각도 없었기 때문에 별반 무섭다고도 생각되지 않았다. 다만 그의 손바닥에 태워져 쑤욱 들어 올려질 때 왠지 둥둥 뜬 것 같은 느낌이 있었던 것뿐이다. 손바닥 위에서 조금 안정되어 서생의 얼굴을 본 것이 이른바 인간이라는 존재를 처음 본 것이리라. 이때 묘한 것이라고 생각했던 느낌이 지금이 되어서도 남아 있다. …….

● 『봇짱(坊ちゃん)』

1906년 <호토토기스>에 발표된 소설. 학교를 졸업하고 바로 시코쿠(四国)의 마쓰야마(松山) 중학교에 부임한 에도(江戸) 토박이 교사 '봇짱(坊ちゃん)'의 좌충우돌 이야기다. 주위의 어리석음과 무기력함에 반발하여 기숙사생을 상대로 고군분투하며, 동료 야마아라시(山嵐)와 함께 교감인 '아카샤쓰(赤シャツ)'와 미술교사 '노다이코(野だいこ)'의 불의에 맞선 끝에 결국 교사직을 그만두고 도쿄로 돌아온다. 단순 직정적인 봇짱의 언동은 많은 독자를 만들었다.

○ 親譲りの無鉄砲で子供の時から損ばかりして居る。小学校に居

る時分学校の二階から飛び降りて一週間程腰を抜かした事がある。なぜそんな無闇をしたと聞く人があるかも知れぬ。別段深い理由でもない。新築の二階から首を出して居たら、同級生の一人が冗談に、いくら威張っても、そこから飛び降りる事はできまい。弱虫やーい。と囃したからである。小使に負ぶさって帰ってきた時、おやじが大きな目をして二階から飛び降りて腰を抜かす奴があるかと云ったから、此次は抜かさずに飛んで見せますと答えた。

　親類のものから西洋製のナイフを貰って奇麗な刃を日に翳して、友達に見せて居たら、一人が光る事は光るが切れそうもないと云った。切れぬ事があるか、何でも切って見せると受け合った。

　そんなら君の指を……。

　⇒ 부모에게 물려받은 무모함으로 어릴 적부터 손해만 보고 있다. 초등학교에 다닐 때 학교의 2층에서 뛰어내려 일주일 정도 허리를 다친 적이 있다. 왜 그런 쓸데없는 짓을 했냐고 묻는 사람이 있을지도 모른다. 특별한 이유도 아니다. 신축 건물 2층에서 머리를 내놓고 있으려니까 동급생 한 명이 농담으로, "제아무리 잘난 체해 봤자 거기에서 뛰어내리지는 못할 거다. 겁쟁이야"라고 놀렸기 때문이다. 사환에게 업혀 돌아왔을 때 아버지가 눈을 크게 뜨고 2층에서 뛰어내려 허리를 다치는 놈이 어디에 있냐고 하기에, 요 다음은 다치지 않고 뛰어내려 보이겠다고 대답했다.

　한 친척에게 서양제의 나이프를 받아 흠 없는 날을 햇빛에 비추며 친구에게 보였더니 한 명이, 번뜩이기는 하지만 들 것 같지도 않다고 했다. 들지 않는 일이 있을까, 뭐라도 잘라 보이겠다고 응수했다.

　그렇다면 네 손가락을…….

● 『구사마쿠라(草枕)』

1906년 <신쇼세쓰(新小説)>에 발표된 단편소설. 속세의 번잡함에서 도피하여 시골의 온천 여인숙에 와 있는 청년 화가가 펼치는 시정 풍부한 세계 속에 소세키의 미에 대한 사고와 인생관이 잘 표현되어 있다. 인간의 정을 벗어남으로써 인간의 고뇌와 고통이 사라진다는 사실을 주장하고 있다.

○ 山を路登りながらこう考えた。智に働けば角が立つ。情に棹させば流される。意地を通せば窮屈だ。とかくに人の世は住みにくい。住みにくさが高じると、安い所へ引き越したくなる。どこに越しても住みにくいと悟った時、詩が生れて、画ができる。

人の世を作ったものは神でもなければ鬼でもない。矢張り向う三軒両隣りにちらちらする唯の人である。唯の人が作った人の世が住みにくいからとて、越す国はあるまい。あれは……。

⇒ 산길을 오르면서 이렇게 생각했다. 지혜로 움직이면 모가 난다. 정에 편승하면 휩쓸려 간다. 오기를 관철시키려 하면 옹색하다. 아무튼 사람 사는 세상은 살기 힘들다. 살기 힘들어지면 살기 편한 곳으로 이사하고 싶어진다. 어디로 이사해도 살기 힘들다고 깨달았을 때 시가 태어나고 그림이 나온다.

사람 사는 세상을 만든 것은 신도 귀도 아니다. 역시 저기 집 세 채의 양옆에 보였다 안 보였다 하는 보통 사람이다. 보통 사람이 만든 인간 세상이 살기 어렵다고 해서 이사 갈 곳은 없을 것이다. 그것은…….

6. 신낭만주의(新浪漫主義)

　자연주의가 막바지에 접어든 메이지 43년(1910)경부터 다이쇼 3년 (1914) 무렵에 걸쳐, 자연주의처럼 현실적 입장에 있으면서도 자연주 의가 가진 음산하고 권태롭고 추악한 인생의 고뇌와 압박감에서 벗 어나, 오직 퇴폐적이고 향락적이며 관능적이고 탐미적인 정서와 기분 에 젖어 있으려 하는 신낭만주의가 유행했다.

　신낭만주의의 주류에는 탐미파의 다니자키 준이치로(谷崎潤一郎) 와 나가이 가후(永井荷風)가 있고, 그 밖에 『도와바타케(童話畑)』의 오가와 미메이(小川未明), 소세키 문하의 쌍벽이라고 불린 스즈키 미 에키치(鈴木三重吉)와 모리타 소헤이(森田草平) 등이 있었다.

　* 탐미파(耽美派)

　신낭만주의파의 별칭으로, 도덕적 공리성을 폐하고 미의 향수와 형 성에 최고의 가치를 둔 19세기 후반의 오스카=와일드, 보들레르 등

프랑스와 영국을 중심으로 일어난 문예 사조인 탐미주의[유미주의(唯美主義)라고도 함]에 영향을 받은 문예상의 일파이다.

◆ 다니자키 준이치로(谷崎潤一郎, 1886~1965)

오사나이 가오루(小山内薫) 등과 함께 제2차 <신시쵸(新思潮)>를 발간하여 『시세이(刺青)』, 『기린(麒麟)』 등 탐미의 환상적 관능 세계를 그렸다. 이후 『아쿠마(悪魔)』, 『후미코노 아시(冨美子の足)』 등의 역작을 발표하고 『오쿠니토 고헤이(お国と五平)』 등 희곡도 썼다. 풍속 소설 『치진노 아이(痴人の愛)』를 거쳐 현실적인 세계와 고전적 색채의 『다데쿠우무시(蓼喰ふ虫)』, 『아시카리(芦刈)』, 『슌킨쇼(春琴抄)』, 『사사메유키(細雪)』 등의 작품에 유려한 필체를 남겼다. 그 밖에 일본 고전을 현대어로 옮긴 『겐지모노가타리(源氏物語)』가 있다.

● 『사사메유키(細雪)』

1946~1948년에 간행. 제2차 세계대전 중에 기고했으나 관헌의 간섭으로 중단되었다가 전쟁 후에 완성되었다. 오사카 부두의 상가 출신인 아름다운 네 자매의 생활과 운명을 그리고 있다. 가미가타(上方)의 풍습과 사계의 전통적 행사 등, 일본의 미를 현대에 되살린 풍속적인 작품으로 작자의 문학관을 구체화한 대표작이다.

○ 渡月橋の北詰に来て一と休みした後、タキシーを拾って平安神宮に向った。あの、神門を這入って大極殿を正面に見、西の回廊から神苑に第一歩を踏入れた所にある数株の紅枝垂、——海外にまでその美を謳われていると云う名木の桜が、今年はどんな風であろうか、もうおそくはないであろうかと気を揉みながら、毎年回廊の門をくぐる迄はあやしく胸をときめかすのであるが、今年も同じような思いで門をくぐった彼女達は、忽ち夕空にひろがっている紅の雲を仰ぎ見ると、皆が一様に、「あー」と感歎の声を放った。この一瞬こそ、二日間の行事の頂点であり、この一瞬の喜びこそ、去年の春が暮れて以来一年に亙って待ちつづけていたものなのである。(細雪、上卷の十九)

⇒ 도게쓰쿄 다리의 북쪽 끝에 와서 잠시 휴식을 취한 후 택시를 잡아타고 헤이안 신궁으로 향했다. 그 신궁의 문을 빠져나와 다이고쿠덴을 정면으로 바라보고 서쪽의 회랑에서 정원에 첫발을 내디딘 곳에 있는 몇 그루의 늘어진 다홍의 나뭇가지(紅枝垂)－해외에까지 그 아름다움을 칭송받고 있다는 유서 깊은 벚나무가 올해는 어떤 느낌일까. 이미 늦지는 않았을까 하고 마음을 졸이면서 매년 회랑의 문을 넘어설 때까지는 야릇하게 가슴이 두근거리는데, 올해도 똑같은 생각으로 문을 통과한 그녀들은 갑자기 저녁 하늘에 펼쳐지고 있는 다홍색 구름을 바라보더니 모두가 한결같이 "아~" 하고 감탄 소리를 내었다. 이 순간이야말로 이틀간 진행되는 행사의 정점이며 이 순간의 기쁨이야말로 작년 봄이 진 이후 1년에 걸쳐 기다리고 있던 것이다.

7. 신이상주의(新理想主義)

　메이지 말년에 나타난 문학 집단의 일파로 자연주의나 탐미파가
가진 어둡고 구제하기 어려운 인생관에 반대하여, 자아의 존엄을 자
각하고 적극적으로 개성의 신장을 의도하고 인생에 밝은 희망을 구
해 새로운 이상을 세워 가려고 하는 인도주의와 이상주의를 표방했
다. 신이상주의의 대표적인 일파에 시라카바파(白樺派)가 있다.

　* 시라카바파(白樺派)

　메이지 말부터 다이쇼에 걸쳐 활동한 근대 문학의 일파로, 43년
(1910)에 창간된 잡지 <시라카바(白樺)>의 동인인 무샤노코지 사네
아쓰(武者小路実篤), 시가 나오야(志賀直哉), 아리시마 다케오(有島武
郎), 사토미 돈(里見弴) 등을 가리킨다. 인도주의와 이상주의를 표방
하고 자연주의 문학 퇴조 이후 다이쇼 문단의 기축이 되는데, 미술에
도 관심을 기울여 인상파의 소개 등에 기여했다.

◆ 시가 나오야(志賀直哉, 1883~1971)

미야기현(宮城県) 출신으로 가쿠슈인(学
習院)을 거쳐 도쿄대학을 중퇴했다. 처녀
작 『아루 아사(或る朝)』를 통해 문단에 데
뷔하여, 무샤노코지 사네아쓰(武者小路実
篤) 등과 문예 잡지 <시라카바(白樺)>를
창간하고 『아바시리마데(網走まで)』를 발
표했다. 그는 『와카이(和解)』, 『기노 사키
니테(城の崎にて)』로 문단에 확실한 기반

을 마련하고 유일한 장편 『안야코로(暗夜行路)』를 썼다. 부정이나 허
위를 용납하지 않는 강한 정의감과 자아의식을 가지고, 있는 그대로
를 뛰어난 기교에 의해 불필요한 부분 없이 간결한 문체로 표현하고
있다. 문화 훈장을 수여했다.

● 『기노사키니테(城の崎にて)』

1917년에 발표된 단편소설. 교통사고를 당했지만 목숨을 건져 요
양을 위해 다지마(지금의 효고현(兵庫県)의 북부)의 기노사키 온천으
로 갔을 때 벌과 쥐, 영원(도룡뇽과 비슷하고 몸빛은 흑갈색이며 배는
빨간 바탕에 흑색 반점이 있음) 같은 작은 동물이 삶에서 죽음으로
옮아가는 모습을 바라보며 자신의 죽음과 운명을 생각한다는 내용이
다. 3년간의 공백 뒤에 쓰인 작품으로, 심경의 변화가 느껴진다.

○ 山の手線の電車にはね飛ばされてけがをした、そのあと養生に、一人で但馬の城の崎温泉へ出かけた。背中の傷が脊椎カリエスになれば致命傷になりかねないが、そんな事はあるまいと医者に言われた。二三年で出なければあとは心配はいらない、とにかく用心は肝心だからといわれて、それで来た。

頭はまだなんだかはっきりしない。物忘れが激しくなった。しかし気分は近年になく静まって、落ちついたいい気持ちがしていた。稲のとり入れの始まるころで、気候もよかったのだ。

⇒ 야마노테센 전철에 치여 나동그라져 상처를 입었다. 그 후 요양을 위해 혼자서 다지마의 기노사키 온천으로 떠났다. 등의 상처가 척추 카리에스로 진행되면 치명상이 될지도 모르지만 그런 일은 없을 거라고 의사가 말했다. '2, 3년 안에 나타나지 않으면 다음은 걱정할 필요는 없다, 아무튼 주의는 중요하니까'라고 들어, 그래서 왔다.

머리는 아직 왠지 맑지 않다. 건망증이 심해졌다. 하지만 기분은 근년에 없이 차분하여 안정된 좋은 기분이 들었다. 벼의 수확이 시작될 무렵으로 기후도 좋았었다.

● 『안야코로(暗夜行路)』

1921년에서 1937년까지 <가이조(改造)>에 연재된 장편소설. 주인공 도키토 겐사쿠(時任謙作)는 자신이 어머니와 조부 사이에서 태어난 불의의 자식이라는 사실을 알고 고뇌한다. 성인이 된 후 나오코(直子)와 결혼하여 행복을 발견하려 하지만, 나오코가 사촌과 과오를 범하여 다시 괴로움에 빠진다. 그런 큰 고통을 안고 있으면서도 항상

자아를 추구하여 성장해 가는 한 사람의 인
간상을 선명하게 그리고 있다. 행복 탐구를
주제로 한 자전적 심경 소설(心境小説)이라
고 할 수 있다. 완성까지 10여 년이 걸린 근
대 문학의 기념비적인 명작이다.

* 심경 소설(心境小説): 작자가 생활 기록
의 형식을 빌려 심경을 묘사한 소설로, 일
본의 사소설이라고 불리는 소설의 대부분
은 이 심경 소설에 해당한다.

○ 私が自分に祖父のある事を知ったのは、私の母が産後の病気で
死に、その後ふた月ほどたって、不意に祖父が私の前に現われてき
た、その時であった。私の六つの時であった。

ある夕方、私は一人、門の前で遊んでいると、見知らぬ老人がそ
こへ来て立った。目の落ちくぼんだ、猫背のなんとなく見すぼらし
い老人だった。私はなんという事なくそれに反感を持った。

老人は笑顔を作って何か私に話しかけようとした。しかし私は一
種の悪意から、それをはぐらかして下を向いてしまった。

⇒ 내가 자신에게 조부가 있다는 사실을 안 것은 내 어머니가 산후
의 병으로 죽고, 그 후 2개월 정도 지나 불쑥 조부가 내 앞에 나타난
그때였다. 내 나이 여섯 살 때였다.

어느 날 저녁 혼자 문 앞에서 놀고 있으려니까 본 적 없는 노인이
그곳으로 와서 섰다. 눈이 움푹 들어가고 등이 굽은 어딘지 초라해

보이는 노인이었다. 나는 왠지 모르게 그런 모습에 반감을 가졌다.

　노인은 얼굴에 웃음을 지으며 뭔가 나에게 이야기를 건네려고 했다. 그러나 나는 일종의 악의에서 그것을 얼버무리고 시선을 땅으로 향해 버렸다.

8. 신현실주의(新現実主義)

신낭만주의(탐미파)와 신이상주의(시라카바파)에 의해 객관적이고 현실적인 인생에서 멀어져간 문학을 다시 한 번 현실의 인간 생활의 장으로 되돌려 와서, 자연주의가 자신의 생활 경험을 중시한 데 반해, 자신들의 근대적 지성과 이지에 바탕을 둔 새로운 해석과 관찰을 펼치려고 한 것이 신현실주의다.

* 신시쵸파(新思潮派)

제3, 4차 <신시쵸(新思潮)>를 통해 활약한 아쿠타가와 류노스케(芥川竜之介), 기쿠치 히로시(菊地寛), 도요시마 요시오(豊島与志雄), 구메 마사오(久米正雄), 야마모토 유조(山本有三) 등을 가리킨다.

이들 작가의 대부분은 나쓰메 소세키의 문하생이며 또한 모리 오가이의 영향을 받은 사람도 있었는데, 근대적 개인주의를 강조하여 밝고 건전했다.

그리고 신현실주의에 속하는 인물에 낭만적 색채가 짙은 사토 하루오(佐藤春生), 구보타 만타로(久保田万太郎), 미나카미 다키타로(水上滝太郎) 등이 있으며, 문예 잡지 <기세키(奇跡)>에 몸담고 있던 히로쓰 가즈오(広津和郎), 가사이 젠조(葛西善蔵) 등이 있다. 그 밖에 사토미 돈(里見弴), 우노 고지(宇野浩二), 무로우 사이세이(室生犀星) 등이 있는데, 각인각양의 개성을 발휘하여 다사제제였다. 이 파의 전성기는 다이쇼 5년(1916)경부터 다이쇼 말기에 이르는 약 10년간이다.

◆ 아쿠타가와 류노스케(芥川竜之介, 1892~1927)

도쿄 출신으로 나쓰메 소세키의 문하생이다. 기쿠치 히로시, 구메 마사오 등과 제3차, 4차 <신시쵸>를 간행하고 역사 소설 『이모가유(芋粥)』로 문단에 등장했다. 이지적인 작풍을 띠었다. 이후 『하나(鼻)』로 소세키의 극찬을 받는 등, 『라쇼몬(羅生門)』, 『게사쿠잔마이(戯作三枚)』, 『지고쿠헨(地獄変)』, 『갓빠(河童)』, 『아루 아호노 잇쇼(或る阿保の一生)』를 지어 새로운 문학 전통을 여는 중요한 역할을 담당했다. 하지만 자신의 문학관과 현실의 모순에 고뇌하며 35세의 젊은 나이에 죽음을 선택했다. 유서에는 자살의 동기로 '뭔지 모를 나의 장래에 대한 단지 어렴풋한 불안이다(何か僕の将来に対する唯ぼんやりした不安である)'라고만 쓰여 있었다.

* 아쿠타가와 상(芥川賞)

아쿠타가와 상은 분게이슌쥬샤(文芸春秋社) 사장인 기쿠치 히로시(菊地寬)가 친구였던 아쿠타가와 류노스케의 이름을 기념하여 만든 문학상으로, 정식으로는 '芥川竜之介賞'이라고 한다. 쇼와 10년(1935) 이시카와 다쓰조(石川達三)의 『소보(蒼氓)』를 제1회로, 유력한 작가를 배출하여 신인 작가의 등용문으로써 일본에서 최고의 권위를 자랑하는 상이 되었다.

● 『라쇼몬(羅生門)』

1915년에 발표된 단편소설. 『곤쟈쿠모노가타리슈(今昔物語集)』에서 소재를 취하여 그것을 근대적인 심리 묘사에 의해 재구성한 소설로, 살아가기 위해 드러내는 인간의 이기주의를 파헤친 왕조물의 첫 번째 작품이다. 지진과 화재, 기근이 계속되는 헤이안 왕조 말기, 교토의 스자쿠 오지(朱雀大路)의 라쇼몬(羅生門)도 완전히 폐허가 되어 시체가 굴러다니고 있을 정도였다. 그 라쇼몬에서 비가 그치기를 기다리고 있던 한 하인이 성문의 위층에 올라가 목격한 것은 한 노파가 사체의 머리털을 뽑고 있는 광경이었다. 죽은 자의 머리털을 뽑아 연명하려는 노파와 노파의 옷과 뽑아놓은 머리털을 빼앗아 달아나는 직업 잃은 남자의 모습에서 인간의 피할 수 없는 악의 세계가 그려지고 있다.

○ 或日の暮方の事である。一人の下人が、羅生門の下で雨やみを待っていた。

広い門の下には、この男の外に誰もいない。唯、所々丹塗の剥げ

た、大きな円柱に、蟋蟀が一匹とまっている。羅生門が、朱雀大路
にある以上は、この男の外にも、雨やみをする市女笠や揉烏帽子
が、もう二三人はありそうなものである。それが、この男の外には
誰もいない。

　何故かと云うと、この二三年、京都には、地震とか辻風とか火事
とか飢饉とか云う災いがつづいて起こった。そこで洛中のさびれ方
は一通りではない。旧記によると、仏像や仏具を打砕いて、その丹
がついたり、金銀の箔がついたりした木を、路ばたにつみ重ねて、
薪の料に売っていたと云う。

　⇒ 어느 날 저녁녘의 일이다. 한 하인이 라쇼몬 아래에서 비가 그
치기를 기다리고 있었다.

　넓은 문의 아래에는 이 남자 외에 아무도 없다. 단지 군데군데 단
청이 벗겨진 큰 원기둥에 한 마리의 귀뚜라미가 붙어 있을 뿐이다.
라쇼몬이 스자쿠오지 대로에 있는 이상 이 남자 외에도 삿갓을 쓴 여
자나 검은 모자를 쓴 남자가 2, 3명은 더 비를 피하고 있을 법하다.
그런데 이 남자 외에는 아무도 없다.

　왜냐하면 요 2, 3년 교토에는 지진과 회오리바람, 화재, 기근 등 재
난이 연이어 일어났다. 그런 이유로 도성 안의 황폐한 정도는 보통이
아니다. 옛 기록에 의하면 불상이나 불구를 부숴서 단청이 붙거나 금
과 은박이 붙어 있는 나무를 길바닥에 쌓아 놓고 땔감으로 팔았다고
한다.

● 『갓빠(河童)』

1927년 <가이조(改造)>에 발표된 중편
소설. 가공의 갓빠 사회의 연애, 예술, 종
교, 권력, 노동 문제 등을 기지와 역설을
담아서 희화적이고 우의적인 감각으로 그
리고 있다. 그 근저에는 괴로움에 찬 아쿠
타가와의 염세관이 흐르고 있다.

　* 갓빠(河童): 상상 속의 물뭍동물로 키는 4, 5세 정도의 아이와 비
슷하고 입이 부리처럼 돌출해 있다. 등에는 거북이처럼 등딱지가 붙
어 있고 정수리는 오목하여 소량의 물이 담겨 있다. 힘이 세고 다른
동물을 수중으로 끌어들여 피를 빨아 먹는다고 전해진다.

　○　これは或精神病院の患者、－第二十三号が誰にでもしゃべる話で
ある。彼はもう三十を越しているであろう。が、一見した所は如何
にも若々しい狂人である。彼の半生の経験は、－いや、そんなこと
はどうでも善い。彼は唯じっと両膝をかかえ、時々窓の外へ目をや
りながら、(鉄格子をはめた窓の外には枯れ葉さえ見えない樫の木が
一本、雪雲りの空に枝を張っていた)院長のS博士や僕を相手に長々と
この話をしゃべりつづけた。尤も身ぶりはしなかった訣ではない。
彼はたとえば「驚いた」と言う時には急に顔をのけ反らせたりし
た。……。

僕はこう云う彼の話を可なり正確に写したつもりである。若し又誰か僕の筆記に飽き足りない人があるとすれば、東京市外××村のS精神病院を尋ねて見るが善い。年よりも若い第二十三号はまず丁寧に頭を下げ、蒲団のない椅子を指すであろう。それから憂鬱な微笑を浮かべ、静かにこの話を繰り返すであろう。

⇒ 이것은 어느 정신병원의 환자−제23호가 상대가 누구든 상관없이 지껄이는 이야기다. 그는 이미 30을 넘겼을 것이다. 허나 언뜻 보기에는 아무리 봐도 젊디젊은 광인이다. 그의 반생의 경험은−아니, 그런 것은 아무래도 좋다. 그는 그저 가만히 양 무릎을 감싸 안고 때때로 창밖으로 눈길을 보내며, (철창을 끼운 창문 밖에는 마른 잎조차 보이지 않는 떡갈나무가 하나, 눈구름의 흐린 하늘에 가지를 뻗고 있었다) 원장인 S박사나 나를 상대로 장황하게 이야기를 지껄여 댔다. 그렇다고 해서 몸짓을 하지 않은 것은 아니다. 그는 예를 들어 '놀랐다'고 할 때에는 갑자기 얼굴을 뒤로 젖히거나 했다. …….

나는 이런 그의 이야기를 꽤 정확하게 묘사했다고 생각한다. 만일 다시 누군가 나의 필기에 만족스러워하지 않는 사람이 있다면 도쿄 시외 ××동네의 S정신병원을 방문해 보길 바란다. 자신의 나이보다도 젊은 제23호는 제일 먼저 정중하게 머리를 숙이고 방석이 없는 의자를 가리킬 것이다. 그러고 나서 우울한 미소를 띄우며 조용히 이 이야기를 반복할 것이다.

9. 프롤레타리아 문학

　다이쇼 7년(1918) 제1차 세계대전이 끝나자 군수 산업으로 호황을 누리고 있던 일본에도 이윽고 경제 공황의 파도가 밀려들었다. 그에 따라 노동자와 자본가는 심각한 대립 양상을 보이기 시작하고, 사회주의와 공산주의 등의 좌익 사상이 기세를 더하여 프롤레타리아 문학 운동이 활발하게 일어났다.

　다이쇼 12년(1923)에는 <다네마쿠 히토(種蒔く人)>가 창간되고, 13년에는 <분게이젠센(文芸戦線)>이 발간되었으며, 쇼와 3년(1928)에는 일본프롤레타리아 예술가 동맹(ナップ)이 조직되어 기관지 <센키(戦旗)>가 간행되었다.

　하야마 요시키(葉山嘉樹), 후지모리 세이키치(藤森成吉), 도쿠나가 스나오(徳永直), 구라하라 고레히토(蔵原惟人), 나카노 시게하루(中野重治), 고바야시 다키지(小林多喜二) 등의 좌익 작가가 활약한 것은 이 시기다.

그러나 쇼와 6년(1931)의 만주 사변을 지나 쇼와 12년(1937)의 중일 전쟁(中日戰爭)이 발발할 무렵에 이르러서는 군부와 관헌의 연이은 탄압에 의해 이 같은 종류의 사회주의 문학 운동은 완전히 그림자를 감춰 버렸다.

◆ 나카노 시게하루(中野重治, 1902~1979)

후쿠이현 출신으로 프롤레타리아 문학과 전후민주주의 문학의 대표적 작가. 동인잡지 <로바(驢馬)>를 통해 프롤레타리아 시인으로 출발하여 소설, 평론으로도 이름을 떨쳤다. 대표작으로 『나카노 시게하루시슈(中野重治詩集)』, 소설 『우타노와카레(歌のわかれ)』, 『사이토 모키치 노트(斎藤茂吉ノオト)』 등이 있다.

10. 신감각파(新感覚派)

다이쇼 시대 말기가 되자 기세를 몰아왔던 프롤레타리아 문학에 반대하여, 이미 유행의 조짐을 보이고 있던 대중 문학과 대립하면서 순문학 계통으로 새로이 출현한 작가에 요코미쓰 리이치(橫光利一)와 가와바타 야스나리(川端康成) 등의 신감각파가 있다. 이들은 다이쇼 13년(1924)에 발간된 기관지 <분게이지다이(文芸時代)>를 중심으로 활약한 작가들이다.

신감각파의 특색은 종래의 사실적 발상법을 배제하고 효과적인 감각적 표현을 사용하여 작품 구성이 신선하다는 점이다. 예를 들어 요코미쓰 리이치의 출세작인 『니치린(日輪)』의 한 구절 "그는 작은 돌을 줍더니 숲 안으로 던졌다. 숲은 몇 장인가의 떡갈나무 잎에서 월광을 털어내고 중얼거렸다(彼は小石を拾ふと森の中へ投げこんだ。森は数枚の柏の葉から月光を払ひ落として呟いた。)"라든지, <분게이지다이>의 창간호에 실린 『아타마 나라비니 하라(頭ならびに腹)』

의 1절에 있는 "한낮이다. 특별 급행열차는 만원인 상태로 전속력으로 달리고 있었다. 선로 옆의 작은 역은 돌멩이처럼 묵살되었다(真昼である。特別急行列車は満員のまま全速力で駈けてゐた。沿線の小駅は石のように黙殺された)" 등의 표현이 그것이다.

◆ 가와바타 야스나리(川端康成, 1899~1972)

오사카 출신으로 한 살 때 의사인 아버지가 죽고 두 살 때 어머니와도 사별하여 고아가 된다. 그 후 조부에게 맡겨졌으나 7세 때 조모가 죽고 10세 때는 백모에게 맡겨진 손위 누이가 죽는다. 10년간 조부와 단둘이서 생활하다가 15세 때 그 조부와도 사별하여 백부에게 맡겨진다. 이러한 일련의 사건들로 인해 그는 '장례식의 명인(葬式の名人)'이라고 불렸다.

25세 때인 1924년에 도쿄대학을 졸업하고 요코미쓰 리이치 등과 함께 <분게이지다이(文芸時代)>를 창간하여 『이즈노 오도리코(伊豆の踊子)』 등을 발표하며 신감각파 운동을 전개했다. 『유키구니(雪国)』, 『센바즈루(千羽鶴)』, 『야마노 오토(山の音)』 등의 작품에도 독자적인 미의 세계를 구축하여, 차갑고 아름다운 서정성이 빛나고 있다. 1968년 일본인으로는 처음으로 노벨 문학상을 수상했다. 특히 노벨상을 수상하는 데 큰 역할을 한 『유키구니』는 근대 서정 문학의 고전으로 해외에서도 높이 평가받고 있다. 1972년 72세 때 스스로 목숨을 끊었다.

●『유키구니(雪国)』

쇼와 10년(1935)부터 연작의 형태로 발표
되어 22년(1947)에 완결되었다. 에치고(越
後) 유자와(湯沢)의 자연을 배경으로, 시마
무라(島村)라는 남자를 통해 기생 고마코(駒
子)의 모습이 서정적으로 아름답게 묘사된
작품이다. 도쿄에서 온 시마무라는 기생인
고마코에게 반하여 때때로 설국의 온천을
방문하지만, 그때뿐인 덧없는 사랑 이상의

관계를 가지려 하지 않는다. 이 차가울 정도로 맑은 시마무라의 비정
한 마음과 한결같이 불타오르는 설국의 여정이 얽혀 세상의 아름다
움과 애절함을 그려 내고 있다.

○ 国境の長いトンネルを抜けると雪国であった。夜の底が白くなっ
た。信号所に汽車が止まった。

向側の座席から娘が立って来て、島村の前のガラス窓を落とし
た。雪の冷気が流れこんだ。娘は窓いっぱいに乗り出して、遠く叫
ぶやうに、

「駅長さあん、駅長さあん。」

明りをさげてゆっくり雪を踏んで来た男は、襟巻で鼻の上まで包
み、耳に帽子の毛皮を垂れていた。

もうそんな寒さかと島村は外を眺めると、鉄道の官舎らしいバ

ラックが山裾に寒々と散らばっているだけで、雪の色はそこまで行かぬうちに闇に呑まれていた。

⇒ 국경(현과 현의 경계)의 긴 터널을 빠져나오자 설국이었다. 밤의 밑바닥이 하얗게 변했다. 신호소에 기차가 멈췄다. 반대쪽 좌석에서 여자아이가 일어나 와서 시마무라의 앞 유리창을 내렸다. 눈의 냉기가 흘러들었다. 여자아이는 창문 밖으로 잔뜩 몸을 내밀고 멀리로 외치듯 "역장님, 역장님"

등불을 들고 천천히 눈을 밟으며 온 남자는 목도리로 코의 위까지 감싸고 귀 위로 모자의 털가죽을 늘어뜨리고 있었다.

벌써 그런 추위인가 하고 시마무라가 밖을 내다보자, 철도의 관사 같은 가건물이 산기슭에 황량하게 흩어져 있을 뿐, 눈빛은 거기까지 가지 않은 사이에 어둠에 삼켜져 있었다.

11. 신흥예술파(新興芸術派)

신감각파의 뒤를 이어 쇼와 5년(1930)에서 6년에 걸쳐 반마르크스
주의를 표방한 신진, 중견을 옹호하는 가와바타 야스나리, 오자키 시
로(尾崎士郎), 후나하시 세이이치(舟橋聖一), 아베 도모지(阿部知二),
호리 다쓰오(堀辰雄), 고바야시 히데오(小林秀雄) 등 신흥 예술파 문
학자 집단의 대동단결이 있었지만, 얼마 가지 않아 같은 해 말, 통속
적인 신사회파(新社会派)와 예술적인 신심리주의(新心理主義)로 분열
되었다.

12. 쇼와 10년(1935) 전후

이 시기에는 기성 작가의 부활과 더불어 신진, 중견 작가들이 개성적인 활약을 보였지만, 이후 우익 사상을 대신하여 대두되어 온 군국주의 사상에 억압을 받았다. 다니자키 준이치로는 『모모쿠모노가타리(盲目物語)』를, 야마모토 유조(山本有三)는 『온나노 잇쇼(女の一生)』를, 시마자키 도손(島崎藤村)은 『요아케마에(夜明け前)』를, 시가 나오야(志賀直哉)는 『안야코로(暗夜行路)』를, 나가이 가후(永井荷風)는 『보쿠토키단(墨東綺譚)』을 써서 원숙함을 드러냈다. 후나바시 세이이치(舟橋聖一), 아베 도모지 등은 문예 잡지 <고도(行動)>를 창간하여 행동주의 문학론을 제창하고, 신진 작가인 이시자카 요지로(石坂洋次郎)는 『와카이히토(若い人)』를, 이시카와 다쓰조(石川達三)는 『소보(蒼氓)』를, 다자이 오사무(太宰治)는 『다스・게마이네(ダス・ゲマイネ)』를, 호리 다쓰오(堀辰雄)는 『가제다치누(風立ちぬ)』를, 시마키 겐사쿠(島木健作)는 『세이카쓰노 단큐(生活の探究)』를, 그리고 이부세 마스지(井伏鱒二)는 『다진코무라(多甚古村)』를 세상에 내놓아 호평을 받았다.

13. 전시의 문학

쇼와 12년(1937)부터 20년간 정부와 군부는 조국의 큰 이상을 분명히 드러낸다는 구호 아래 국민정신 총동원 호령을 내렸다. 그에 따라 사상이나 예술의 자유는 군국주의사상의 중압하에 기세가 꺾여 일본 문학보국회(日本文学報国会) 결성 이후에는 많은 문학자가 종군하게 되었고, 모든 문학 활동은 전쟁 문학 일색으로 집중되어 문학사에 있어서 수년에 걸친 공백기가 지속되었다.

이 시기에 나타난 작품에는 중국 전선에 관한 것으로 히노 아시헤이(火野葦平)의 『무기토 헤이타이(麦と兵隊)』, 『쓰치토 헤이타이(土と兵隊)』, 『하나토 헤이타이(花と兵隊)』 3부작과 이시카와 다쓰조(石川達三)의 『이키테이루 헤이타이(生きている兵隊)』, 『부칸 사쿠센(武漢作戦)』 등이 있으며, 태평양 전쟁에 관한 것으로 니와 후미오(丹羽文雄)의 『가이센(海戦)』, 이부세 마스지의 『하나노 마치(花の街)』 등 전쟁 문학이 있고, 그 밖에 약간의 국책 편승적인 농민 문학과 대륙 문학, 해양 문학이 있다.

14. 전후의 문학

쇼와 20년(1945)의 태평양 전쟁 패전과 동시에 암운에 덮여 있던 모든 것이 평화의 빛으로 되살아나기 시작했다. 나카노 시게하루(中野重治) 등 일련의 좌익 작가는 신일본문학회를 중심으로 민주주의 문학의 육성에 착수하고, 시가 나오야와 다니자키 준이치로 등의 기성 작가가 연이어 부활했다.

그 틈에 끼어 불꽃처럼 하나하나 피었다가 저버린 것으로 육체 문학과 신게사쿠 문학(新戱作文学), 기록 문학이 있다. 그리고 이들의 명맥을 이은 것으로 중간 소설과 풍속 소설이 있다. 육체 문학은 육체의 해방을 인간의 해방이라고 주장하여 한때 유행한 문학이며, 기록 문학은 사실(史実)의 기록적 요소가 매우 강하여 보고 문학이라고도 불린다. 중간 소설은 순문학과 대중 문학의 중간에 위치하는 반통속적 소설로, 제2차 대전 후에 만들어진 조어다. 이시자카 요지로(石坂洋次郎), 후나하시 세이이치(舟橋聖一) 등이 주된 작가이다.

25년(1950)경부터는 기성 작가의 맞은편에 이노우에 야스시(井上靖), 오오카 쇼헤이(大岡昇平), 미시마 유키오(三島由起夫) 등의 전후파(戰後派) 작가가 잇따라 등장하며 각광을 받았다.

28년 이후는 이른바 매스컴 시대로, 문고본(文庫本), 신서판(新書版)의 성행에서 이어지는 주간지 붐 속에 마쓰모토 세이쵸(松本清張), 오에 겐자부로(大江健三郎) 등 많은 신성이 나타났다.

◆ 이노우에 야스시(井上靖, 1907~1991)

홋카이도 아사히카와(旭川) 출신으로 교토대학을 졸업했다. 어린 시절 부모의 슬하를 떠나 시즈오카현(静岡県) 유가시마(湯ヶ島)에 사는 조모에게 맡겨졌다. 『도규(鬪牛)』로 아쿠타가와 상을 수상한 후 신문 기자 생활을 청산하고 작가 활동에 나섰다. 『료쥬(猟銃)』, 『로란(楼蘭)』, 『아오키오카미(蒼き狼)』, 『효헤키(氷壁)』 등 뜨거운 영혼과 냉철한 시각으로 스토리성이 풍부한 많은 작품을 써서 일본 문학의 독자층을 넓혔다. 중국과의 교류에도 힘을 쏟았다.

● 『료쥬(猟銃)』

1949년 42세에 발표된 단편소설. 네 명으로부터 받은 4통의 편지로 구성된 소설로, 사랑하는 연인들의 마음 깊숙한 곳에 잠재한 모순과 고독을 그리고 있다.

○ その人は大きなマドロスパイプを銜え、セッターを先に立て、長靴で霜柱を踏みしだき乍ら、初冬の天城の間道の叢をゆっくり分

け登って行った。二十五発の銃弾の腰帯、黒褐色の革の上衣、その上に置かれたチャアチル二連銃、生きものの命断つ白く光れる鋼鉄の器具で、かくも冷たく武装しなければならぬものは何であらうか。行きずりのその長身の猟人の背後姿に、私はなぜか強く心惹かれた。

⇒ 그 사람은 큰 마도로스파이프를 물고, 사냥개를 앞세워 부츠로 서릿발을 밟아 뭉개며 초겨울의 아마기 샛길의 풀숲을 천천히 헤치며 올라갔다. 스물다섯 발 총탄의 허리띠, 흑갈색의 가죽 상의, 그 위에 놓인 처칠 쌍발 총, 살아 있는 존재의 목숨을 끊을 하얗게 빛나는 강철 기구로 이렇게까지 차갑게 무장하지 않으면 안 되는 이유는 뭘까. 스쳐 지나가는 그 장신 사냥꾼의 뒷모습에 나는 왠지 강하게 마음이 끌렸다.

* 신게사쿠파(新戯作派)

태평양 전쟁 전과 전쟁 중에 자연주의적인 주류에서 볼 때 소수파였던 반속적인 작가들을 말한다. 자학과 풍자 속에서 문학적 진실을 추구하려고 했다. 작가와 작품에 다자이 오사무(太宰治)의 『샤요(斜陽)』, 사카구치 안고(坂口安吾)의 『하쿠치(白痴)』, 오다 사쿠노스케(織田作之助)의 『메오토젠자이(夫婦善哉)』 등이 있다. 이들을 파멸형 작가라고 하여 부라이파(無頼派)라고도 부른다. 그 외에 이시카와 준(石川淳)의 『야케아토노 예수(焼跡のイエス)』, 이토 세이(伊藤整)의 『히노 도리(火の鳥)』 등이 있으며, 이들 작가는 지적이며 고답적인 작풍으로 인해 가면신사(仮面紳士)라고 불렸다.

◆ 다자이 오사무(太宰治, 1909～1948)

아오모리현 출신으로 본명은 쓰시마 슈지 (津島修治). 도쿄대학 불문과 재학 중 비합법 운동에 관여했지만 전향하여 본격적으로 집 필 활동에 들어간다. 1935년에는 『갸코(逆行)』 가 제1회 아쿠타가와상의 차석이 되고 이듬 해에 제1 창간집인 <반넨(晩年)>을 간행한 다. 1939년에 이부세 마스지(井伏鱒二)의 소 개로 이시하라 미치코(石原美知子)와 결혼하 여 평온한 생활 속에서 『후가쿠햣케이(富嶽百景)』, 『죠세이토(女生徒)』, 『하시레메로스(走れメロス)』 등 많은 가작을 집필했다. 전후, 『샤요 (斜陽)』로 베스트셀러 작가가 되는 등 전후 문학의 기수로서 활약하지 만, 『닌겐싯카쿠(人間失格)』를 발표한 1948년 38세에 투신자살한다. 죽기 전까지의 그의 인생은 고뇌에 찬 것이었다. 작품은 권위에 대한 반발과 약자의 편에서 사랑과 진실을 추구하려는 정신으로 일관되어 있어, 현재에도 많은 젊은 층의 공감을 얻고 있다.

● 『닌겐싯카쿠(人間失格)』

1948년 발표된 중편소설. 아오모리현 부호의 아들로 폐인과 다를 바 없는 모르핀 중독 환자였던 오바 요조(大庭葉蔵)의 수기를 빌려, 자신의 일생을 극한까지 작품으로 승화시킨 다자이의 대표작이다. 인 생의 최후에 이르러 자신의 내면적 진실과 그것을 지키기 위한 고통의 삶을 정면에서 그려 낸 이른바 다자이 오사무의 총결산 작품이다. 사랑과 신뢰를 갈구하지만 인간사회에서 매장되어 패배해 가는 과정을 묘사하고 있다.

○ 私は、その男の写真を三葉、見たことがある。

一葉は、その男の、幼年時代、とでも言うべきであろうか、十歳前後かと推定される頃の写真であって、その子供が大勢に女のひとに取りかこまれ、(それは、その子供の姉たち、妹たち、それから、従姉妹たちかと想像される)庭園の池のほとりに、荒い縞の袴をはいて立ち、首を三十度ほど左に傾け、醜く笑っている写真である。醜く？けれども、鈍い人たち(つまり、美醜などに関心を持たぬ人たち)は、面白くも何とも無いような顔をして、

「可愛い坊ちゃんですね。」

といい加減なお世辞を言っても、まんざら空お世辞に聞こえないくらいの、謂わば通俗の「可愛らしさ」みたいな影もその子供の笑顔に無いわけではないのだが、しかし、いささかでも、美醜に就いての訓練を経て来たひとなら、ひとめ見てすぐ、

「なんて、いやな子供だ。」

と頗る不快そうに呟き、毛虫でも払いのける時のような手つきで、その写真をほうり投げるかも知れない。

⇒ 나는 그 남자의 사진을 세 장 본 적이 있다.

사진) 『닌겐싯카쿠(人間失格)』가 수록되어 있는 다자이 오사무의 책 文春文庫.

한 장은 그 남자의 유년시절이라고 해야 할까? 열 살 전후로 추정되는 무렵의 사진으로 그 아이가 많은 여자 안에 둘러싸여(그것은 그 아이의 누나들, 여동생들, 그리고 사촌 여자 형제들인 것으로 상상된다) 정원의 연못가에 굵은 줄무늬 하카마(*기모노에서 아래에 입는 겉옷)를 입고 서서, 고개를 30도 정도 왼편으로 기울이고 추하게 웃고 있는 사진이다. 추하게? 그렇지만 둔감한 사람들(즉 미추 따위에 관심을 갖지 않는 사람들)은 재미있지도 아무렇지도 않은 것 같은 얼굴을 하고,

"귀여운 도련님이네요."

라고 제멋대로 입바른 말을 해도 반드시 빈말로는 들리지 않을 정도의, 말하자면 통속적인 '귀여움' 같은 구석이 그 아이의 웃는 얼굴에 없는 것도 아니지만, 그러나 다소라도 미추에 대한 훈련을 받고 온 사람이라면 한눈에 금방,

"뭐 이리 밉살맞은 아이가 다 있어."

라고 몹시 불쾌한 듯 중얼거리고 털복숭이 벌레라도 털어 버릴 때 같은 손놀림으로 그 사진을 내던질지도 모른다.

* 전후파 문학

제2차 세계대전 후의 주된 문학 유파. 잡지 <긴다이분가쿠(近代文学)>의 동인을 중심으로 정치와 문학, 마르크스주의와 실존주의, 주체성론, 세대론 등을 공통의 주제로 하여 활동한 유파이며, 제1차 전후파와 제2차 전후파로 나뉜다. 패전 직후의 전후파에 노마 히로시(野間宏), 나카무라 신이치로(中村真一郎), 하니야 유타카(埴谷雄高), 우메자키 하루오(梅崎春生), 시이나 린조(椎名麟三) 등이 있으며, 이들은 인간의 존재를 근원에서부터 다시 질문하고 새로운 방법과 의식

을 가지고 자아의 확립을 시도했다. 세계 최초의 원자폭탄 체험을 바탕으로 평화와 인간애를 호소한 작품도 있다.

전후파에 이어 다케다 다이쥰(武田泰淳), 아베 고보(阿部公房), 홋타 요시에(堀田善衛), 오오카 쇼헤이(大岡昇平) 등 제2차 전후파로 불리는 신인들이 정신적 폐허 속에 새로운 가치를 만들어 내려는 의도 하에 관념성 강한 작풍을 들고 등장했다.

◆ 노마 히로시(野間宏, 1915~1991)

효고현(兵庫県) 출신으로 교토대학을 졸업했다. 전후파 문학의 중심인물로 사회 문제에도 폭넓게 관여했다. 『구라이 에(暗い絵)』로 문단에 진출하고, 이후 『사이코로노 소라(賽子の空)』, 『신쿠치타이(真空地帯)』, 『세이넨노 와(青年の環)』 등을 남겼다.

● 『사이코로노 소라(賽子の空)』

○ 一時少し前、大垣元男は兜町の証券取引所の前に出、鎧橋を渡った。朝から曇り出した空の下で何時になく、今日は雨雲にまといつかれるのではないかという思いに見舞われたが、彼は取引所の前で一挙にそれをふり払った。

⇒ 1시 조금 전, 오가키 모토오는 가부토쵸의 증권 거래소 앞으로 나와 요로이바시 다리를 건넜다. 아침부터 흐리기 시작한 하늘 아래서 전에 없이 오늘은 비구름에 얽히는 건 아닌가 하는 생각에 휩싸였지만 그는 거래소 앞에서 일거에 그것을 뿌리쳤다.

◆ 미시마 유키오(三島由起夫, 1925~1970)

소설가이며 극작가이다. 본명은 히라오카 기미타케(平岡公威)로 도쿄 출신. 사이카쿠(西鶴)풍의 화려한 문체로 인간 심리를 해부하고, 20세기 서구 문학의 문체와 방법을 익혀 질서와 신화를 지향했다. 『비토쿠노 요로메키(美徳のよろめき)』, 『가멘노 고쿠하쿠(仮面の告白)』 등 초기 작품에서는 멸절의 미의식을 중심으로 반모럴의 세계를 구축했다. 50년대에는 고전주의 작품인 『시오사이(潮騒)』, 『긴카쿠지(金閣寺)』 등을, 60년대에 들어와서는 내셔널리즘에 관심을 갖기 시작하여 표현의 범위도 확대되어 갔다. 2·26 사건의 청년 장교의 자결을 그린 『유코쿠(憂国)』를 출발점으로 하여 『다이요토데쓰(太陽と鉄)』, 『호죠노 우미(豊饒の海)』, 희곡에 『로쿠메이칸(鹿鳴館)』 등이 있다. 순수 일본 원리를 모색하여 할복 자결했다.

  *『시오사이(潮騒)』: "우타지마는 인구 천사백, 둘레 1리에도 미치지 않는 작은 섬이다(歌島は人口千四百、周囲一理充たない小島である)" 그리스 신화 속의 목가적인 사랑이야기 <다프니스와 크로에>에 바탕을 둔 건강한 청춘 찬가 작품이다.

● 『긴카쿠지(金閣寺)』

  1956년 발표된 장편소설로, 현실의 긴카쿠지 절 방화 사건에서 소재를 얻은 작품이다. 말더듬이라는 장애가 자신과 세상을 가로막고

있다고 홀로 고뇌하는 젊은 학승(学僧)이 긴
카쿠지의 아름다움에 사로잡혔다. 그러나 긴카
쿠지 또한 자신과 인생 사이를 막아서고 있다고
생각하여 이를 떨쳐 버리기 위해 불을 지른다.

긴카쿠지의 아름다운 매력에 빠진 주인공
이 긴카쿠지를 불태우는 것으로 생의 의지를
회복한다. 영원한 미의 상징인 긴카쿠지와 그
지배에서 달아나려고 하는 청년의 소외 의식을 주제로 하고 있다.

○ 幼時から父は、私によく、金閣のことを語った。

私の生れたのは、舞鶴から東北の、日本海へ突き出たうらさびし
い岬である。父の故郷はそこではなく、舞鶴東郊の志楽である。懇
望されて、僧籍に入り、辺鄙な岬の寺の住職になり、その地で妻を
もらって、私という子を設けた。成生岬の寺の近くには、適当な中
学校がなかった。やがて私は父母の膝下を離れ、父の故郷の叔父の
家に預けられ、そこから東舞鶴中学校へ徒歩で通った。

父の故郷は、光のおびただしい土地であった。しかし一年のう
ち、十一月十二月のころには、たとえ雲一つないように見える快晴
の日にも、一日に四五へんも時雨が渡った。私の変りやすい心情
は、この土地で養われたものではないかと思われる。

⇒ 어릴 적부터 아버지는 내게 곧잘 긴카쿠에 대해 이야기했다.

내가 태어난 곳은 마이즈루에서 동북쪽에 위치한, 일본해에 돌출
해 있는 적막한 곳이다. 아버지의 고향은 그곳이 아니라 마이즈루 동

사진) 『긴카쿠지(金閣寺)』 昭和 31年 初版 新潮社

교의 시라쿠다. 간망받아 승적에 들어 외진 곳의 절의 주지가 되고 그 땅에서 처를 얻어 나라는 아이를 만들었다. 나리우 곳의 절 가까이에는 적당한 중학교가 없었다. 결국 나는 부모의 슬하를 떠나 아버지의 고향인 숙부의 집에 맡겨져, 그곳에서 히가시마이즈루 중학교에 도보로 다녔다.

아버지의 고향은 빛이 굉장히 많은 토지다. 그러나 1년 중, 11월 12월 무렵에는 아무리 구름 한 점 없는 것처럼 보이는 쾌청한 날에도 하루에 네다섯 번이나 비가 오락가락했다. 나의 변하기 쉬운 심정은 이 고장에서 길러진 것이 아닌가 생각된다.

* 제3의 신인(第三の新人)과 전후 세대 작가

제1, 제2 전후파가 사상성과 관념성을 중시한 데 반해, 제3의 신인들은 일상생활인 현실을 응시하고 자신의 본질을 파악하려고 한 작가들로, 사소설의 전통을 계승하는 방법을 취했다. 『가이헨노 고케이(海辺の光景)』의 야스오카 쇼타로(安岡章太郎), 『쇼후노 헤야(娼婦の部屋)』의 요시유키 준노스케(吉行淳之介), 『플사이드 쇼케이(プールサイド小景)』의 쇼노 준조(庄野潤三), 『친모쿠(沈黙)』의 엔도 슈사쿠(遠藤周作) 등이 그들이다.

그 후 쇼와 출신으로 전후 사회 속에서 성인이 된 소위 전후 세대 작가들이 각자 개성적인 작품으로 등장했다. 『시샤노 오고리(死者の奢り)』의 오에 겐자부로(大江健三郎), 『다이요노 기세쓰(太陽の季節)』의 이시하라 신타로(石原慎太郎), 『요루토 기리노 스미데(夜と霧の隅で)』의 기타 모리오(北杜夫), 『하다카노 오사마(裸の王様)』의 가이코 다케시(開高健), 『히노 우쓰와(悲の器)』의 다카하시 가즈미(高橋和巳), 『시노부가와(忍ぶ川)』의 미우라 데쓰오(三浦哲郎) 등이다.

15. 신체시(新体詩)의 시대

　이 시기는 일본에 있어서 시의 발흥기로, 서양의 근대시에 영향을 받아 7음과 5음을 기조로 하는 문어체의 정형시가 성장하고 있었던 시대다.

　메이지 15년(1882) <신체시초 초편(新体詩抄初編)>이 이노우에 데쓰지로(井上哲次郞), 야타베 료키치(矢田部良吉), 도야마 마사카즈(外山正一) 등 도쿄대학의 신예 학자들에 의해 간행되었는데, 이것이 일본의 새로운 시의 시작이 되었다.

　신체시라는 말은 종래의 한시와 구별하기 위한 호칭이다. 이 새로운 시는 해를 거듭할수록 유행하게 되었고, 메이지 21년(1888)에는 이노우에 데쓰지로의 한시와 신체시로 번역한 오치아이 나오부미(落合直文)의 『고죠 시라기쿠노 우타(孝女白菊の歌)』가 발표되어 전국적으로 애창되었다. 이듬해인 22년에는 모리 오가이가 번역시집 『오모카게(於母影)』를 발표하고 26년에는 기타무라 도코쿠(北村透谷)가 잡지 <분가쿠카이(文学界)>를 창간하여 시작(詩作)과 지도에 힘을 기울였다.

16. 낭만주의—도손(藤村), 반스이(晩翠) 시대

　메이지 30년(1897)이 되자 시마자키 도손(島崎藤村)이 서구의 낭만주의 사상을 도입한 참신하고 우미한 서정시집『와카나슈(若菜集)』를 발표하고, 계속해서『히토하부네(一葉舟)』,『나쓰쿠사(夏草)』,『라쿠바이슈(落梅集)』를 발표했는데, 여기에 일본의 근대시가 겨우 형식과 내용에 있어서 예술의 영역에 도달한 느낌이 있다. 쓰치이 반스이(土井晩翠)는 같은 무렵 규모가 웅장하고 막힘이 없는 한시조를 도입한 서정시집『덴치우죠(天地有情)』,『교쇼(曉鐘)』를 발표하여 도손과 신체시계의 쌍벽으로 불렸다.

● 『와카나슈(若菜集)』

　도손(島崎藤村)의 제1시집으로 1897년에 간행되었다.「하쓰코이(初恋)」,「다카도노(高楼)」등 서정시 51편을 서양시의 감각과 전통적인

7 5조로 노래하고 있다. 메이지기의 울적한 청춘
을 정열적으로 노래하고 있는 근대 일본시의 기
념비적인 작품으로, 시단에 큰 영향을 끼쳤다.

○ 初恋	첫사랑
まだあげ初めし前髪の	막 올려 묶기 시작한 앞머리가
林檎のもとに見えしとき	사과나무 아래로 보였을 때
前にさしたる花櫛の	앞머리에 꽂은 꽃 빗의
花ある君と思ひけり	꽃 같은 사람이라고 생각했다
やさしく白き手をのべて	희고 부드러운 손을 뻗어
林檎をわれにあたへしは	사과를 나에게 주었을 때
薄紅の秋の実に	엷은 빨강의 가을 열매에
人こひ初めしはじめなり	사람 사랑한 것 처음이다
わがこころなきためいきの	저도 모르게 나온 한숨이
その髪の毛にかかるとき	그대의 머리 가락에 닿을 때
たのしき恋の盃を	즐거운 사랑의 잔을
君が情けに酌みしかな	그대가 정감 있게 따르는 도다
林檎畠の樹の下に	사과밭 나무 아래에
おのづからなる細道は	자연스럽게 생긴 좁은 길은
誰が踏みそめしかたみぞと	누가 밟아 생긴 것인가요? 라고
問ひたまふこそこひしけれ	물으시는 그대가 사랑스럽다

사진) 『와카나슈(若菜集)』 메이지 30년(1897). 春陽堂 간행

17. 상징주의—규킨(泣菫), 아리아케 (有明) 시대

　신체시 시대의 마지막을 장식한 것은 스스키다 규킨(薄田泣菫)과 간바라 아리아케(蒲原有明) 두 사람이다. 규킨에게는 고어의 자유로운 구사로 고전적 정취가 넘치는 서정적인 시집 『니쥬고겐(二十五絃)』, 『하쿠요큐(白羊宮)』 등이 있으며, 아리아케에게는 상징주의 시집 『슌쵸슈(春鳥集)』, 『유메이슈(有明集)』 등이 있다. 프랑스 상징시의 번역집인 우에다 빈(上田敏)의 『가이쵸온(海潮音)』은 규킨과 아리아케 두 사람의 시작(詩作)을 비롯하여 일본 상징시 운동에 큰 영향을 끼쳤다.

18. 자유시—구어체 파조시(口語体破調詩)

메이지 39년(1906)부터 문단을 풍미하기 시작한 자연주의는 이듬해
인 1907년에는 시단에도 파급되어, 용어와 형식의 제약을 타파하고
자유로운 자연의 감정을 노래하는 자유시 운동이 일어났다.

가와지 류코(川路柳虹)는 잡지 <시진(詩人)>에 일본 최초의 구어
자유시 「하키다메(塵塚)」를 발표하고, 소마 교후(相馬御風), 미키 로후
(三木露風)는 <와세다분가쿠(早稲田文学)>에 각각 「야세이누(痩犬)」와
「구로이 도비라(黒い扉)」를 게재하고 7 5조의 정형을 파괴하는 구어체
의 파조시(破調詩)를 시작(試作)했다.

이어서 기타하라 하쿠슈(北原白秋)가 등장해 문어에 의한 자유시집
『자슈몬(邪宗門)』, 『오모이데(思ひ出)』를 간행하고, 그 근대적 감각과
관능적인 정서에 의해 시단을 대표했다.

◆ 기타하라 하쿠슈(北原白秋, 1885~1942)

시인이자 가인으로 본명은 류키치(隆吉)이며 후쿠오카현(福岡県) 출신이다. 요사노 히로시(与謝野寬) 부처의 문하에 출입하여 로맨티시즘을 고취하고, 단가의 혁신에 공헌한 <묘죠(明星)>와 <스바루(スバル)>에 작품을 게재했다. 남국적인 이국정서 풍부한 시집『자슈몬(邪宗門)』으로 일약 문명을 떨치고, 계속해서 유소년기의 추억을 이국적인 감각과 관능으로 노래 부른 서정시집『오모이데(思ひ出)』, 향락 퇴폐에 감상을 섞은『도쿄 후부쓰시(東京風物詩)』와 침잠한 심경을 나타낸『스이보쿠슈(水墨集)』등을 간행했다. 또한 단카 잡지인 <다마(多磨)>를 주재하여 상징적이고 인상적인 수법으로 신선한 감각과 정서를 논하고 많은 동요를 지었다. 시집『쟈슈몬』,『오모이데』외에 가집으로『기리노 하나(桐の花)』,『스즈메노 다마고(雀の卵)』,『구로히(黒桧)』가 있고, 산문시에『스즈메노 세이카쓰(雀の生活)』, 동요집에『돈보노 메다마(トンボの眼玉)』,『하쿠슈 동요집(白秋童謡集)』등이 있다. 그 밖에 가요, 민요, 소설, 평론 등 다채로운 재능을 구가했다.

19. 다이쇼의 시단(詩壇)—신진 시인과 민중시파

다이쇼 시대에 들어오자 자유시는 이윽고 일반화되고 신진 시인이 백화요란(百花繚乱)의 정취를 띠었다.

다카무라 고타로(高村光太郎)는 『도테이(道程)』에서 알기 쉽고 명료한 구어체 자유시에 보다 격렬한 인간 추구의 정념을 담고, 하기와라 사쿠타로(萩原朔太郎)는 『쓰키니 호에루(月に吠える)』를 통해 독특한 서정을 포함한 상징시풍을 수립했다. 무로우 사이세이(室生犀星)는 『아이노 시슈(愛の詩集)』에 소박함과 감상(感傷)을 나타내고, 기노시타 모쿠타로(木下杢太郎)는 『쇼쿠고노 우타(食後の唄)』에 에도의 정취와 이국정조를 섞은 탐미를, 그리고 사토 하루오(佐藤春生)는 한없는 순정(殉情)을, 사이조 야소(西条八十)는 아름다운 환상을, 호리구치 다이가쿠(堀口大学)는 직각적(直覚的)인 기지를 시작에 표현했다.

한편 다음 시기의 프롤레타리아 시에 선구적인 역할을 한 민중시파가 다이쇼 7년에 나타났다. 시지 <민슈(民衆)>를 통해 후쿠다 마사오(福田正夫), 시라토리 쇼고(白鳥省吾), 모모타 소지(百田宗治), 도미타 사이카(富田砕花) 등이 활약했다.

◆ 다카무라 고타로(高村光太郎, 1883~1956)

도쿄 출신으로 본명은 미쓰타로(光太郎)이며 시인이자 조각가이다. 도쿄미술학교 졸업 후 1906년 미국에 유학하고 1년여의 체재 후에 런던 그리고 1908년에는 파리로 건너가 로댕에 심취하는 등 격심한 문화적 괴리를 경험한다. 1909년 귀국한 그는 그를 둘러싼 봉건적 사회의 질곡에 지쳐 데카당스에 몸을 맡겼다. 그 심정은 당시 탐미파의 아성이었던 <스바루(スバル)>에 표현되어 있다. 그러나 1911년 나가누마 치에코(長沼智恵子)와의 만남을 통해 퇴폐에서 벗어나 정화된 건전한 생활을 하게 되고, 탐미적인 시풍에서 이상주의로 노선을 바꾼 그는 『도테이(道程)』를 통해서 생명감과 윤리적 의지가 넘치는 소박하고 인도주의적인 구어 자유시를 완성했다. 그러나 1931년 무렵부터 치에코에게 정신적인 이상이 나타나면서 비극적인 시기를 맞이한다. 치에코에 대한 애정은 『치에코쇼(智恵子抄)』에 잘 나타나 있다. 그 밖에 『덴케이(典型)』, 『로단노 고토바(ロダンの言葉)』 등의 시집이 있다.

사진) 다카무라 고다로(高村光太郎). 출처: http://ja.wikipedia.org/wiki

● 『도테이(道程)』

　1914년 간행으로, 데카당스(퇴폐파)의 시기에서부터 치에코(智恵子)
와의 만남을 통해 재생에 이르기까지의 정신적 궤도를 표현한 시집
이다. 소박하고 힘찬 인도주의적 경향을 보이고 있다.

　○ 「失はれたるモナ・リザ」
　　　　　　　　　　'잃어버린 모나리자'
　　モナ・リザは歩み去れり
　　　　　　　　　모나리자는 걸어 사라졌다
　　かの不思議なる微笑に銀の如き顫音を加へて
　　　　　　　　　그 야릇한 미소에 은 같은 전음을 가하고
　　「よき人になれかし」と
　　　　　　　　　'착한 사람이 될지어다' 하고
　　とほく、はかなく、かなしげに
　　　　　　　　　멀리, 허무하게, 슬픈 듯
　　また、凱旋の将軍の夫人が偸視の如き
　　　　　　　　　또, 개선장군의 부인이 엿보는 것 같은
　　冷かにしてあたたかなる
　　　　　　　　　싸늘하고 따뜻한
　　銀の如き顫音を加へて
　　　　　　　　　은 같은 전음을 가하고
　　しづやかに、つつましやかに
　　　　　　　　　차분하게, 조신하게
　　モナ・リザは歩み去れり
　　　　　　　　　모나리자는 걸어 사라졌다
　　　　　　　　　　　　（『도테이(道程)』 중에서）

20. 프롤레타리아 시와 초현실주의의 대립

　다이쇼 13년(1924)부터 쇼와 8년(1933) 사이의 시단은 시종 운동과 이론으로 일관하고 관념만이 성행했다.

　관동대지진(1923) 이후 문단의 프롤레타리아 운동에 병행하여 프롤레타리아 시파가 나타났지만, 나카노 시게하루(中野重治)의 시를 제외하고는 작품적으로 평가할 만한 것은 거의 없다. 쇼와 시대에 들어와 니시와키 준사부로(西脇順三郎), 하루야마 유키오(春山行夫), 기타가와 후유히코(北川冬彦) 등에 의해 초현실주의 운동이 일어나 <시와 시론(詩と詩論)>이 창간되었지만, 이론은 성행하고 작품에는 주목할 만한 것이 적다.

21. 시키(四季), 레키테이(歷程),
   전쟁시(戰爭詩)

  전대의 프롤레타리아 시 운동이나 초현실주의 이론을 계승하여,
온아한 질서가 있는 신실성을 보전하려는 시인들이 <시키(四季)>,
<레키테이(歷程)>를 발간하여 활약했다.

  <시키>에는 미요시 다쓰지(三好達治), 마루야마 가오루(丸山薰),
하기와라 사쿠타로(萩原朔太郎), 무로우 사이세이(室生犀星), 다치하
라 미치조(立原道造), 나카하라 츄야(中原中也), 진보 고타로(神保光太
郎) 등이 각각 개성 있는 작품을 발표하고, <시키>에 관여하지 않은
시인들이 <레키테이(歷程)>를 발간하였는데, 구사노 신페이(草野心
平)가 그 대표였다. 그 밖에 가네코 미쓰하루(金子光晴), 오자키 기하
치(尾崎喜八), 오키 아쓰오(大木惇夫), 후카오 스마코(深尾須磨子) 등
이 새로운 서정을 나타내는 등, 쇼와 10년(1935) 전후의 시단은 최성
기를 맞이했지만 전쟁의 확대와 함께 쇠퇴해 갔다.

22. 전후의 시

　태평양 전쟁 후 시단은 문단과 더불어 급속히 부흥했다. 쓰보이 시게지(壺井繁治) 등의 좌익계 시인의 활약과 사토 하루오(佐藤春生), 샤쿠 쵸쿠(釈迢空), 마루야마 가오루(丸山薫), 구사노 신페이(草野心平) 등 대가와 중견의 부활이 두드러지고, 동시에 마티네 포에틱의 나카무라 신이치로(中村真一郞), 가토 슈이치(加藤周一), 시지(詩誌) <아레치(荒地)>의 기하라 고이치(木原考一) 등의 신인이 대두했다. 그러나 소설에 비해 고답적이라는 이유로 일반에 친숙해지기 어려워 외면적 성황에 비해 실질은 저조했다.

23. 현대 하이쿠(俳句)

 현대 하이쿠의 흐름을 정리하면 대체로 아래와 같이 7기로 구분해 볼 수 있다.

 ◆ 제1기: 쓰키나미 하이쿠기(月並俳句期). 메이지 초년부터 25년 (1892)까지로, 구태의연한 덴보(天保, 1830~1844)조의 쓰키나미 하이 카이가 소쇼렌(宗匠連)에 의해 행해지고 있었다.

 ◆ 제2기: 하이쿠 혁신기(俳句革新期). 메이지 25년부터 39년(1906) 까지로, 마사오카 시키(正岡子規)가 <니혼신문(日本新聞)> 지상에 하이쿠 혁신론을 실어 사생주의(写生主義)를 제창하고, 나이토 메이 세쓰(内藤鳴雪), 다카하마 교시(高浜虚子), 가와히가시 헤키고도(河東 碧梧桐), 나쓰메 소세키 등이 시키(子規)를 중심으로 모여 <니혼신 문> 지상의 하이쿠란에 신하이쿠를 추진하고 '니혼파(日本派)'라 칭

하여, 마침내 쓰키나미 하이쿠(月並俳句)를 압도하고 하이시(俳誌)
<호토토기스(ホトトギス)>를 이들 동인의 손으로 발간한 시기다.

* 사생설(写生説): 단카 및 하이쿠의 방법론으로 양화(洋画)의 이론
을 도입하여, 대상을 있는 그대로 묘사하는 것을 말한다.

● 마사오카 시키(正岡子規, 1867~1902)

하이진(俳人)이며 가인. 지금의 에히메현(愛媛
県)인 이요국(伊予国)의 마쓰야마시(松山市) 출
신으로 본명은 쓰네노리(常規)다. 니혼신문사에
입사하여 지상에 『다쓰사이쇼오쿠 하이와(獺祭
書屋俳話)』를 연재하고 사생 이론(写生理論)을
세워 하이쿠의 혁신을 추진했다. 또한 『우타요

미니 아타우루 쇼(歌よみに与ふる書)』를 발표하여 단카의 혁신 운동
을 일으키고 이와 병행하여 사생문을 창도했다. 구집에 『간잔라쿠보
쿠(寒山落木)』, 가집에 『다케노사토 우타(竹の里歌)』, 수필에 『뵤쇼로
쿠샤쿠(病牀六尺)』, 일기에 『교가만로쿠(仰臥漫録)』 등이 있다.

○ 柿食へば 鐘が鳴るなり 法隆寺

   かきくへば かねがなるなり ほうりゅうじ

⇒ 감을 먹고 있으려니 종이 울렸다. 호류지의 종인가.

○ いくたびも 雪の深さを 尋ねけり

   いくたびも ゆきのふかさを たずねけり

⇒ 눈이 얼마만큼 쌓였는지 신경 쓰인다. 방금 물었는데 또다시 묻는 것이다.

* <호토토기스(ホトトギス)>

하이쿠 잡지로 1897년에 마사오카 시키 주재로 야나기하라 고쿠도(柳原極堂) 편집 아래 마쓰야마시에서 발행되었으나 이듬해 도쿄로 옮겨 다카하마 교시(高浜虚子)가 편집을 맡게 되었다. 하이쿠 혁신의 거점이 된 잡지로, 하이쿠의 융성을 도모하고 사생문과 소설 등의 발달에도 공헌했으며 현재도 간행 중에 있다.

◆ 제3기: 신경향 대두기(新傾向台頭期). 메이지 40년(1907)에서 다이쇼 초기까지로, 가와히가시 헤키고도(河東碧梧桐)는 기다이(季題)와 정형을 파괴한 자유로운 신경향의 하이쿠를 제창하여 전국을 편력하며 일시적으로 호토토기스파를 압도했지만, 오스가 오쓰지(大須賀乙字), 오기와라 세이센스이(荻原井泉水) 등과의 의견 차이로 관계가 단절되고, 다이쇼 시대에 들어와 급속하게 쇠퇴했다.

* 기다이(季題): 기고(季語)라고도 하며 렌가, 렌쿠, 하이쿠에서 구의 계절을 나타내기 위하여 삽입하는 정해진 말이다. 예를 들어 우구이스(鶯, 휘파람새)는 봄의 기다이이며, 긴교(金魚, 금붕어)는 여름의 기다이가 된다.

● 가와히가시 헤키고도(河東碧梧桐, 1873~1937)

에히메현 마쓰야마(愛媛県松山) 출신으로 본명은 헤이고로(秉五郎). 시키(子規)의 문하에 들어가 하이쿠 혁신 운동을 돕고 다카하마 교시

(高浜虚子)와 같은 길을 걸으며 시키 사후에 하이단의 쌍벽을 이루었다. 교시의 하이쿠가 전통적이며 공상적 경향이 강한 데 반해, 그의 하이쿠는 현실적이며 사실적인 구풍을 띠었다. 헤키고도는 신경향 운동(新傾向運動)을 일으켜 무계 자유율(無季自由律)의 하이쿠를 전개했다. 기행 문집에 『산젠리(三千里)』가 있으며 구지(句誌)로 <가이코우(海紅)>, <산마이(三昧)> 등을 창간했다.

○ 抱き起こす 萩と吹かるる 野分きかな

　だきおこす はぎとふかるる のわきかな

⇒ 태풍이 거칠게 불어 쓰러진 싸리를 가엾게 생각하여 안아 일으켰다. 태풍은 여전히 그치지 않고 안아 일으킨 싸리와 나에게 불어닥친다.

○ ちさい子の 走りてあがる 凧

　ちさいこの はしりてあがる いかのぼり

⇒ 작은 아이가 연 실을 잡고 달려나가자 곧바로 연이 솟아올랐다. 작은 아이의 연이 그렇게 쉽게 솟아오르다니 놀랍다.

◆ 제4기: 호토토기스의 전성기. 다이쇼 2년(1913)부터 쇼와 8년(1933)까지로, 다카하마 교시의 하이단(俳壇) 복귀 선언과 가쵸후에이(花鳥諷詠) 제창 이후 <호토토기스>가 재차 하이단의 주류를 점한 시대이다. 이 시기 쇼와 4년(1929)에 프롤레타리아 하이쿠의 발흥이 있었다.

　* 가쵸후에이(花鳥諷詠): 1927년 다카하마 교시가 주창한 하이쿠 작법상의 이념으로, 자연과 그에 연관된 세상사를 그저 담담하고 객관적으로 노래하는 것이 하이쿠의 본도라는 주장.

● 다카하마 교시(高浜虛子, 1874~1959)

헤키고도와 마찬가지로 에히메현 마쓰야
마 출신으로 하이진이며 소설가이다. 본명은
기요시(清). 마사오카 시키의 하이쿠 혁신 운
동에 협력하는 등 사생설(写生説)을 계승하
고, 가쵸후에이(花鳥諷詠)의 자연시다운 하이
카이(俳諧)를 주장하여 하이쿠 보급에 힘썼
다. <호토토기스>를 주재하고 많은 후배를
양성하여 하이단의 대가로 불린다. 『교시구슈(虛子句集)』를 남겼다.

○ 桐一葉 日当たりながら 落ちにけり

　　きりひとは　ひあたりながら　おちにけり

⇒ 한 장의 오동나무 낙엽에 볕이 닿아, 떨어지는 잎이 선명하게
　　보였다. 그것은 햇볕의 조명 속에 떨어져 내린다.

○ 流れゆく 大根の葉の 速さかな

　　ながれゆく　だいこんのはの　はやさかな

⇒ 무에서 떨어져 나온 이파리가 실개천에 버려졌다. 실개천의 빠
　　른 물살과 함께 무 이파리도 빠르게 떠내려간다.

◆ 제5기: 신흥하이쿠기(新興俳句期). 쇼와 9년에서 16년(1941)까지
로, 호토토기스파의 내부에서 '가쵸후에이'적인 전통적 성격에 반발
하여 혁신의 목소리가 높아지고, 호토토기스를 떠난 미즈하라 슈오지

─────────────
사진) 하이쿠지(俳句誌) <호토토기스(ホトトギス)>

(水原秋桜子)는 <아시비(馬醉木)>를 가까이하고, 야마구치 세이시(山口誓子)는 <도코(凍港)>를 출판하고, 히노 소죠(日野草城)는 <기칸(旗艦)>을, 이시다 하쿄(石田波郷)는 <쓰루(鶴)>를, 가토 슈손(加藤楸邨)은 <간라이(寒雷)>를 창간하여 반호토토기스의 신흥 하이쿠가 활기를 띠었던 시기이다.

◆ 제6기: 전시 중의 하이쿠. 쇼와 17년부터 20년(1945)까지로, 보국회하이쿠부회(報国会俳句部会)의 시기이다.

◆ 제7기: 전후의 하이단. 쇼와 20년 이후로, <아시비(馬醉木)>, <호토토기스> 외에 나카무라 구사다오(中村草田男)의 <반료쿠(万緑)>, 야마다 세이시(山田誓子)의 <덴로(天狼)> 등의 발간이 있었으며, 구와바라 다케오(桑原武夫), 야마모토 겐키치(山本健吉) 등이 평론으로 활약했다.

24. 현대 단카

현대 단카의 흐름을 정리하면 대체로 다음과 같이 일곱 단계로 구분해 볼 수 있다.

◆ 제1기: 신가풍의 여명기. 메이지 초년부터 30년(1897)까지로, 메이지 초기에는 에도 시대 이래 가가와 가게키(香川景樹)의 게이엔파(桂園派)의 전통적인 가풍이 궁중을 중심으로 유행하고 있었지만, 다른 한편에서는 신다이와카(新題和歌), 와카 개량론(和歌改良論)의 제창이 있었고 오치아이 나오부미(落合直文) 등에 의해 '아사카샤(浅香社)'가 결성되는 등, 와카 혁신의 기운은 서서히 높아지고 있었다.

◆ 제2기: 낭만주의의 발흥기. 메이지 31년부터 41년(1908)까지로, 아사카샤(浅香社)에 있던 요사노 뎃칸(与謝野鉄幹)은 시가집 『도자이난보쿠(東西南北)』, 『덴치겐코(天地玄黄)』를 간행하고 구태를 타파하

는 스케일 크고 거침없는 가풍을 수립했다. 또한 낭만적 색조 농후한 기관지 <묘죠(明星)>를 창간했다. 그의 처 아키코(晶子)는 가집 『미다래가미(みだれ髪)』에 정열적이며 풍만하고 아름다운 가풍을 선보이고, 사사키 노부쓰나(佐佐木信綱)는 '치쿠하쿠회(竹柏会)'를 주재하고 단카 잡지인 <고코로노 하나(心の花)>를 발간하여 온건하고 낭만적인 가풍을 추구했다. 한편 마사오카 시키는 '네기시 단카회(根岸短歌会)'를 결성하여 만요조의 사생가를 추구하는 등, 모두 각각의 입장에서 와카의 혁신을 도모했다.

● 요사노 아키코(与謝野晶子, 1878~1942)

오사카 사카이시(堺市) 출신으로 결혼하기 전의 성은 호(鳳)이다. 가집 『미다래가미(みだれ髪)』를 출간하여 자유분방한 정감과 풍부한 재능으로 세간을 놀라게 했다. 요사노 뎃칸과 결혼한 이후 묘죠파 가인으로 활약했다. 가집으로 『사호히메(佐保姫)』, 『마이히메(舞姫)』가 있고, 그 외에 『신역 겐지 모노가타리(新訳源氏物語)』가 있다.

○ 清水へ 祇園をよぎる 桜月夜 こよひ逢ふ人 みなうつくしき(『みだれ髪』)
⇒ 기요미즈데라 절 쪽으로 향하여 기온 부근 길을 걷고 있자니, 어렴풋이 달은 벚꽃에 희미해져, 오늘 밤 이 거리에서 만나는 사람들

은 모두 아름답게 생각되는 것이다.

○ やわ肌(はだ)の あつき血潮(ちしほ)に ふれも見で さびしからずや 道(と)を説く君
⇒ 부드러운 살갗 속의 타오르는 것 같은 정열의 피에 닿지도 않고, 외롭지는 않습니까, 사람의 도리만을 이야기하는 당신은.

◆ 제3기: 자연주의의 융성기. 메이지 42년부터 다이쇼 2년(1913)까지로, <묘죠(明星)>가 폐간되고 그 뒤를 이은 <스바루(スバル)>의 이시카와 다쿠보쿠(石川啄木), 요시이 이사무(吉井勇), 기타하라 하쿠슈(北原白秋) 등이 새로운 경지를 열었지만, 일반적으로는 반묘조 내지는 자연주의적인 경향이 성행했다. '시라기쿠회(白菊会)'의 가네코 군엔(金子薫園), 도키 아이카(土岐哀果, 善麿), '샤젠소샤(車前草社)'의 오노에 사이슈(尾上柴舟), 와카야마 보쿠스이(若山牧水), 마에다 유구레(前田夕暮), 네기시파(根岸派)의 계통을 잇는 <아라라기(アララギ)>의 이토 사치오(伊藤左千夫), 나가즈카 다카시(長塚節), 그 외에 구보타 우쓰보(久保田空穂) 등이 활약했다.

● 이시카와 다쿠보쿠(石川啄木, 1886~1912)
이와테현(岩手県) 출신으로 요사노 히로시(与謝野寬) 부처에게 사사했다. 사회사상에 눈을 떠 와카의 혁신을 추구하고 구어를 섞은 3행서로 생활 감정을 풍부하게 표현하고 있다.

사진) 이시카와 다쿠보쿠(石川啄木). 출처: http://ja.wikipedia.org/wiki

알기 쉬운 말로 실생활에 뿌리내린 삼행서의 단카는 가단에 신풍을 일으켰으나 폐결핵으로 젊은 나이에 생애를 마쳤다. 가집에『이치아쿠노 스나(一握の砂)』,『가나시키 간구(悲しき玩具)』가 있고 그 외에 시, 소설, 평론 등이 있다.

○ 東海の 小島の磯の 白砂に
　　　　　　도우카이의 작은 섬 바닷가의 백사장에서
われ泣きぬれて
　　　　나는 눈물에 젖어
蟹とたはむる
　　　게 벗 삼아 놀았지

○ 友がみな われよりえらく 見ゆる日よ
　　　　　　친구가 모두 자신보다 훌륭해 보이는 날은
花を買ひ来て
　　　꽃을 사들고 와서
妻としたしむ
　　　아내와 어울린다

◆ 제4기: 사생주의(아라라기)의 전성기. 다이쇼 3년부터 쇼와 3년 (1928)까지로, 시마키 아카히코(島木赤彦), 사이토 모키치(斎藤茂吉), 쓰치야 분메이(土屋文明), 나카무라 겐키치(中村憲吉), 고이즈미 치카시(古泉千樫) 등의 아라라기파가 다이쇼 가단의 주류를 점했지만, 오

타 미즈호(太田水穗)는 <쵸온(潮音)>을 발간하고, 다이쇼 말기에는 기타하라 하쿠슈(北原白秋), 샤쿠 초쿠(釈迢空), 기노시타 도시하루(木下利玄), 가와다 준(川田順) 등이 반아라라기 잡지 <닛코(日光)>를 창간하여 각각 독자적인 가풍을 나타냈다.

● 사이토 모키치(斎藤茂吉, 1882~1953)

가인이면서 정신과 의사. 야마가다현에서 작가 기타 모리오(北杜夫)의 차남으로 태어났다. 사토 사치오(佐藤左千夫)에게 사사했다. 잡지 <아라라기(アララギ)>를 편집했으며 제1시집 『샤코(赤光)』는 근대 단카집의 걸작으로 평가받는다. 아오야마뇌병원(青山脳病院) 원장으로 활동하면서 다수의 서적을 집필했다. 17권의 가집과 『가키노모토노 히토마로(柿本人麿)』를 비롯한 평론, 수필집도 많다. 문화훈장을 수여받았다.

○ のど赤き 玄鳥ふたつ 屋梁にゐて 足乳根の母は 死にたまふなり

⇒ 목이 검붉은 제비새끼 두 마리 들보에 앉고 자신 낳아 길러준 어미는 죽어간다

○ あかあかと 一本の道 とほりたり たまきはる我が 命なりけり

⇒ 아주 환하게 한줄기의 도로가 이어져있다 다마키하루 나의 생

명이 되는도다

* 'たまきはる'는 '命'의 마쿠라고토바

◆ 제5기: 자유율 구어 단카의 대두기. 쇼와 3년부터 14년(1939)까지로, 쇼와 시대에 들어와 자유율 단카와 구어 단카가 성행하고 프롤레타리아 단카도 생겨났다. 또한 아라라기파에 대항하여 기타하라 하쿠슈(北原白秋) 주재의 <다마(多磨)>가 창간되었다.

◆ 제6기: 전시 중의 단카. 쇼와 15년부터 20년(1945)까지로, 정형 복고조가 성행한 시기였다.

◆ 제7기: 전후의 가단. 쇼와 21년(1946)부터로 프롤레타리아 단카 운동과 기성 가단의 부활에 이어 새로운 단카 운동이 활발하게 전개되고, 고토 미요코(五島美代子), 사토 사타로(佐藤佐太郎), 미야 슈지(宮柊二) 등의 활약이 두드러졌다.

25. 평론, 수필

평론에는 철학, 윤리, 종교, 문학, 과학 그리고 그 외의 영역이 있다. 수필(Essay)은 문학적 산문의 소품이며 필자의 심경과 감상을 사물에 접하여 서술한 것이다.

◆ 메이지

일본에서 평론이 예술로서 토대를 구축한 것은 쓰보우치 쇼요(坪內逍遙)의 『쇼세쓰신즈이(小説神髓)』나 모리 오가이의 『시가라미 소시(しがらみ草紙)』 이후의 일이지만, 평론계는 기타무라 도코쿠(北村透谷)의 <분가쿠카이(文学界)>에 의한 낭만주의 운동, 다카야마 쵸규(高山樗牛)의 종합 잡지 <다이요(太陽)>에 의한 일본주의의 표방에 이어, 러일 전쟁 후의 시마무라 호게쓰(島村抱月) 등의 자연주의 이론의 전개를 거치면서 점차 활기를 띠어 갔다.

◆ 다이쇼

자유주의가 충만한 다이쇼 시대에 들어오자 나쓰메 소세키를 비롯하여 그 문하의 아베 지로(阿部次郎), 아베 요시시게(安倍能成), 데라다 도라히코(寺田寅彦), 와쓰지 데쓰로(和辻哲郎) 그리고 다니가와 데쓰조(谷川徹三) 등이 평론과 에세이로 앞다투어 건필을 과시했다.

◆ 쇼와

제1차 세계대전이 끝나자 자본주의가 번영하는 한편 불경기와 사회 불안이 야기되어 사회주의와 공산주의가 활발해졌다. 히라바야시 하쓰노스케(平林初之輔), 아오노 스에키치(青野季吉) 등은 <분게이젠센(文芸戦線)>으로, 구라하라 고레히토(蔵原惟人), 미야모토 겐지(宮本顕治) 등은 <센키(戦旗)>로 좌익 평론을 활발히 전개시켜 나갔으나 쇼와 8년 무렵부터 군부의 탄압에 의해 점차 후퇴하기 시작했다. 그 무렵 고바야시 히데오(小林秀雄)는 독창적인 평론으로 월등한 필력을 과시했다. 전후에는 평론과 수필계도 부흥이 눈에 보일 정도로, 오야 소이치(大宅壮一), 우스이 요시미(臼井吉見), 나카무라 미쓰오(中村光夫), 후쿠다 쓰네아리(福田恒存), 에토 준(江藤淳) 등의 신예 평론가와 뛰어난 에세이스트가 활약했다.

● 고바야시 히데오(小林秀雄, 1902~1983)

도쿄 출신으로 철학, 문학, 역사, 미술, 음악 등 다양한 분야에 평론을 남겼다. 자아의 해석을 축으로 한 창조적 비평을 확립했다. 1929년 『사마자마나루 이쇼(様々なる意匠)』가 <가이조(改造)>의 현상 논문에 입선하고, 1930년부터는 <분게이슌쥬(文芸春秋)>의 시평(時評)을 담당하고 프롤레타리아 문학을 비판했다. 『시쇼세쓰론(私小説論)』, 『무상이라고 하는 것(無常といふ事)』, 『모토오리 노리나가(本居宣長)』 등이 있다.

26. 기쿄쿠(戲曲, 가부키, 신파와 신극)

◆ 가부키, 신파(新派)

메이지 초년은 여전히 에도 가부키의 연장이었지만, 이윽고 신 시대의 경향을 도입한 잔기리 모노(散切物)와 가쓰레키 모노(活歷物)가 등장했다. 쓰보우치 쇼요는 가쓰레키 모노를 한층 발전시킨 신시게키(新史劇) <기리히토하(桐一葉)>, <호토토기스 고조노라쿠게쓰(杜手鳥孤城落月)> 등의 희곡을 써서 가부키의 새로운 국면을 열었고, 이것은 동시에 신극 운동(新劇運動)의 실마리가 되었다.

단(団), 기쿠(菊), 사(左)가 사라지는 메이지 36년에서 37년(1874) 무렵이 되자 가부키는 당시 대두되어 온 신파극과 신파 운동의 틈에 끼어 결국 쇠퇴기로 들어갔다.

신파극(新派劇)은 스도 데이켄(角藤定憲)의 소시 시바이(壯士芝居), 가와카미 오토지로(川上音次郎)의 쇼세이 시바이(書生芝居), 이이 요호(伊井容峰)의 남녀 합동 개량극(男女合同改良劇)의 발전과 합동의 결과로 생긴 신극단으로 전쟁극(戰爭芝居), 가정극(家庭劇)을 연출하고 메이지 말년에 걸쳐 황금기를 형성했다. 그러나 다이쇼기에 들어오면서 매너리즘에 빠져 동일한 시기에 성행하기 시작한 활동사진과 그에 이어지는 영화, 경연극(輕演劇), 레뷰 등의 신흥 오락류에 압도되어 쇼와 시대에는 침체기에 들어갔다.

현재의 가부키는 고전극으로서, 신파는 신극적 요소를 흡수하여 어느 정도 안정을 유지하고 있다.

* 잔기리 모노(散切物): 가부키에서 그 시대의 서민과 상인의 사회상을 소재로 한 세와 교겐(世話狂言)의 하나로, 메이지 초기 산발머리 시대의 풍속을 취급한 연극을 말한다. 에도의 가와타케 모쿠아미(河竹黙阿弥)의『시마치도리쓰키노 시라나미(島衛月白浪)』등은 그 대표작이다.

* 가쓰레키 모노(活歷物): 가부키의 지다이 교겐(時代狂言) 중에서 메이지 전기의 역사적 사실에 입각하여 연출 상연된 가부키 작품군을 말한다. 가쓰레키게키(活歷劇)라고도 부른다.

◆ 신극(新劇)

문학계에 자연주의 운동이 일어났을 무렵, 서구 근대극의 직접적 영향을 받아 다양한 신극 운동이 일어났다. 그 제1보는 쓰보우치 쇼요, 시마무라 호게쓰(島村抱月)를 중심으로 하는 분게이쿄카이(文芸協会)의 설립이다. 이 분게이쿄카이는 셰익스피어, 입센 등 서구의 근대극을 연이어 무대에 올려 신극의 융성을 추진했다. 신극의 열기가 높아짐에 따라 메이지에서 다이쇼에 걸쳐 오사나이 가오루(小山内薫), 기시다 구니오(岸田国上) 등이 활약하고 많은 신극단도 발생했다.

쇼와에 들어오면서 프롤레타리아 연극이 성행했지만 전시(戰時)에 들어오자마자 해체되고, 전후에는 문학좌(文学座), 신협극단(新協劇団), 배우좌(俳優座), 민예(民芸) 그 밖에 많은 극단이 재건되거나 신설되어 의욕적인 활동을 펼쳤다.

□ 근현대 문학 정리-시대와 문학

○ 메이지(明治) 시대: 원년~45년 (1868.9.8~1912.7.30)-메이지 덴노 재위기의 연호.
<역경(易経)> "聖人南面而聴天下, 嚮明而治"에서 유래하고 있다.

미국의 페리 제독이 소위 구로부네(黑船)로 내항하여 일본이 크게 흔들리던 상황하에서 1868년 메이지 신정부가 출범했다. 그러나 메이지 시대가 시작되면서 근대 문학으로 불리는 작품이 곧바로 출현한 것은 아니다. 근대 문학의 성립은 1885년 쓰보우치 쇼요(坪内逍遥)가 『쇼세쓰신즈이(小説神髄)』를, 그 2년 후 후타바테이 시메이(二葉亭四迷)가 『우키구모(浮雲)』를 발표하고 나서부터였다. 1889년 대일본제국헌법이 발포되고 이듬해에는 의회가 열렸다. 시대가 에도에서 이어진 유교 사상을 재인식하는 방향으로 기우는 상황에서 오자키 고요(尾崎紅葉) 등의 겐유샤(硯友社) 그룹은 에도 문학의 정취를 근대풍으로 재탄생시켰다. 한편 고다 로한(幸田露伴)과 모리 오가이(森鴎外)는 풍부한 지식과 교양을 살려 이상과 예술, 인간 내면의 아름다움을 그렸다. 이러한 경향은 이후의 기타무라 도코쿠(北村透谷)와 시마자키

도손(島崎藤村), 요사노 아키코(与謝野晶子) 등에게 계승되었다. 그것은 현실에 눈을 떠 반봉건적인 사회의 억압을 떨쳐 버리려는 인간의 내면으로부터의 외침이었다.

일본은 청일 전쟁(1894~1895)에서 승리했지만 국민 생활은 결코 풍족해지지 않았다. 히구치 이치요(樋口一葉), 이즈미 교카(泉鏡花), 구니키다 돗포(国木田独步) 등은 힘겨운 생활에 허덕이는 사람들을 다양한 작품 속에 등장시켰다. 이어서 러일 전쟁(1904~1905)에서도 승리한 일본은 부국강병책을 강화했다. 그런 상황에서 시마자키 도손(島崎藤村), 다야마 가타이(田山花袋), 도쿠다 슈세이(德田秋声) 등의 자연주의(自然主義) 작가들은 오랜 도덕 이념을 타파하려고 노력했다. 한편 나쓰메 소세키(夏目漱石)가 등장하여 문명사회와 인간 내면의 깊은 곳에 메스를 가한 원숙한 장편 소설들을 발표했다. 소세키의 친구인 마사오카 시키(正岡子規)는 1890년대부터 하이쿠 혁신에 착수하고 사생 이론(写生理論)으로 단카(短歌)에도 깊이 관여했다. 또한 이시카와 다쿠보쿠(石川啄木)는 풍부한 재능으로 가난하고 슬픈 청춘의 감정을 노래하고 국가 사회를 비판하는 평론에도 힘을 쏟았다. 이 무렵이 되어 겨우 일본의 근대 문학은 그 형태를 대부분 갖출 수 있었다고 말할 수 있다.

○ 다이쇼(大正) 시대: 원년~15년 (1912.7.30~1926.12.25) - 다이쇼 덴노 재위기의 연호.
<역경(易経)> "大亨以正, 天之道也"에서 유래하고 있다.

1910년의 고토쿠 슈스이(幸德秋水) 대역 사건을 경계로 사회에 대한 문학자들의 반역적인 자세는 시들해졌다. 이를 전후로 나가이 가후(永井荷風), 다니자키 준이치로(谷崎潤一郎), 기타하라 하쿠슈(北原白秋), 요시이 이사무(吉井勇) 등이 기묘한 아름다움을 칭송하는 작품을 발표하고, 상류 계급 출신의 무샤노코지 사네아쓰(武者小路実篤)와 시가 나오야(志賀直哉) 등은 인류의 의지나 개성의 존엄이라는 큰 이상을 목표로, 솔직하게 자아가 강한 소설을 썼다. 이것들은 심경 소설(心境小説) 혹은 사소설(私小説)이라고 불려 일본 근대 문학사의 대표로 인식되었다. 그런 상황에서 시라카바파(白樺派)의 한 사람인 아리시마 다케오(有島武郎)는 스스로 지주인 사실을 괴로워하다가 자살한다.

일본은 1914년 제1차 세계대전에 참전하여 승전국이 된다. 국내의 호경기 속에서 데모크라시(민주주의)에 대한 사고가 확산되어 문학의 세계에서도 개성이 개화했다. 아쿠타가와 류노스케(芥川竜之介), 기쿠치 간(菊地寛), 히로쓰 가즈오(広津和郎), 가사이 젠조(葛西善蔵), 우노 고지(宇野浩二) 등이 활약하고, 다카무라 고타로(高村光太郎), 하기와라 사쿠타로(萩原朔太郎), 무로우 사이세이(室生犀星), 사토 하루오(佐藤春夫) 등의 시인들이 서정 풍부하고 감수성 빛나는 작품을 발표했다. 이 무렵 단카지(短歌誌) <아라라기(アララギ)>, 하이쿠지(俳句誌) <호토토기스(ホトトギス)>가 창간되었다. 그러나 사회의 이면에서는 빈부의 차가 커지고 러시아 혁명의 성공 등으로 국내에서 쌀 소동과 노동 운동이 활발해졌다. 그리고 그런 과정 중에 프롤레타리아 문학 운동이 일어나기에 이른다.

○ 쇼와(昭和) 시대: 원년~64년(1926.12.25.~1989.1.7.)－쇼와 덴노 재위기의 연호.

<서경(書経)> "百姓昭明, 協和万邦"에서 유래한다.

■ 전쟁 전과 전쟁 중

다이쇼 시대의 온화하고 자유로운 분위기는 1923년의 관동 대지진에 의해 일변했다. 또한 산업, 기술, 자연 과학이 발달하고 사회 구조가 복잡해지자 사람들은 그런 것들에 종속되어 갔다. 그 같은 경향에 신속하게 반응한 것이 표현의 혁신을 추구하는 요코미쓰 리이치(横光利一)와 가와바타 야스나리(川端康成) 등의 신감각파(新感覚派) 그룹이며, 정치적인 혁명을 추구하는 고바야시 다키지(小林多喜二), 도쿠나가 스나오(徳永直), 나카노 시게하루(中野重治) 등 프롤레타리아 문학자들이었다. 신감각파는 이토 세이(伊藤整)와 호리 다쓰오(堀辰雄)에게도 영향을 끼쳤지만 프롤레타리아 문학은 일본이 중국으로 침공을 확대함에 따라 대부분 무너져 버렸다. 이런 시기에 이부세 마스지(井伏鱒二), 오자키 가즈오(尾崎一雄) 등이 등장하고, 연이어 니와 후미오(丹羽文雄), 이시자카 요지로(石坂洋次郎), 이시카와 다쓰조(石川達三), 이시카와 준(石川淳) 등 신진 작가들이 나타나 문예 부흥기라고 불리는 시기가 도래했다. 이미 근대 비판의 제1인자였던 고바야시 히데오(小林秀雄)에 이어서 나카무라 미쓰오(中村光夫), 가메이 가쓰이치로(亀井勝一郎)도 등장했다. 또한 미요시 다쓰지(三好達治), 마루야마 가오루(丸山薫) 등 <시키(四季)>의 시인들, 그리고 기다이(季題, 季語 라고도 함)와 5 7 5의 정형을 깨는 자유율 하이쿠(自由律俳句)의

오기와라 세이센스이(荻原井泉水), 신흥 하이쿠 운동(新興俳句運動)의 야마구치 세이시(山口誓子), 히노 소죠(日野草城) 등도 활약했다. 이윽고 태평양 전쟁이 확대됨에 따라 모든 문학자들은 불문곡직하고 전쟁 체제에 편입되어 문학계는 일찍이 없던 공백의 시대를 맞이한다.

■ 전쟁 후

태평양 전쟁은 일본의 패배로 끝났다. 전후의 황폐한 세상에 사카구치 안고(坂口安吾), 다자이 오사무(太宰治), 오다 사쿠노스케(織田作之助) 등 부라이파(無頼派)라고 불린 작가들이 호평을 받았다. 한편에서는 노마 히로시(野間宏), 우메사키 하루오(梅崎春生), 다케다 다이준(武田泰淳), 오오카 쇼헤이(大岡昇平), 홋타 요시에(堀田善衛) 등이 본격적인 소설에 도전했다. 아라 마사토(荒正人), 히라노 겐(平野謙) 등은 동인지 <긴다이분가쿠(近代文学)>를 창간하여 활발한 평론 활동을 전개하고 제1차 전후파 작가(第一次戦後派作家)들과 함께 문단에 큰 영향을 끼쳤다. 이어서 독특한 미학을 만들어 낸 미시마 유키오(三島由起夫)와 제3의 신인(第三の新人)으로 불리는 야스오카 쇼타로(安岡章太郎), 요시유키 준노스케(吉行淳之介), 쇼노 준조(庄野潤三) 등이 데뷔했다. 또한 1955년 스타처럼 선드러지게 출현한 이시하라 신타로(石原慎太郎)는 시청각과 매스컴 시대, 레저와 소비 시대의 시작을 알렸다. 순문학의 위기가 표면화되었지만 그런 중에 아베 고보(安部公房), 시마오 도시오(島尾敏雄) 등이 새로운 창작 방법을 시도하고 또한 엔도 슈사쿠(遠藤周作), 오에 겐자부로(大江健三郎), 가이코 겐(開高健), 이노우에 미쓰하루(井上光晴), 구라하시 유미코(倉橋由美子) 등이 강럴한 개성을 보이며 문단에 등장했다.

1960년 안보 투쟁 이후 일본 경제는 눈부신 고도성장을 이룩하고 원자력, 일렉트로닉 시대가 되었다. 그 무렵 오다 마코토(小田実), 다카하시 가즈미(高橋和巳), 시바타 쇼(柴田翔), 오가와 구니오(小川国夫), 마루야 사이이치(丸谷才一), 쓰지 구니오(辻邦生) 등의 교양파(教養派)가 등장했다. 70년대에 들어와 후루이 요시키치(古井由吉), 고토 메이세이(後藤明生) 등이 주목받았는데, 소노 아야코(曽野綾子), 아리요시 사와코(有吉佐和子), 쓰시마 유코(津島佑子), 다카하시 다카코(高橋たか子) 같은 여류 작가의 활약도 간과할 수 없다.

○ 헤이세이(平成) 시대: 원년~(1989.1.8~)–일본의 현재의 연호. <서경(書経)> "地平天成" <사기(史記)의 오제본기(五帝本紀)> "內平外成"

후기

가나(仮名)와 일본 문학

일본 역사 이래 가장 획기적인 사건을 들라면 가나(仮名) 문자의 발명을 꼽을 수 있을 것이다. 물론 가나 문자는 하루아침에 형성된 것도 아니고, 또한 한글처럼 국가의 중대 사업의 성과물로서 세상에 빛을 보게 된 것도 아니기 때문에 발명이나 사건이라고 부르기에는 다소 무리가 있다. 고대, 자신들의 말 언어를 표기할 문자가 없어서 한자의 모양을 빌려 와 음을 표기하던 것(만요 가나)이 변천 과정을 거쳐 마침내 일본어인 가나로 재생산된 것이다. 따라서 과학적인 문자라고 보기도 어렵고, 한글이 한때 언문이라 불린 것처럼 히라가나도 처음에는 '온나데(女手)'라 불려 여녀자들의 언어로 치부되고 업신여김을 당했다. 가나라는 말 자체가 한자를 마나(真名)라 부르는 데 대응하는 의미로 붙여진 이름이다. 즉 참 글자의 반대 의미인 빌려 온 글자라는 멸시의 뜻이 담겨 있는 것이다.

히라가나가 완성된 헤이안 시대 당시도 일본은 한문을 중용했으며 모든 공식 문서는 한자로 표기되었다. 더욱이 남성 귀족사회의 공용 문자가 한자였기 때문에 가나의 사용을 터부시하는 의식이 강하게 자리하고 있었다. 그런데 한가지 흥미로운 사실은 일본의 전통시인 와카(和歌)의 표기에 있어서는 가나의 사용이 당연시되었다는 점이다. 그도 그럴 것이 가나는 와카를 표기하기 위한 수단으로 고안된 문자이기 때문에 위화감이 없었던 것이다. 오랜 세월에 걸쳐 형성된 일본인의 고유한 정서를 외국어인 한자로 표현하는 데 불합리한 점이 있었던 것이다. 그런 연고로 자신들만의 문자가 절실했고 그 결과물로서 가나가 만들어진 것이다. 따라서 와카를 가나로 표기하는 데 따른 저항감은 애초부터 없었다고 볼 수 있다.

그런데 이러한 가나가 결국에는 산문을 표기하는 수단으로도 활용되기에 이른다. 그 선봉에 기노 쓰라유키(紀貫之)라는 시대를 앞서 간 인물이 있었다. 그는 일본 제1의 칙찬와카집인 『고킨와카슈』의 찬자로 활약한 당대 최고의 가인이다. 그를 중심으로 한 네 명의 찬자에 의해 고금의 수가가 취사선택되고 와카집이 완성되었다. 그리고 쓰라유키에 의해 와카의 정신세계와 가집의 편찬 경위에 대해 기록한 가나 서문이 첨부된다. 공식문서 특히 산문의 표기 수단으로 가나가 사용된 획기적인 사건이 일어난 것이다. 일명 가나죠(仮名序)라 불리는 이 문장은 와카에 대한 비평과 더불어 가나로 쓰인 문학 평론서의 선구적 역할을 담당한 공식 문서가 된다.

쓰라유키의 도전은 여기서 그치지 않는다. 당시 남성 귀족의 메모일지에 불과했던 일기를 문학으로 승격시켜 여성의 손에 이양한다. 그는 만년에 도사 (土佐)의 지방관으로서 5년간의 임기를 마치고 귀경하는 여정을 가나로 엮어 『도사닛키』라는 이름으로 세상에 내놓았다. 가나로 쓰인 첫 일기 문학이었다. 그때까지 일기라는 것은 한자로 쓰는 비망록에 지나지 않았으며 게다가 남성 귀족의 전유물이었다. 쓰라유키는 일기 안에서 자신을 여자로 가탁하여 55일 간의 뱃길여행을 통해 겪은 소소한 일들을 허구를 가미해서 적고 있다. 자신을 여자로 가장한 이유는 가나로 신문을 쓰는 데 대한 사회의 부정적 통념을 의식한 때문으로 추측되나, 결과적으로 이 한 편의 가나일기가 호기심 많은 중류귀족 여성들을 독자층으로 끌어들였고 더욱이 그녀들의 창작 의욕에 불을 지피는 데 결정적인 역할을 한다. 가나가 여자의 손에 의해 능수능란하게 다루어지기 시작하면서 일본인 특히 여자 특유의 감수성 예민한 문학이 성립하기에 이른다. 그리고 마침내 일본이 자랑하는 세계 최고의 근대적 소설 『겐지모노가타리(源氏物語)』가 출현한다. 시기 1008년경이다.

일본의 걸출한 고전 문학을 소개하고자 함이 아니다. '가나(仮名)'의 보급이 '마나(真名)'를 숭상하던 일본을 진짜 일본으로 만든 이야기를 하려고 하는 것이다. 인간이 침팬지와 다른 것은 선인들이 이룩한 업적 위에 새로운 지식을 쌓아 발전을 도모하는 능력을 가졌다는 점이다. 가나의 보급은 광범해져 중세와 근세를 거치면서 도시 서민들이 문학의 주역으로 나서게 되고, 전혀 새로운 첨단 소재로 과감한 것들이 창작되기에 이른다.

일부 소수 계층의 전유물이었던 것이 일반 대중의 것이 되었을 때 세상에 상상을 초월하는 대변혁이 일어나는 것은 자명한 이치다. 그 견인차 역할을 한 인물은 일개 가인 기노 쓰라유키(紀貫之)인 것이다.

주요참고자료

「日本古典文学全集」小学館.

「現代文学大系」筑摩書房.

「広辞苑」岩波書店.

「国語大事典」小学館.

「新潮日本文学小事典」新潮社.

『有職故実日本の古典』 室伏信助・小林祥次郎・武田友宏・鈴木真弓, 角川書店, 1978.

『花伝書(風姿花伝)』世阿弥編, 川瀬一馬 校注, 講談社文庫, 1972.

『日本文学の古典』西郷信綱・永積安明・広末保 공저, 岩波新書, 1966.

『古典入門』鈴木日出男・小島孝之・多田一臣・長島弘明 공저, 筑摩書房, 1998.

『別冊国文学 新・古典文学研究必携』市古貞次 편, 学灯社, 1990.

『日本文学史概説古典編』山岸徳平・三谷栄一・谷山茂・大久保忠国 편, 1987.

『日本文学史概説近代編』平岡敏夫・東郷克美 편, 有精堂, 1993.

『日本文学概論』麻生磯次・松田武夫・市古貞次共 공저, 秀英出版, 1993.

『岩波講座日本文学史』久保田淳・栗坪良樹・野山嘉正・藤井貞和 편, 岩波書店, 1995〜1996.

『日本文芸史近代Ⅰ』畑有三・山田有策編, 河出書房新社, 1990.

『日本文学新史<近代>5』前田愛・長谷川泉 편, 至文堂, 1990.

『日本文学新史<現代>6』長谷川泉 편, 至文堂, 1991.

『日本文学史』久保田淳 편, おうふう, 1997.

『近代文学』三好行雄・竹盛天雄 편, 有斐閣双書, 1977.

『カラー版新国語便覧』稲賀敬二・竹盛天雄・森野繁夫 감수, 第一学習社, 2003, 改訂19版.

찾아보기

326

민병훈 ─────────

일본 센슈대학(專修大学)의 일본어일본문학과를 졸업하고 동 대학원에서 '우타 모노가타리(歌
物語)'에 관한 연구로 석, 박사 학위를 취득했다(문부성 국비 장학생). 현재 대전대학교 일어일
문학과에서 부교수로 재직하고 있다.
저서에 『歌物語の淵源と享受』, 『일본의 신화와 고대』, 『わかる日本文化』(공저), 『出雲文化圏と東ア
ジア』(공저)가 있으며, 최근의 논문으로 「야마토타케루(倭建命)의 영상-서국정벌담을 중심으로-」,
「神話に見る英雄の神性」, 「『土佐日記』に見る送別の諸相」, 「『竹取物語』の主題と方法」 등이 있다.

한 권으로 읽는
일본 문학사

초 판 인 쇄 | 2013년 1월 18일
초 판 발 행 | 2013년 1월 18일

지 은 이 | 민병훈
펴 낸 이 | 채종준
펴 낸 곳 | 한국학술정보㈜
주   소 | 경기도 파주시 문발동 파주출판문화정보산업단지 513-5
전   화 | 031) 908-3181(대표)
팩   스 | 031) 908-3189
홈 페 이 지 | http://ebook.kstudy.com
E - m a i l | 출판사업부 publish@kstudy.com
등   록 | 제일산-115호(2000. 6. 19)

ISBN   978-89-268-4030-6 93730 (Paper Book)
          978-89-268-4031-3 95730 (e-Book)